기독교문서선교회 (Christian Literature Center: 약칭 CLC)는 1941년 영국 콜체스터에서 켄 아담스에 의해 시작되었으며 국제 본부는 미국 필라델피아에 있습니다.
국제 CLC는 59개 나라에서 180개의 본부를 두고, 약 650여 명의 선교사들이 이동 도서차량 40대를 이용하여 문서 보급에 힘쓰고 있으며 이메일 주문을 통해 130여 국으로 책을 공급하고 있습니다. 한국 CLC는 청교도적 복음주의 신학과 신앙 서적을 출판하는 문서선교기관으로서, 한 영혼이라도 구원되길 소망하면서 주님이 오시는 그날까지 최선을 다할 것입니다.

추천사

파멜라 R. 덜소
센트럴신학대학원 총장

아홉 명의 교수진이 함께 만든 훌륭한 저작인 『코로나가 던진 질문: 변화의 시대를 위한 기독교 본질 회복』을 자랑스럽게 생각합니다. 센트럴신학대학원 창립 120주년과 한국부 설립 10주년을 기념하여 출판된 이 책은 COVID-19에 우리가 어떻게 대응하는지 성경적, 신학적, 교회적, 윤리적 틀을 제공합니다.

저자들은 세계적 대유행 중에 교회와 믿음의 사람들이 던진 중요한 질문과 대유행이 줄어들고 있는 지금도 계속 묻는 다음과 같은 중요한 질문에 대해 사려 깊은 성찰을 제공합니다.

우리는 하나님에 대해 어떻게 생각하는가?
우리는 하나님께서 이 세상에서 어떻게 역사하신다고 생각하는가?
교회의 본질을 어떻게 이해할 것인가?
점점 가상현실이 증가되는 문화 속에서 우리는 어떻게 복음을 설교할 것인가?
우리는 어떻게 '타인'을 만날 것인가?
우리는 미래를 위해 어떻게 목회자를 교육하고 훈련시킬 것인가?
우리는 어떻게 건강한 결혼 생활을 유지할 것인가?
우리는 어떻게 우리 자녀의 신앙형성을 도울 것인가?
우리는 다음세대의 신앙에 어떤 영향을 끼칠 것인가?

그리고 우리는 어떻게 일하고 살아갈 것인가?

  본인은 센트럴신학대학원의 총장으로서 우리 학교 교수이며 저자인 김수정, 노세영, 박사무엘, 박인화, 박현수, 박화춘, 방승호, 정재웅, 홍순성의 탁월한 노력에 감사드립니다.
  팬데믹 이후의 세상에서 기도하며 신실하게 사는 것이 어려운 현실이지만 이런 미래에 대해 생각하고 글을 쓰는 학자들이 있는 센트럴신학대학원의 축복받은 공동체가 있어 감사합니다.

변화의 시대를 위한 기독교 본질 회복

코로나가 던진 질문

Seeking the Essence of Christian Faith in Time of Change
Written by Samuel Park, Seung Ho Bang, Soo Kim Sweeney, Se Young Roh, Daniel Park,
Hyun Soo Park, HwaChoon Park, Jaewoong Jung, Soonseung Hong
All rights reserved.
Korean Edition Copyright ⓒ 2023 by Christian Literature Center, Seoul, Korea.

변화의 시대를 위한 기독교 본질 회복
코로나가 던진 질문

2023년 1월 31일 초판 발행

엮 은 이	|	박사무엘 · 방승호
지 은 이	|	박사무엘 · 방승호 · 김수정 · 노세영 · 박인화 · 박현수 · 박화춘 · 정재웅 · 홍순성
편 집	|	전희정
디 자 인	|	박성숙
펴 낸 곳	|	(사)기독교문서선교회
등 록	|	제16-25호(1980. 1. 18.)
주 소	|	서울특별시 동대문구 천호대로71길 39
전 화	|	02-586-8761~3(본사) 031-942-8761(영업부)
팩 스	|	02-523-0131(본사) 031-942-8763(영업부)
이 메 일	|	clckor@gmail.com
홈페이지	|	www.clcbook.com
송금계좌	|	기업은행 073-000308-04-020 (사)기독교문서선교회
일련번호	|	2023-4

ISBN 978-89-341-2525-9 (03230)

이 책의 출판권은 (사)기독교문서선교회가 소유합니다.
신저작권법에 의하여 한국 내에서 보호를 받는 저작물이므로 무단 전재와 무단 복제를 금합니다.

변화의 시대를 위한 기독교 본질 회복

코로나가 던진 질문

박사무엘·방승호 엮음

김수정·노세영·박인화·박화춘
박현수·정재웅·홍순성 지음

CLC

목차

추천사 파멜라 R. 덜소 센트럴신학대학원 총장	1
서문	9
저자 소개	15

제1부

제1장   포스트 코로나 시대의 거룩성 회복 – 노세영 박사   21
     1. 대유행의 현상과 원인   21
     2. 전염병에 대한 성경의 이해   24
     3. 전염병에 대한 신학적 이해: 인간의 탐욕과 창조질서의 파괴   26
     4. 거룩과 창조질서의 회복   29
     5. 거룩에의 초대   32
     6. 교회의 회개와 사명   35

제2장   오물 취급에서 희생양 만들기까지: 코로나19 시대에 읽는 욥기 또는 타인의 문제 – 김수정 박사   37
     1. 아브젝시옹과 아브젝트: 타인 만들기   41
     2. 희생양과 희생양 메커니즘: 타인 지우기   49
     3. 타인의 얼굴: 나를 지우며 너에게 다가가기   58

제2부

제3장   본질 회복을 향한 교회의 시대적 변화 – 박사무엘 박사   83
     1. 코로나19가 가져온 세상과 교회의 변화   86
     2. 교회의 표지: 교회를 규정하는 핵심적 특성   89
     3. 변화의 시대에 목회를 위한 성경적 토대   98

    4. 넥스트 노멀(next normal) 시대의 교회와 목회를 위한 실제   102
    5. 포스트 코로나 시대에 교회와 목회를 위한 관점과 대처   108

제4장   포스트 코로나 시대 효과적인 디지털 설교에 대한 전망과 제안 - 정재웅 박사   117
    1. 미디어 발전에 따른 설교의 변화   121
    2. 디지털 미디어와 디지털 문화 그리고 디지털 설교   133

제5장   제자 재생산 - 박인화 박사   154
    1. 상고마(Sangoma) 재생산   155
    2. 제자 재생산을 시작하다   159
    3. 미숙이가 성숙이가 되려면 교육하라   163
    4. 생산이   165
    5. 영향을 막는 세력   167
    6. 제자 재생산을 위한 제언   169

제6장   목회자에게 미래는 있는가? - 방승호 박사   182
    1. 미래의 목회는 어떤 모습으로 바뀔 것인가?   184
    2. AI를 통한 설교자 또는 과거 유명 설교자의 부활   186
    3. 우리는 모두 창조된 피조물   188
    4. 현실 목회에 아바타 활용 그리고 AI 목회자   191
    5. 빅뱅 vs. 빅 크런치   195
    6. 과연 미래에 영생의 키워드는 메모리가 될 것인가?   198
    7. 우리가 할 수 있는 것: 미래를 가르쳐야 할 신학교   200
    8. 딜레마에 빠진 신학교육   204
    9. 교량 역할을 할 인재 양성   211
    10. 목회자에게 미래는 있는가?   212

제3부

제7장	대유행과 가정회복 - 홍순성 박사	216
	1. 대유행 부부의 갈등의 원인	218
	2. 대유행, 가정의 위기를 극복하기 위한 방안	226
	3. 대화로 문제를 해결하라: 부부 관계가 좋아지는 대화법	231

제8장	고대 이스라엘 가정 도제에서 배우는 자녀 신앙교육 - 방승호 박사	240
	1. 대유행 이전 자녀 신앙교육의 문제점	241
	2. 고대 이스라엘의 도제교육	245
	3. 고대 이스라엘 가정 도제에서 배우는 자녀 신앙교육	252

제9장	미주 한인의 문화 정체성과 다음세대 - 박현수 박사	264
	1. 문화 정체성	267
	2. 정체성이란 무엇인가?	269
	3. 이민자들의 문화 정체성	269
	4. 이민 각 세대의 정체성	270
	5. 이중문화 속에서의 정체성과 동화에 대한 이해	274
	6. 제언: 다음세대를 준비하며	275

제10장	코로나 시대의 직업윤리와 상생 - 박화춘 박사	282
	1. 소프트 스킬과 직업윤리	284
	2. 환경과 직업 세계 변화에 따른 직업윤리	289
	3. 코로나 시대에 요구되는 직업윤리를 위한 제언	293
	4. 배려, 포용, 돌봄, 다양성, 형평성의 실천	295
	5. 취약계층과 양극화 극복	295

서문

박사무엘 박사_센트럴신학대학원 실천신학과 현장목회교육 부교수
방승호 박사_센트럴신학대학원 구약학 조교수

2019년 말에 시작한 코로나바이러스감염증-19는 21세기 최초의 전 세계적 유행병(pandemic)이 되어 전 세계를 공포와 혼돈 속으로 몰아넣었다. 코로나19는 일반사회뿐만 아니라 교회와 크리스천의 삶 또한 어렵게 만들었고 새로운 변화를 요구했다. 이제 대유행이 풍토화되어 명목상 종식되었지만 문제는 앞으로도 비슷한 상황이 주기적으로 일어나리라는 전망이 우세하다. 시간이 늦어지기 전에 사회 각 영역에 코로나19가 던져 놓은 질문에 대한 답을 찾아가려는 노력이 필요한 시점이다.

이러한 상황에서 교회가 코로나19를 통해 경험한 일들을 정리하여 앞으로 다가올 상황을 대비하는 지침으로 삼는 것이 중요하게 되었다. 센트럴신학대학원에서 가르치는 뜻있는 목회자요 신학자들이 코로나19를 직접적으로 경험하며 마주친 신앙과 관련된 질문들에 대한 답을 찾아가는 글을 모아 책으로 선보이게 되었다. 본 도서는 코로나19가 던져준 질문에 크리스천으로서 받은 도전과, 그 도전에 어떻게 응답할지를 찾아 코로나19 이후 새로운 시대를 준비하는 참고 지침서로 제시하고자 한다.

본서는 아래의 세 가지 주제로 생각해 보고자 한다.

첫째, 크리스천의 신앙과 교회공동체의 삶 속에 코로나19가 던진 질문, 즉 코로나로 인하여 적나라하게 드러난 문제가 무엇인지를 살펴본다.

둘째, 코로나가 던진 질문에 답을 하면서 어떻게 기독교 본질의 모습을 회복하여 변화의 시대를 대처해 나아갈지를 논한다.

셋째, 크리스천의 여러 삶의 영역에서 기독교 본질을 회복함으로써 코로나 때문에 당겨진 새로운 시대에 어떻게 사역해야 하는지에 대해서도 살펴본다.

이러한 주제는 개인과 공동체라는 두 가지의 영역으로 나누어진 동심원적인 구조로 전개된다(표 1). 이 동심원은 개인적 영역에서 사회적 영역으로 확장되어 간다.

제1부에는 코로나가 우리에게 던진 핵심 질문에 대한 성경적 응답을 거룩성과 영성이라는 주제로 다룬다. 중간의 동심원은 코로나가 일으킨 변화의 한가운데 있는 두 공동체인 교회와 가정을 살펴본다.
제2부는 코로나로 인해 다시 생각해 보는 교회의 본질, 설교, 제자양육, 그리고 신학교육에 대해 다룬다.
제3부에서는 코로나로 인해 변화된 가정과 사회의 모습을 조명하며 부부관계와 자녀 신앙교육의 회복을 다루고, 마지막으로 교회와 가정의 범주를 넘어 다음세대를 위한 문화 정체성과 직업에 임하는 윤리의 회복을 다룬다.

〈표 1〉 책의 전개 구조

본서는 독자가 관심 있는 순서에 따라 다양한 주제를 읽어 갈 수 있으나, 엮은이는 최대의 효과를 얻을 수 있도록 아래와 같이 주제를 전개했다. 각 주제는 실제적인 예와 적용을 제시하여 독자들의 삶 속에서 교회와 크리스천의 본질의 회복을 경험하는 데 도움을 주고, 더 나아가 포스트 코로나를 넘어 도래하는 새로운 시대를 준비하게 한다.

제1부는 거룩성과 영성이라는 주제로 코로나가 제기한 질문에 답한다.

제1장에서 노세영은 코로나19의 원인을 성경적 관점에서 추적한다. 성경이 말하는 전염병의 원인이 21세기의 코로나19 때문에 고통받는 우리에게 말하고자 하는 것이 무엇이며, 하나님 앞에서 우리가 어떤 삶을 살아야 하는지를 질문한다. 저자는 하나님 앞에서의 거룩성 회복이 필요함을 주장하며, 하나님 앞에서 탐욕을 버리고 하나님의 뜻에 따라 거룩한 삶을 사는 것이 창조질서를 회복하는 것이며 현대인에게도 하나님의 심판에서 벗어나 구원에 이르는 길임을 역설한다.

제2장에서 김수정은 코로나가 만들어 낸 불안감과 초조감이 편 가르기와 낙인 찍기 등으로 번지는 사회적 현상에 대한 문제의식에서 출발한다. 이에 대한 성숙한 기독교적 영성의 대응방식을 모색하는 저자는 타자 만들기(othering)로 진행되는 폭력적 사회현상이 욥기에 나오는 욥의 동료들의 태도와 유사하다는 것에 주목한다.

이에 저자는 코로나 시대 영성의 실마리를 예수 그리스도와 임마누엘 레비나스가 보여 준 환대에서 배우자고 제안한다. 즉, 옛 친구조차 타자화시키는 데 급급해하는 자기방어적 낙인 찍기에서 벗어나 진정한 자아를 실현하는 길은, 역설적으로 보이지만 남을 위해 자신을 비우고, 내 자리가 사실은 그의 자리였다는 근본적 인식 변화에서 찾을 수 있다고 역설한다.

제2부에서 네 명의 저자들은 '코로나가 교회에 던진 질문'에 답한다.

제3장에서 박사무엘은 코로나바이러스로 신자들이 모이지 못하고 집에서 화상으로 예배하는 상황을 보며 교회의 본질이 무엇인지 묻는다.

이 현상을 미래 교회가 받아들일 수 있는 예배 형식으로 받아들여야 할까, 아니면 교회의 본질을 파괴하는 세속 문화로 거부해야 할까?

무엇을 근거로 교회를 "참된 교회"라고 부를 수 있을까?

저자는 니케아-콘스탄티노플 공의회에서 제안한 "하나의 거룩하고 보편적이며 사도적인 교회"에서 교회의 핵심을 정의하는 본질을 찾는다. 이러한 교회의 네 가지 표지를 바탕으로 저자는 하나님과 이웃 사랑, 성도의 교제, 그리고 환대를 변화하는 시대 속에서 사역을 위한 성경적 근거로 제시한다. 마지막으로 저자는 교회가 현재와 미래의 위기를 미래와의 격차를 좁히고, 젊은 세대에게 다가가고, 영성 형성에 집중하고, 보편 교회를 인식하는 기회로 볼 것을 주장한다.

제4장에서 정재웅은 코로나 시대 교회가 시행한 온라인예배에서 드러난 설교의 방식에 대해 주목한다. 비록 코로나로 인해 많은 교회가 새로운 미디어를 사용하여 메시지를 전하고 있지만 여전히 한계 속에 있는 문제를 직시한다. 더 나아가 코로나 시대와 코로나 이후에 이어질 현대 교회의 새로운 설교전달 방식에 대한 대안을 제시한다.

제5장에서 박인화는 코로나 기간 제한된 목회상황 속에서 어떻게 교회의 생명력을 활성화시킬 수 있을지에 대한 고민에서 출발한다. 저자의 목회지인 뉴송교회의 제자양육 프로그램을 재생산에 초점을 맞춰 소그룹 훈련을 시행한 경험을 나눈다. 이를 통해 교회공동체의 제자 재생산의 중요함을 강조하며 코로나 상황에서도 교회가 나아갈 실천 가능한 방향성을 제시한다.

제6장에서 방승호는 코로나 팬데믹이 물질적인 세상에 있던 목회와 교회를 인터넷이라는 가상의 공간에 강제적으로 넣어 버린 현상에 관심의 초점을 맞춘다. 저자는 코로나가 미래의 도래를 가속하며 "과연 목회자에게 미래는 있는가?"라는 질문을 던졌다고 본다. 그리고 이에 대한 답으로 미

래를 이끌어 갈 세대에 대한 기본적인 신학교육의 개혁을 그 대안의 한 가지 방향으로 제시한다.

제3부는 코로나 때문에 변화된 가정과 사회의 상황들을 조명한다.

제7장에서 홍순성은 코로나 기간 동안에 부부간 다툼과 갈등이 많아지는 문제를 바라보면서 부부의 본질에 대해 질문한다. 부부가 하나 됨의 원리는 사랑이다. 우리가 죄인임에도 자신의 몸을 희생하신 예수님의 사랑에서 그 해답을 찾아본다. 고립과 단절의 시대를 살아가는 부부의 행복한 가정 세우기의 실제적 제안도 담는다.

제8장에서 방승호는 코로나19 때문에 가정 단위로 고립되었던 상황을 주목한다. 그리고 포스트 코로나와 또 다른 팬데믹 때 가정에서 "자녀들의 신앙교육을 어떻게 해야 하는가?"라는 질문에 대한 답을 찾아간다. 가정 단위로 생활이 이루어졌던 고대 이스라엘 가정의 도제교육에서 부모 역할을 살펴보며 부모에 의한 자녀 신앙교육에서 그 해법을 찾는다. 고대 이스라엘의 자녀 교육의 실마리를 출토된 유적물들을 통해 찾아가는 저자의 혜안을 보게 될 것이다.

제9장에서 박현수는 코로나 시대에 미주 한인 교회들이 겪고 있는 문화 정체성에 대해 주목한다. 코로나 시대 그리고 이와 비슷한 시대에 이민세대와 그 다음세대와의 갈등을 어떻게 극복할 수 있는지에 대해 질문을 던진다. 저자는 이민 1세대의 자신에 대한 문화정체성의 이해와 더불어 다음세대를 위한 개혁과 전환, 제도적 변화의 책임을 촉구한다.

제10장에서 박화춘은 코로나 시대에 많은 사람이 재택근무를 하던 상황을 주목하며 직업윤리의 문제를 다룬다. 직업윤리 개념과 구성요소를 살펴보고 특별히 코로나 시대에 필요한 직업윤리는 무엇인지를 크리스천의 관점에서 찾는다. 성실성, 진취성, 대인관계 기술뿐만 아니라 어려운 이웃을 향한 돌봄, 위기에 처한 기후에 대한 사회적 책임 등을 중요한 직업윤리 요소로 꼽는다.

이 책이 나오기까지 많은 사람의 헌신과 수고가 있었다. 먼저 이 책의 출발점은 센트럴신학대학원 한국부의 분과장모임이었다. 신학의 각 분과를 대표하는 교수들이 매달 함께 모여 커리큘럼 개정을 논의하면서 시작되었던 모임이 개정을 마무리하면서, 목회자이며 신학자인 우리가 코로나 시대에 어떻게 신학적 대응을 할 것인가 하는 관심을 갖게 되었다.

매달 다양한 주제를 가지고 발제하고 토론하던 중 마침 신학교 설립 120주년, 한국부 10주년을 맞이하는 기념으로 책을 출판하자고 의견을 모으게 되었다. 비록 계획보다 늦어지기는 했으나 다양한 분야의 교수들이 함께 시간과 정성을 모아 결실하게 되어 감사한 마음이 크다.

먼저 함께한 저자들과 기쁨을 나누며, 집필에는 참여하지 못했으나 코로나 관련 다양한 주제 토론에 함께했던 분과장들(홍승민, 방삼석, 이연승, 김효준, 신광섭, 정신찬)께 감사의 마음을 전한다.

또한, 120/10주년을 기념해 교수, 동문, 학생들과 성도들이 전달한 후원금이 이 책을 출판하는 데 큰 힘이 된 것에 깊은 감사의 마음을 전한다.

끝으로 이 책이 출판되기까지 행정적 지원을 아끼지 않은 센트럴신학대학원의 모든 관계자께 감사의 마음을 전한다.

이 책은 센트럴신학대학원 한국부가 한국 교회와 목회자, 성도들에게 제공하는 또 하나의 책이다. 부디 이 책이 코로나19를 지혜롭게 헤쳐 나가고 언젠가 다시 마주할 새로운 팬데믹을 대비하는 교회와 성도를 위한 지혜서가 되길 바란다.

2022년 가을 코로나19의 종식 선언을 바라면서
미국 캔사스와 텍사스 연구실에서

저자 소개 (가나다 순)

김수정 박사

센트럴신학대학원 한국부 구약학 조교수(겸임)로서, 서울대학교에서 학사, Evangelia University에서 목회학 석사, Calvin Theological Seminary에서 신학 석사, Claremont School of Theology에서 구약학으로 박사(Ph.D.) 학위를 받았다.

저서로는 *Oxford Handbook*에 다수의 논문을 실었고, 『요엘, 교회에 말걸다』의 편저자이기도 하다. 현재 에스겔서 주석을 집필 중이다.

현재 George Fox University, Portland Seminary와 Claremont School of Theology에서도 석사 및 박사 과정 학생들을 가르치고 있다.

노세영 박사

센트럴신학대학원 한국부 구약학 부교수(겸임)로서, Columbia Theological Seminary에서 목회학 석사를 그리고 Drew University Graduate School에서 구약학으로 박사(Ph.D.) 학위를 받았다.

저서로는 『고대 근동의 역사와 종교』, 『구약성서 개론: 한국인을 위한 최신 연구』, 『효과적인 연구 방법과 글쓰기』, 『신명기』 등이 있다.

30년간 서울신학대학교 구약학 교수로 재임했고 서울신학대학교 제18대 총장을 역임했다.

박 사 무 엘 박사

센트럴신학대학원 한국부 학장이며, 실천신학과 현장목회교육 부교수 겸 기독상담분과장으로 섬기고 있다. 한양대학교 철학과 학사와 고려신학대학원 목회학 석사를 마치고, Boston University에서 목회심리학 석사, TCU, Brite Divinity School에서 목회신학 및 목회상담으로 박사(Ph.D.) 학위를 받았다.

저서로는 *Pastoral Identity as Social Construction: Pastoral Identity in Postmodern, Intercultural, and Multifaith Contexts*(『목회정체성: 포스트모던, 상호문화, 다종교신앙 사회에서 바른 목회정체성을 구성하는 법』)와 다수의 목회상담 관련 학술지 소논문 들이 있고, 번역서 『성령의 초대에 응답하라』와 『제자양육 코칭』이 있다.

센트럴에서 가르치기 전에, 목회상담센터에서 목회상담가로 활동을 하였다. 그의 임상 경험은 마이애미의 Jackson Health System 채플린, 포트워스의 목회상담훈련센터 상담훈련, 그리고 달라스의 목회상담센터 박사 후 레지던트 경력 등을 포함한다. 달라스-포트워스 지역의 한인들의 상담 필요를 채우기 위해 FaHoLo Counseling Center 소장으로 활동하기도 하였다.

박 인 화 박사

센트럴신학대학원 한국부 설교/예배학 강사(겸임)로서, Patton University에서 석사, Southeastern Baptist Theological Seminary에서 목회학 석사와 기독교교육학 석사, 그리고 Dallas Baptist University에서 목회학 박사(D.Min.) 학위를 받았다.

저서로는 『하나님의 방법은 사람』이 있다.

현재 달라스 New Song Church의 담임목사이자, 미남침례교단 한인총회의 교육부 이사장과 미남침례교단 텍사스주 총회의 Executive Board Director (Cultural Engagement Committee)로 활동하고 있으며, 부탄과 남아프리카

공화국의 미전도종족들에게 복음을 증거하는 일에 집중하고 있다.

또한, 다음세대를 이끌 훈련자 재생산을 위해 413 훈련과 213 훈련을 계발하여 지역사회와 선교지의 교회 지도자들에게 보급하고 있다.

박 현 수 박사

센트럴신학대학원 한국부 교육학 조교수(겸임)로서, Trinity International University에서 박사(Ph.D.) 학위를 받았다.

저서로는 『He's 공부ing: 부모를 위한 자녀 교육』이 있다.

현재 Trinity International University에서는 한국어 과정 목회학 박사 논문 지도교수로 가르치고 있으며, 시카고 교외 Mt. Prospect에 소재한 Evergreen Community Church의 교육목사로 섬기고 있다.

박 화 춘 박사

센트럴신학대학원 한국부 교육학 조교수(겸임)로서, Cornerstone University에서 종교교육학 석사를, The University of Georgia에서 진로직업교육 전공으로 박사(Ph.D.) 학위를 받았다.

저서로는 『청소년 자녀 축복 기도문』(홍순성 공저) 등이 있으며, 직업윤리, 진로 및 직업교육을 연구하여 국내외 학술지에 30여 편의 학술논문을 발표했다.

현재 국무총리 산하 한국직업능력연구원의 부연구위원으로 재직 중이며 진로직업교육훈련에 관한 정책연구 및 교육용 콘텐츠를 개발하고 있다.

방승호 박사

센트럴신학대학원 한국부 구약학 조교수(겸임) 겸 구약분과장으로서, 감리교신학대학교에서 신학 학사, Emory University, Candler School of Theology에서 목회학/신학 석사, 그리고 Baylor University 종교학부에서 구약학으로 박사(Ph.D.) 학위를 받았다.

현재 성서고고학자로 이스라엘에서 고대 남유다 지역의 도시를 발굴하는 '라하브 리서치 프로젝트'(The Lahav Research Project)의 연구원으로 활동하며 구약과 고고학 분야에서 국제학술지에 여러 편의 학술논문을 발표하였고, 웨이코 주님의교회에서 대학생/유스를 담당하면서 휴잇감리교회 담임목사로 섬기고 있다.

정재웅 박사

센트럴신학대학원 한국부 설교/예배학 강사(겸임)로 섬기다 현재 서울신학대학교 설교대학원 조교수로 재직 중에 있다. 서울신학대학교 신학과 및 동 신학대학원을 졸업하고, 연세대학교 연합신학대학원에서 신약학으로 신학 석사, Emory University, Candler School of Theology에서 설교학으로 신학 석사, 그리고 Garrett-Evangelical Theological Seminary에서 예배설교학으로 박사(Ph.D.) 학위를 취득했으며, 동대학원 The Styberg Preaching Institute 코디네이터 및 Styberg Post/Doctoral Teaching Fellow in Homiletics로 근무했다.

홍순성 박사

센트럴신학대학원 한국부 목회학 강사(겸임)로서, 총신대학교 신학대학원에서 목회신학 석사, Cornerstone University에서 종교교육학 석사, Reformed Theological Seminary에서 목회학 박사학위를 받았다.

저서로는 『하나님이 원하시는 결혼과 가정사역』, 『21세기 한국 교회와 함께하는 사모』, 『사랑하는 가족을 위한 행복한 기도』, 『사랑하는 아들을 위한 행복한 기도』, 『사랑하는 딸을 위한 행복한 기도』외 다수가 있다.

현재 미국 Georgia주 Athens에 위치한 Oconee Community Church에서 담임목사로 섬기고 있다.

제1부

제1장　포스트 코로나 시대의 거룩성 회복 - 노세영

제2장　오물 취급에서 희생양 만들기까지:
　　　　코로나19 시대에 읽는 욥기 또는 타인의 문제 - 김수정

제1장

포스트 코로나 시대의 거룩성 회복

✠ 노 세 영 박사
센트럴신학대학원 구약학 부교수

1. 대유행의 현상과 원인

새로운 밀레니엄을 시작하면서 인류는 더 나은 미래가 지구상에 오기를 기대하였다. 실제로 인류는 과거 어느 때보다도 짧은 기간 안에 4차 산업혁명이라는 변화의 소용돌이 속에서 살았다. 앞으로 10, 20년 후의 미래도 어떤 세상으로 바뀌어 갈 것인지 상상하기 힘들 정도로 변화하고 있다. 그렇지만 과학의 발달과 정보산업의 기술혁신이 인류에게 긍정적인 미래만을 보장하는 것은 아닌 듯하다.

과학과 산업의 발달로 인한 공격적인 자연에 대한 개발이 오히려 인류에게 엄청난 피해를 안겨 주는 부메랑이 되어 돌아오고 있다. 과다한 탄소 배출로 인한 환경파괴가 그것이다. 지구 곳곳에는 이상기후가 발생하여 자연재해가 일어나고 있으며 인명과 재산의 피해가 엄청나다. 그런데 환경파괴가 가져오는 것은 비단 홍수와 가뭄 등과 같은 자연재해에 제한되지 않는 것 같다. 지금 희망을 품고 출발한 밀레니엄이 채 20년도 지나기 전에 인류는 예상치 않은 복병을 만났다.

2019년 11월경 중국의 우한에서 시작된 것으로 알려진 코로나19는 지금 세계를 위협하고 있다. 이번 대유행으로 인하여 전 세계적으로 2021년 8월 초 현재 2억 명 이상이 확진되었으며 424만 명 이상이 사망했다. 가장 큰 피해를 본 미국에서 35,300,000명 이상이 확진되었고 614,000명 이상이 사망했다. 그리고 여전히 대유행은 진행 중이다.

과거 어느 시대보다도 의학이 발달하여 멀지 않은 시대에 인간의 수명이 100세를 넘길 것이라고 희망하는 21세기를 살고 있는 인류에게 덮친 대유행은 한마디로 참혹하다. 인간의 과학이 갖는 한계를 느끼게 한다. 이는 다만 사망한 사람이 많다는 것에 그치지 않는다. 우리는 지난 1년 반을 지나면서 우리의 삶에 어떤 변화가 있었는지를 처절히 경험하고 있다. 우리는 이웃이나 친구로부터 심지어는 가족으로부터 서로 분리되었다. 서로가 가까이 해야 하고 함께 살아야 할 이웃이 우리에게 바이러스를 감염시키는 매개체일지 모른다는 두려움을 모두에게 안겨 주었다.

이에 따라 꼭 필요한 경우를 제외하고는 사람들의 이동은 제한되었고 세계는 보이지 않는 바이러스와의 전쟁을 선포하였다. 세계 경제가 마이너스 성장을 하였으며 빈부의 격차는 더 벌어졌고 정치적 논쟁이 일어났으며 사상적인 양극화도 심화하였다. 아울러 그리스도인들이 예배당에서 함께 모여 하나님께 예배 드리는 것이 어려워졌다. 이제는 꼭 예배당에서 예배드릴 필요가 있느냐는 논쟁도 일어나고 있다. 미래 교회의 모습이 어떻게 변화될 것인지에 대한 문제가 발생한 것이다.

어떤 사람들은 대유행이 인류에게 또 다른 미래의 가능성을 가져다 주었다고 말하기도 한다. 직접 만나지 않고도 전 세계의 어느 곳에서든지 화상으로 만나 회의하며 업무를 처리하고 수업하는 모든 일이 훨씬 더 수월하게 되었다는 것이다. 아마도 대유행으로 인하여 정보산업의 기술은 생각한 것보다도 더 빠르게 변화하고 발전할지도 모른다.

그런데도 인간이 가져야 하는 서로 간의 만남의 관계는 점점 더 멀어지고 친밀감이 사라지면서 오게 되는 외로움과 소외감은 어떻게 이해해야 할까?

문제는 코로나19가 어떻게 인류를 급습하게 된 것일까 하는 점이다. WHO(세계보건기구)를 비롯해 선진국을 중심으로 코로나19의 기원에 대하여 연구하고 있으나 아직도 오리무중이다. 그리고 이런 연구들은 오히려 국제 정치와 패권 싸움의 논리에 휘말리면서 보다 더 정확하고 과학적 근거에 따라 신뢰할 만한 결과를 만들어 내는 데 어려움을 겪고 있는 듯하다.

지난 6월 19일자 「미주한국일보」에는 "제2의 코로나 막으려면 인류가 환경 책임져야"라는 제목의 기사가 실렸다. 이 기사는 영국 일간지 「가디언」이 그 전날 보도한 것을 인용한 것으로 호주 뉴사우스웨일스대학의 스튜어트 터빌 교수의 말에 근거하여 "인류가 환경에 주는 영향을 이해하고 책임져야 한다"고 주장하였다.

터빌 교수는 코로나19를 연구하는 학자로서 "지난 20년간 발생한 바이러스성 감염병의 4분의 3이 조류, 설치류, 박쥐 등 동물에서 사람으로 옮은 것"이라면서 "그러나 이들이 출현하게 된 배경에는 인류의 역할이 있었음을 잊는 경우가 있다"고 지적하였다.

또한, 도미닉 드와이어 교수는 WHO의 코로나19의 기원 조사에 참여했던 학자로서 "지난 50년간 출현한 신종 바이러스는 모두 동물이나 환경에서 나온 것"이라고 말하면서 "미래의 대유행을 준비하려면 인간, 동물, 환경의 상호작용을 이해"함으로써 "사람, 동물, 지구가 연결되어 있음을 인정하는 원 헬스(One Health) 접근법"이 필요하다고 주장했다.[1]

비록 위에서 소개된 학자들의 견해가 코로나19의 경우를 특정하여 설명하는 것은 아니지만 인류가 자연 세계의 질서를 제대로 지켜 나가지 않는다면 앞으로도 바이러스 때문에 제2, 3의 대유행이 올지도 모른다고 경고하고 있다는 점은 우리가 눈여겨보아야 할 대목이다.

물론, 인류는 고대로부터 전염병에서 자유롭지 못했다. 고대 아카디안 신화인 '아트라하시스의 이야기'는 신들을 대신하여 노동해 줄 인간이 창

---

[1] 위의 기사에 관한 내용은 2021년 6월 19일자 「미주한국일보」에서 참조하였다. http://www.koreatimes.com/article/1367785.

조되었으나 인간의 인구가 팽창해지면서 인간들의 소란한 행위로 인하여 안식을 할 수 없었던 신들이 인구 조절의 한 방법으로 전염병을 인간사회에 일어나게 하였다고 이해한다.[2] 과학이 발달하지 못하고 전염병을 몸으로 받아들여야 했던 고대인들에게 있어서 전염병은 인류가 멸망할 수도 있는 엄청난 사건이었다. 실제로 역사 속에서 전염병은 인류에게 큰 위협이 되어 왔다.

14세기 유럽 인구의 30퍼센트인 2500만 명 정도가 사망했던 대흑사병과 1918년 발생하여 전 세계적으로 약 1700만~5000만 명이 생명을 잃은 스페인 독감이 그런 것들이다.[3]

2. 전염병에 대한 성경의 이해

이와 같이 인류와 전염병의 관계는 고대로부터 현재에 이르기까지 떨어질 수 없는 관계로 이어져 왔다. 그렇다면 그리스도인으로서 성경이 이런 전염병에 대하여 어떻게 표현하고 있는가를 알아보는 것은 매우 필요한 일임에 틀림이 없다.

성경은 단순히 과거의 사건을 알려 주는 것에 그치지 않고 21세기를 살면서 전염병으로 인해 고통을 받는 우리에게 그 사건을 통하여 말하고자 하는 것이 있기 때문이다. 전염병을 의미하는 히브리어 단어는 "데베르"(דֶּבֶר)로 구약에서 49회 나타나며 우리말 개역개정판 성경에서 "전염병", "염병", "돌림병" 등으로 번역되어 있다.[4] 이 단어가 사용되는 경우를

---

[2] Thorkild Jacobsen, *The Treasures of Darkness: A History of Mesopotamian Religion* (New Haven: Yale University Press, 1976), 116-21.
[3] 스페인 독감으로 인해 당시 우리나라 인구 1670만 명 중 44퍼센트인 742만 명이 감염되었고 당시 조선총독부의 발표에 따르면 14만여 명이 희생당했다고 보고되고 있다. 스페인 독감에 대한 내용은 2021년 7월 29일 다음 사이트에서 참조하라: https://ko.wikipedia.org/wiki/%EC%8A%A4%ED%8E%98%EC%9D%B8_%EB%8F%85%EA%B0%90.
[4] Abraham Even-Shoshan ed., *A New Concordance of the Old Testament: Using the Hebrew and*

정리하면 다음과 같은 신학적 의미를 발견한다.

첫째, 하나님은 모든 전염병을 주관하는 분이라는 점이다. 하나님은 전염병을 보내시는 분이기도 하며 치료하시는 분이기도 하다. 하나님은 애굽에서 하나님의 백성을 구원하기 위해 애굽의 가축에 전염병을 보내어 죽게 했으나 히브리 사람들의 가축은 모두 건강했다(출 9:3-6). 하나님은 애굽의 바로와 백성들에게 전염병을 보내는 능력을 가진 분이다(출 9:15-16; 시 78:50).

또한, 시편 91편에는 "전염병"이 두 번(3, 6절) 나타나는데 모두 전염병과 재앙이 올지라도 하나님께서 구원하여 주실 것이라는 신뢰를 노래함으로써 전염병을 치료하시는 분도 하나님임을 선포하며 하박국 3:5에서는 전염병도 하나님의 주권 아래 있음을 표현한다.

둘째, 전염병은 이스라엘 백성의 범죄에 대한 하나님의 형벌의 한 수단이라는 점이다. 다윗의 인구조사로 인한 형벌로서 전염병(삼하 24:13, 15; 대상 21:12, 14)처럼 특별한 범죄 사건으로 인한 경우들도 있지만 대부분의 경우는 이스라엘 백성들이 우상을 숭배하는 등의 범죄로 인하여 바빌론에 포로로 잡혀가는 사건과 연결된다.

특히, "데베르"가 포로기 시대 직전과 포로기 시대 초기에 활동한 예레미야서(14:12 외 16번)와 에스겔서(5:12 외 11번)에서 무려 29회가 나타나며 칼과 기근의 형벌과 함께 표현된다는 점이 이를 증명한다.

이외에도 "데베르"는 오경에서도 이스라엘 백성들의 범죄로 인한 포로 사건과 관련되어 나타난다(레 26:25; 신28:21). 곧 전염병은 이스라엘에 내려지는 하나님의 심판으로 바빌론 포로로 잡혀가는 형벌과도 같은 것이다.

Aramaic Texts (Ada: Baker, 1989), 257.

3. 전염병에 대한 신학적 이해: 인간의 탐욕과 창조질서의 파괴

그렇다면 지금의 대유행 현상을 구약의 경우처럼 인간의 죄로 인한 하나님의 형벌이라고 단정적으로 이해할 수 있을까?

물론, 21세기 사람들에게는 이런 사상이 매우 생소하며 전염병의 원인을 종교적/신학적 입장으로만 해석하는 것은 무리일 수도 있다.

그렇지만 하나님이 우주를 창조하신 분이며 모든 역사를 운행하시는 분이라고 고백하는 그리스도인들은 전염병조차도 하나님의 주권 아래 있으며 전염병의 발생도 치료도 하나님의 주권 아래 있음도 고백해야 하지 않을까?

만약에 우리가 이런 고백을 한다면, 신앙적/신학적 입장에서 코로나19를 이해할 필요가 있어 보인다. 이런 점에서 감염병을 연구하는 학자들 사이에서 인간이 자연에 대한 무차별적인 개발이 가져온 결과 때문에 대유행이 온 것이며 앞으로도 그럴 것이라고 경고하고 있다는 점은 우리에게 시사하는 바가 크다. WHO도 전염병이 대유행으로 발전하는 6개의 단계를 거친다고 제시하면서 그 초기 단계가 동물과 사람 간의 감염으로 시작된다고 정의했다.[5]

인류의 무차별적인 개발로 인한 자연환경의 변화가 가져오는 생태계의 파괴는 고스란히 그것을 개발한 인간에게 부메랑이 되어 되돌아온다는 점을 알려 준다. 지금 지구의 환경 문제도 같은 개념이다. 과학과 산업은 사람들의 삶에 절대적으로 필요한 도구임에는 틀림이 없지만 이러한 것들이 인간의 탐욕과 관련되어 있다면 그것은 우리에게 불행일 수밖에 없다.

우리는 지금 코로나19가 인류의 어떤 범죄에서 온 것이라고 특정할 수는 없다고 하더라도 개인이나 국가가 다른 사람이나 다른 국가보다 더 잘 살기 위해 자연을 파괴하고 사회적 질서를 파괴한 것과 코로나 대유행이

---

[5] WHO의 대유행에 대한 정의는 온라인상의 위키백과에서 2021년 8월 3일 참조하였다. https://ko.wikipedia.org/wiki/%EB%B2%94%EC%9C%A0%ED%96%89.

전혀 관련이 없다고 단정 짓지 못한다.

우리는 지금의 코로나 사태를 보면서 사람들이 얼마나 더 탐욕스럽고 자신들의 이익을 위해서 살고 있는지를 보고 있다. 부자들은 더 부자가 되어 가고 있고 가난한 사람들은 가난으로 인해 코로나19에 감염될 수밖에 없는 현장에 노출되고 있으며 일부 소수의 강대국은 백신이 남아서 폐기 처분하는 상황에 이르지만 나머지 나라들은 백신을 구하기도 힘든 상황이 연출되는 것은 안타까운 일이다.

또한, 코로나19의 기원에 대한 연구도 순수한 과학자들의 몫이어야 하지만 국가 간 패권 싸움이 개입되어 제대로 된 연구 결과가 나오기 힘든 상황이 일어나고 백신을 맞는 일에도 정치가 개입되어 다른 사람들의 생명을 위협한다. 사람이 가져야 할 순수성은 사라지고 정치나 이데올로기에 물들어 가고 있는 모습을 보면서 지금의 대유행 현상이 인간의 탐욕에 근거한 것이 아니라고 감히 말할 수 있을까 하는 생각이 든다.

지금의 교회는 어떤가?
교회는 탐욕과는 상관 없이 하나님 앞에서 정결하고 거룩한 하나님의 백성이라고 감히 말할 수 있을까?
교회 안에는 부패하고 부정한 행위들이 없다고 자신 있게 말할 수 있을까?

우리는 성경에서 인간의 범죄와 탐욕으로 인해 땅이 부패해질 뿐만 아니라 창조된 세계가 파괴된다는 점을 보게 된다. 하나님은 혼돈의 세상(창 1:2)을 빛과 어둠으로 나누고, 하늘 위의 물과 아래의 물로 나누고, 바다와 육지로 나누는 창조 행위를 통하여 질서의 세계로 창조하셨다. 그러나 피조물인 인간들은 범죄와 폭력을 행사하였고 하나님은 항상 악한 생각만을 하는 인간과 자연에 심판을 내리기로 결심하셨다(창 6:5-7, 11-13). 마침내 하나님은 깊음의 샘들과 하늘의 창문들을 열어 창조 때에 나뉘었던 하늘 위의 물과 아랫물을 다시 합치게 함으로 다시 창조 이전 혼돈의 세계가 되게 하셨다 (창 7:11).

모든 창조질서는 파괴되었고 방주 안에 있었던 사람들과 동물들을 제외하고는 모든 인간과 동물은 하나님의 심판을 받아 죽음에 이르게 되었다. 이런 성경의 이야기는 지금 우리에게 똑같은 메시지를 선포한다.

인간의 탐욕과 범죄는 자신들을 잘 살게 하는 것이 아니라 오히려 자신들은 물론 모든 피조물이 함께 심판 받게 되는 상황에 이르게 된다는 것이다. 물론, 우리는 이런 이야기를 단순히 종말론적 상황으로 이해할 수도 있다 하더라도 종말이 오기까지는 이 땅 위에서는 어떤 심판도 없다는 것을 의미하지는 않는다.

우리 그리스도인은 이런 입장에서 지금의 대유행을 이해할 필요가 있다. 곧 인간의 탐욕에 의한 창조질서의 파괴가 인간에게 행복과 번영을 가져다주는 것이 아니라 오히려 인간과 자연을 파괴하는 심판으로 나타날 수 있다는 것이다.[6] 피조물로서 인간에게 지배권을 준 것은 그것들을 학대하라는 것이 아니라 오히려 창조주 하나님이 인간을 돌보듯이 자연을 돌보라는 의미이다.[7] 그럼에도 불구하고 인간이 자연에 대한 지배권을 핑계로 자연을 학대하고 파괴하면 궁극적으로 창조질서가 파괴된다는 점을 알아야 한다.

어떤 이들은 우리 세대에 이런 엄청난 대유행을 경험하면서 처음에는 얼마 되지 않아 바이러스는 극복되고 우리는 다시 평범한 세상을 찾게 될 것이라고 기대하였을 것이다. 그리고 어떤 이들은 하나님 앞에서 지금까지 인간이 무엇을 잘못했는가를 깨닫고 회개함으로써 더 나은 사회가 되기를 기대했을지도 모른다. 그러나 대유행이 지속되면서 오히려 사람들은 자신

---

[6] 존 파이퍼 목사는 코로나바이러스가 하나님의 심판일 가능성을 제시한다. 존 파이퍼, 『코로나바이러스와 그리스도』, 조계광 역 (개혁된실천사, 2020), 81-85.

[7] Thomas F. Dailey, "Creation and Ecology: The Dominion of Biblical Anthropology," *Irish Theological Quarterly*, 58/1 (1992): 1-13.

들이 갖고 있는 탐욕을 더 드러내고 있고 세상에서 상대방에 대한 신뢰가 점점 더 사라져가고 있다.

또한, 자신들이 살아남기 위한 행태로 바뀌어 가는 모습을 보면서 우리는 더 실망에 빠져든다. 우리가 여전히 죄악과 탐욕에서 벗어나지 못한다면 우리는 또 다른 하나님의 심판을 경험하게 될지도 모른다. 실제로 우리는 델타변이 바이러스로 인해 다시 확진자와 사망자가 늘어나고 있는 것을 보고 있으며 더 강력한 변이 바이러스가 나타나 심각한 상황이 오게 될 수도 있음을 걱정하고 있다.

4. 거룩과 창조질서의 회복

하나님은 심판의 상황에 이른 이스라엘 백성들에게 구원의 길을 알려 주었다. 그것은 곧 회개와 거룩한 삶으로의 변화이다. 거룩으로의 변화는 하나님의 백성들을 향한 하나님의 명령이었다. 하나님의 명령은 21세기를 사는 하나님의 백성들에게도 그대로 적용된다. 우리가 하나님 앞에서 탐욕을 버리고 하나님의 뜻에 따라 거룩한 삶을 사는 것이 창조질서를 회복하는 것이며 하나님의 심판에서 구원받는 길임을 말해 준다.

그렇다면 거룩한 삶을 산다는 것이 무엇이기에 어떻게 창조질서를 회복하는 것이라고 말할 수 있는 것일까?

흥미롭게도 구약의 제사장적 신학에서는 이 질문에 대하여 보다 분명하게 대답한다. 레위기에 나타난 거룩은 일반적으로 제의적 거룩과 윤리적 거룩으로 구분된다. 제의적 거룩이 거룩한 삶을 살기 위한 제도적인 법률과 관련되어 있다면 윤리적 거룩은 주로 레위기 18-20장에 나타난 윤리적 문제들과 관련을 맺는다. 그리고 이 두 개념의 거룩에 대한 논쟁들이 있으나 최근의 인류학자들을 중심으로 여러 학자들은 제의적인 거룩 조차도 윤

리적 거룩을 완성하기 위한 것이라고 주장하기도 한다.[8]

어쨌든 제의적 거룩의 근간을 이루는 제사법에 따르면 거룩이란 부정한 것과의 철저한 분리를 통하여 이루어진다. 그리고 이 분리는 기본적으로 장소, 시간 및 신분의 세 가지 영역에서 나타난다.[9]

첫째, 거룩한 장소의 분리이다. 지성소는 가장 거룩한 장소로, 성소는 그 다음 거룩한 장소로, 그 다음으로는 성막 뜰이며, 마지막으로 백성들이 거주하는 진영이다. 그리고 진영 밖의 광야는 부정한 장소이다.

둘째, 시간의 분리이다. 일 년에 한 번씩 지키는 대속죄일이 가장 거룩한 시간이라면(레 16:29-31) 안식일과 절기들은 거룩한 시간이며 이때는 일해서는 안 된다.

셋째, 신분의 분리이다. 대제사장과 일반 제사장과 평민들 사이에는 거룩성의 정도에 따른 차이가 있다. 이 세 영역에는 거룩의 등급에 따라 철저하게 분리되어 있어야 할 뿐만 아니라 부정한 것과도 철저하게 분리되어 있어야 한다.

만약에 어떤 이유로든 이 분리가 깨어질 때 하나님이 거하시는 성막은 부정하게 되어 하나님은 성막을 떠나게 되고 이스라엘은 파멸에 이를 수밖에 없다(레 15:31; 민 19:13, 20; 겔 5:11, 8:6; 23:38).

성막이 부정하게 된다는 것은 하나님의 부재로 인한 파멸을 야기하기 때문에 성막은 항상 거룩한 상태로 유지하여야 한다. 만약에 부정하게 되었을 경우에는 속죄제사나 속건제사 등의 희생제사를 통하여 성막을 거룩하게 하여야 한다. 또한, 레위기 16장의 대속죄일은 일 년에 한 번씩 성막과

---

[8] 제의적 거룩과 윤리적 거룩에 대한 연구사는 다음의 글에 요약되어 있다. 노세영, "레위기의 제의적 및 윤리적 거룩", 「구약논단」 38 (2010), 11-16.

[9] Frank H. Gorman, Jr., *The Ideology of Ritual: Space, Time and Status in Priestly Theology* (Sheffield: JSOT Press, 1990), 55-59.

이스라엘 백성을 거룩하게 하는 날이다.

그렇다면 엄격하게 구별되어 있는 성막은 왜 부정하게 되는 것일까?

제사장 신학에서 성막이 부정하게 되는 것은 "이스라엘 자손의 부정과 그들이 범한 모든 죄"로 인한 것이라고 분명하게 보여 준다(레 16:16).

여기에서 말하는 부정과 죄가 무엇을 의미하는가에 대하여는 학자들의 논란이 있을 수 있으나 부정은 제의적 부정을, 죄는 윤리적 부정을 의미하는 것으로 해석한다면 좀 더 쉽게 이해될 수 있지 않을까?

곧 앞에서 말한 세 영역(장소, 시간, 신분)에서의 분리를 깨어지게 하는 제의적 행위들을 16절이 말하는 부정이라고 정의하고 레위기 18-20장을 중심으로 나타나는 윤리적 부정(잘못된 성생활, 우상숭배, 잘못된 살인, 노동착취 등)은 죄로 표현될 수 있다는 말이다.

어쨌든 제의적 및 윤리적 부정은 강한 전염성이 있어서 성소와 지성소까지도 부정하게 할 수 있기 때문에(레 15:31; 16:16; 민 19:13) 이스라엘은 희생제사를 통하여 항상 자신들과 성막을 부정으로부터 지켜야 하며 부정하게 되었을 경우에는 정결의식이나 희생제사를 통하여 거룩성을 회복하여야 한다. 이는 하나님의 명령이다.

이제 우리는 창조질서와 제의적 질서가 어떤 상관관계를 갖고 있는가를 살펴볼 수 있게 되었다. 하나님의 창조가 혼돈 세력과의 분리를 통하여 완성되었듯이 제의적 및 윤리적 질서도 부정이나 죄와의 분리를 통하여 완성된다. 또한, 피조물로서 인류가 죄와 악행을 행함으로 창조된 질서의 세계가 다시 창조 이전의 상태로 되돌아가는 혼돈의 심판을 경험하였듯이 이스라엘 백성들은 그들의 제의적이고 윤리적인 부정으로 인하여 성막이 부정해지고 하나님은 성막을 떠나게 되었으며 마침내 이스라엘은 하나님의 심판에 이르게 되는 역사를 경험했다.

이는 구약의 제사장 신학에서 거룩으로 정의되는 제의적 및 윤리적 질서는 창조질서와 같은 신학적 패러다임으로 이해되었으며 이스라엘 사람들의 거룩한 삶은 제의적 및 윤리적 질서를 유지하는 것에서 그치는 것이 아니라 사회적 질서와 더 나아가서는 우주적 질서를 이루는 초석이 된다는 것을 말하는 것임을 알려 준다.[10]

5. 거룩에의 초대

이런 제사장 신학은 지금 코로나 대유행을 겪고 있는 그리스도인들에게 무엇을 해야 하는지를 알려 준다. 그것은 제의적 및 윤리적 거룩의 최종 목적이 창조질서의 회복과 하나님 백성의 구원을 위한 것이라는 점이다. 지금 하나님의 백성으로서 교회도 "거룩하라"는 하나님의 명령을 지킴으로써 창조질서를 회복하고 하나님의 구원을 이루라는 것이다. 물론, 복음의 시대에 사는 우리가 레위기가 말하는 제의적 행위들을 지켜야 한다고 말하는 것이 아니다.

지금 우리는 레위기에서 말하듯이 장소, 시간, 신분의 분리를 통하여 우리가 거룩성을 유지할 수 있다고 말하거나 동물희생제사를 통하여 부정한 상태에서 거룩성을 회복하고자 하지 않는다. 우리가 율법의 행위로 거룩성을 회복할 수 있는 것이 아니기 때문이다.

구약에 나타나는 "제사보다 순종이 낫다"(삼상 15:22)는 본문이나 "나는 인애를 원하고 제사를 원하지 아니하며 번제보다 하나님을 아는 것을 원하노라"(호 6:6)라는 선포는 단순히 제의적 행위에 치우치는 것에 반대하는 또 다른 예언자적 전승이 있음을 알려 준다. 심지어 말라기에서 거짓과 가증한 일을 행하여 성전을 부정하게 한 자들은 제사를 드려도 하나님으로부터 내쳐질 것이라고 선언한다(말 2:12).

그렇다면 지금 우리는 어떻게 거룩해질 수 있을까?

하나님이 거룩한 것처럼 사람도 거룩해질 수 있을까?

---

10 Ibid., 44.

학자들은 이 문제에 대하여 논쟁을 거듭해 왔다. 어떤 학자들은 우리가 이 땅에서 살고 있는 동안에는 거룩이 불가능하며 죽은 후 영화로운 상태에서 가능하다고 주장한다. 다른 학자들은 살아 있는 동안에도 우리는 거룩해질 수 있으며 그 거룩은 그리스도인의 완전에 속한 것이지 하나님과 같은 정도의 거룩을 말하는 것은 아니라고 말한다.[11]

이 논쟁에서의 핵심은 우리가 윤리적으로 완전해질 수 있는가라는 점과 연결된다. 물론, 이 글은 "사람이 살아 있는 동안 거룩해질 수 있는가"를 논의하고자 함이 아니다. 다만 하나님이 우리를 향해 명령하신 "내가 거룩하니 너희도 거룩하라"는 명령을 어떻게 지킬 것인지를 말하고자 할 뿐이다. 앞에서 말했듯이 우리의 범죄로 인하여 땅이 부패하게 되며 더 나아가 하나님의 창조질서까지도 파괴될 수 있기 때문이다.

여기에서 우리는 성결법전(레 17-26)이 거룩은 하나님에 의하여 이루어진다는 점을 분명히 하고 있다(레 20:8; 21:8, 15, 23; 22:9, 32)는 점을 살펴볼 필요가 있다. 이는 거룩하게 되는 것은 자신들이 법을 지켜 행동해야 하지만 결국은 하나님이 그들을 거룩하게 하여야 가능한 것이라는 말이다. 레위기에 따르면 사람은 자신도 어쩔 수 없이 부정해질 수밖에 없는 경우를 만나게 되기 때문에 어떤 이유에서든지 부정해진 사람은 희생제사를 통해 죄 용서함을 받아 자신을 거룩하게 해야 한다(레 4:20, 26, 31, 35).

또한, 용서함을 받기 위해서 그는 속죄제사를 드리기 전 자신의 죄를 고백하여야 한다(레 5:5-6). 여기에 성결법전에서는 이 모든 제의적 행위 위에 하나님의 거룩하게 하시는 은총이 있을 때에 사람은 거룩해진다는 것을 말하고 있는 것이다.

이에 대하여 신약에서는 거룩하게 되는 새로운 길을 제시한다. 히브리서 9:22에서는 그리스도의 십자가 사건을 구약의 제사제도와 연결하여 해석

---

11 기독자의 완전에 대하여는 다음의 글을 살펴보라: W. T. Purkiser, *Conflicting Concepts of Holiness: Some Current Issues in the Doctrine of Sanctification* (Kansas City: Beacon Hill Press, 1953), 45-62.

하면서 "율법에 따라 거의 모든 물건이 피로써 정결하게 되나니 피 흘림이 없은즉 사함이 없느니라"라고 선포한다. 이제는 예수 그리스도의 피를 통하여 우리가 용서함을 받으며 정결하게 됨을 말하는 것이다. 곧 우리가 예수 그리스도의 피를 통하여 용서함을 받아 죄와 부정으로부터 구별한 삶을 살게 되며 거룩한 삶에 이른다는 말이다.

따라서 신약에서는 거룩함에 이르는 것은 예수 그리스도의 피와 성령 안에서 완성된다 (고전 6:11; 히 10:10; 13:12; 벧전 3:15)고 증언한다. 중생이 그리스도의 피로 이루어지듯이 거룩도 마찬가지이다. 이 땅에 율법을 완성하기 위해 오신 거룩하신 예수(눅 1:35; 4:34)께서도 십자가에서 돌아가시기 전날 밤 제자들을 위해 "그들을 진리로 거룩하게 하옵소서 아버지의 말씀은 진리니이다"라고 기도하셨다(요 17:17-19).

예수는 성육신하여 오신 말씀이요 진리이기에 우리를 거룩하게 하시는 하나님이다(엡 4:24; 5:26). 따라서 초대 교회의 성도들에게 요구된 것도 그들의 거룩한 삶이었다(롬 6:19, 21; 12:1; 고후 1:12; 7:1; 엡 4:24; 5:27; 살전 4:3, 7; 히 12:14; 벧전 1:15-16). 하나님의 부르심을 받은 교회가 "주 예수 그리스도의 이름과 하나님의 성령 안에서 씻음과 거룩함과 의롭다 함"을 받은 사람들이어야 하는 이유다(고전 6:11).

특히, 교회는 항상 주님의 재림을 기다리는 종말론적 공동체이기에 교회가 거룩한 공동체로서 그 사명을 감당할 때 교회를 통하여 세상은 하나님의 심판에서 벗어나 구원을 경험하게 될 것이다. 우리의 힘으로는 윤리적으로 거룩해질 수 없음은 분명하다. 그러나 예수 그리스도와 성령 안에서 거룩한 삶은 이루어진다.

6. 교회의 회개와 사명

이미 앞에서 언급한 바와 이 땅은 탐욕으로 인한 무차별적 자연파괴로 인한 재난을 경험하고 있다. 이는 창조질서의 파괴로 이어지고 인류는 큰 재앙을 맞게 될지도 모른다. 당연히 인류는 자연과 더불어 살아갈 수 있는 방법을 찾아야 하고 자연의 질서를 다시 회복하는 노력을 해야 한다.

그렇다고 다른 어떤 이들의 잘못으로 지금의 대유행을 맞게 되었다고 책임을 전가하고자 함이 아니다. 다만 여기에서 말하고 싶은 것은 우리 그리스도인들은 대유행 한가운데서 우리 자신을 되돌아보며 우리의 잘못을 회개하여 하나님 앞에서 거룩한 삶을 살아가야 한다는 점이다.

다른 사람들의 범죄와 탐욕에 그 책임을 돌리기보다는 그리스도인들이 먼저 하나님 앞에서 부정으로 변질된 모습에서 거룩의 본질로 되돌아가야 하지 않을까?

하나님께서 창조하신 질서의 세계가 깨어지는 상황에서 어떻게 우리가 질서의 세계로 회복시킬 수 있는가를 고민해야 하지 않을까?

하나님은 그 사명을 교회에 주셨다고 생각한다.

지금의 교회는 과연 하나님 앞에서 거룩한 공동체라고 감히 고백할 수 있을까?

교회 안에 세속적이고 부패한 일들이 들어와 자리 잡고 있지는 않은가?

교회가 먼저 거룩하게 됨으로 온전하고 건강한 창조질서를 회복시켜야 한다는 것이다. 우리는 지금 이사야가 소명을 받으면서 자신이 부정한 상태에서 하나님을 만나 자신에게 화가 이르게 되었다고 고백하는 사건을 기억한다(사 6:5). 그는 마침내 하나님으로부터 거룩하게 함을 입으므로 자신의 예언자로서 사명을 감당한 것이다(사 6:6-13).

그렇다면 우리가 죄악을 벗어 버리고 그리스도 안에서 거룩한 삶을 살 때에 코로나19는 모두 사라지고 우리는 건강하게 되는 것일까?

우리가 분명히 알아야 할 것은 성경은 결코 의인에게는 질병도 고통도 없다고 말하고 있지 않다는 것이다. 성경은 당대의 의인으로 인정을 받았던 욥도 지독한 고난을 당했고 시편의 여러 탄식 시 중에도 무고하게 고난 당하고 있는 의인들의 탄원이 나타난다.

때로는 하나님께서 의인의 고난을 통해서 역사하시는 것이 있다는 말이다. 곧 거룩한 하나님의 백성에게 고난이 올지라도 그것은 하나님의 심판이 아니라 하나님의 역사를 이루고자 하는 방법임을 말한다. 거룩하신 예수님의 십자가 고난은 하나님의 심판이 아니라 인류를 향한 하나님의 구원의 방법인 것처럼 말이다.

이러한 사건들은 인간에게 오는 모든 질병이나 고난이 죄악으로 인해 발생하는 것만이 아니라 인간이 잘 알기 힘든 하나님의 신비로운 섭리가 있음도 알게 한다. 그렇다고 우리 그리스도인들이 거룩한 삶을 살아야 한다는 당위성이 사라지는 것은 아니다.

우주를 창조하시고 역사를 운행하시는 하나님 앞에서 지금의 상황을 통하여 하나님이 우리 그리스도인들에게 무엇을 말씀하고 있는지를 묻는 것은 너무도 당연한 것이 아닐까?

하물며 하나님 앞에 범죄하고 있다면 코로나 시대를 지나면서 교회가 거룩한 하나님의 백성으로 회복되어야 하는 이유는 분명하다. 그것은 교회를 향한 하나님의 명령이기도 하며 고난 속에 있는 세상을 향한 사명이기 때문이다(레 11:44; 19:2; 벧전 1:16). 우리는 거룩한 삶을 통하여 하나님이 대유행 속에 있는 우리에게 무엇을 말씀하는지를 들을 수 있어야 할 것이다.

제2장

오물 취급에서 희생양 만들기까지
(코로나19 시대에 읽는 욥기 또는 타인의 문제)

✠ 김 수 정 박사
센트럴신학대학원 구약학 조교수

 센트럴신학대학원 한국부 10주년을 기념하여 한국 및 이민 신학/신앙 공동체에 도움이 되는 책을 출간하자는 이야기가 나올 때만 해도 "코비드-19"(COVID-19)[1]라는 단어는 우리에게 가장 큰 두려움을 주는 화두였다. 어느덧 대유행(pandemic)에서 풍토화(endemic) 시대를 이야기하는 시점에 이른 만큼, 이제는 코로나19 시대가 만들어 낸 사회적 현상들을 거시적 관점에서 조금은 더 객관적으로 돌아볼 여유가 생긴 듯하다.
 코로나19와 같은 국제적 전염병이 만들어 낸 사회적 현상들로 어떤 것을 꼽을 수 있을까?
 눈에 보이지 않는 적과 싸워야 한다는 불안감, 끝을 알지 못하고 기다려야 하는 데서 오는 초조감, 전체를 파악하기 어려운 가운데에서 권위적인 지도부의 결정에 나의 삶이 좌우되는 데서 오는 답답함과 동시에 그 경계 밖으로 밀려날까 봐 두려워하는 심리 등일것이다.
 필자가 이 글에서 주목하고자 하는 것은, 이러저러한 불안감, 초조감, 그리고 답답함과 두려움 등을 사회나 국가와 같은 집단이나 공동체가 감당하

---

[1] COVID-19는 "Corona Virus Disease 2019"의 약자로서, 세계보건기구(WHO)가 SARS-CoV-2(severe acute respiratory syndrome coronavirus 2)를 지칭하는 용어로 사용하기 시작하면서 대중화된 용어이다.

는 방식이다. 안타깝게도 가장 쉽게 떠올릴 수 있는 반응은 타자화(Othering)라고 불리는 편 가르기이며 그에 따른 의식적 무의식적 폭력이다.

성경에도 이런 현상은 심심치 않게 나타나는데, 욥기의 주인공 욥과 그를 둘러싼 나머지 등장인물들 사이의 편 가르기와 폭력이 대표적 예다. 오리무중(五里霧中), 그야말로 한치 앞을 내다보기 어려운 안개 속 같은 상황에서 주변 인물들의 비난을 받으며 외로움을 견뎌야 했던 욥.

욥기는 이경재가 감탄하듯이, "고난을 당하는 인간 실존의 비극적 번뇌와 끝없는 갈등, 주변의 몰이해와 박해에 대항하는 불굴의 저항, 부당한 고통에 항의하면서 신을 심판대에 세우는 욥의 항쟁"등이 녹아 있는 경전이다.[2]

다양한 독자층만큼이나 욥기를 읽는 방식은 다양하다.[3] 우리는 욥기를, 고난 중에도 믿음을 잃지 않는 경건에 대해 이야기하는, 인내를 격려하는, 또는 전능하신 하나님의 신비한 통치를 찬양하는 책 등으로 이해할 수 있다. 필자의 머릿속에는 욥을 질타하는 동료들과 우리 세대에 코로나19가 만들어 낸 낙인 찍기 문화가 서로 겹쳐진다.

필자는 이 지면을 통해 코로나19의 사회적 현상들을 염두에 두면서 욥기를 집단 폭력의 메커니즘을 드러내는 책으로 읽어 보려 한다. 자신에게 닥친 엄청난 고난의 자초지종을 듣지 못한 채, 그저 미약하고 무지한 존재라는 이유로 전능자 앞에 무릎을 꿇고 죄를 고백하라는 강요를 받은 욥, 연

---

2 이경재, 『욥과 케 보이: 현대 사상에서 욥을 읽다』(서울: 대한기독교서회, 2009), 20.
3 예를 들어, 데이비드 클라인즈(David Clines)는 욥이라는 인물에 대한 네 가지 해석을 정리해서 보여 준다. 1. 고난을 인내하는 자, 2. 교리에 맞서 싸운 이성의 승리자, 3. 잔인하고 부조리한 세상의 희생자, 4. 이스라엘의 지혜자. David J. A. Clines, "Why Is There a Book of Job, and What Does It Do to You If You Read It?" in *The Book of Job* (Leuven: Leuven University Press, 1994), 14-20.
  한편, 이경재는 욥기를 읽는 다양한 해석을 도덕적 질서와 우주적 질서의 관계를 정립하는 입장에 따라 네 가지 관점으로 정리 소개한다. 두 질서의 모순된 현현으로 인한 다성적 텍스트 개념, 두 질서 간의 단절과 그리스도 안에서의 해답, 우주적 질서의 우위에서 인과응보신학을 지양하는 관점, 그리고 두 개의 질서가 마침내 통합된다는 중층적 관점. 이경재, 『욥과 케 보이』, 49-50.
  이 글에서 필자의 입장은 넓은 의미에서 두 번째 범주인 "두 질서 간의 단절과 그리스도 안에서의 해답"에 해당한다고 할 것이다.

속되는 고난의 한복판에서 비난과 소외감까지 감내해야 했던 욥을 생각해 보면, 책의 후반부로 갈수록 동료들에 대한 그의 반응이 거칠어지는 것은 어찌 보면 자연스러운 결과라는 생각이 든다.

하나님도, 사탄도, 아내도, 동료들도 이 모양 저 모양으로 모두 욥을 비난했는데, 과연 욥은 무엇을 잘못한 것일까?
질문을 살짝 바꾸어 본다. 하루아침에 불행에 빠진 욥에 대해, 욥의 주변 사람들은 왜 이리도 선 긋기에 부지런하고 적극적이었던 것일까?
누구나 "욥"이 될 수 있는데 왜?
혹시, 누구나 "욥"이 될 수 있기 때문일까?

이 글을 통해 독자들과 함께 고민하고자 하는 것은 상처받은 욥을 (같은 맥락에서 우리 스스로를) 다시 일으켜 줄 수 있는 신학교육적 환경을 만드는 일이다. 특히, 우리 역시 고난이나 재난, 두려움 등으로부터 자유롭지 않은 상태에서 우리보다 더 비참한 상태로 떨어진 타인들을 어떻게 대해야 할지를 생각해 보려 한다. 따라서 이 글에서 필자는 욥의 입장도 야웨의 입장도 사탄의 입장도 아닌, 불행의 늪으로 빠진 사람을 옆에 두게 된 "타인"들의 시선으로 욥기를 읽을 것이다.

이들은 욥의 세 동료와의 논쟁 말미에 끼어든 행인 엘리후, 그의 곁을 계속 지키고 있던 아내, 그리고 재앙이 다 끝난 후에 찾아오는 욥의 친척들을 포함한다. 배경도 다르고 목적도 다르지만, 욥이라는 주인공을 타인으로 두었다는 점에서 이들은 "욥의 타인"이라는 공통 범주에 묶이게 된다.

논지는 세 부분으로 나뉘어 전개된다.

첫째, "아브젝시옹과 아브젝트: 타인 만들기"
둘째, "희생양과 희생양 메커니즘: "타인 지우기"에서는 우선 이 "타인"들의 언행 기저에 깔린 집단 심리를 이해하기 위해 욥을 타자화시키는

(Othering) 인물들을 분석한다. 줄리아 크리스테바(Julia Kristeva)의 아브젝트/아브젝시옹(Abject/Abjection) 이론과 르네 지라르(René Girard)의 희생양 만들기 이론(Scapegoating Mechanism)도 이 읽기의 프레임들을 이해하는 차원에서 간단히 소개한다.

이 렌즈를 통해 욥기를 읽으면 코로나19 시대를 지나면서 두드러지게 불거져 나온 분리, 비난, 경멸 등의 문제가 우리가 생각한 것보다 더 깊은 곳에 뿌리를 두고 있었던 것임을 깨닫게 될 것이다. 이러한 진단은 우리들에게 해결책으로서 대안이 지녀야 할 조건을 생각하게 하는 기초 또한 마련해 줄 것이다.

셋째, "타인의 얼굴: 나를 지우며 너에게 다가가기"는 필자가 제시하는 하나의 대안으로 독자들을 초대하는 자리이다.

우리 중 누군가는, 아물지 않은 상처 위에 식초를 붓듯 연일 독한 말들을 퍼 부으며 폭력을 행사하는 동료들과 그래도 여전히 공동체를 이루어 같이 살기를 원한다면, 앞으로 코로나19 같은 위기를 다시 만나게 될 때, 이웃을 타자로 만들며 내 안위 챙기기에 급급한 그런 실수를 반복하지 않으려면!

이런 신앙공동체 또는 일반사회의 질문에 욥기의 해석자는 어떤 대답을 내놓을 수 있을까?
화해의 첫 단추로 과연 무엇을 제시해 줄 수 있을까?
타인들, 어쩌면 우리들의 또 다른 이름이기도 한, 그 타인들의 얼굴을 바라보고 그들의 말을 듣는 작업부터 시작해 보면 어떨까?

욥기 42:6을 중심으로 필자의 해석을 제시하고 욥기의 구조를 그 맥락에서 간단히 소개하는 것은 욥 또는 욥의 상황에 처한 이들의 말을 듣고 그의 얼굴을 편견 없이 바라보고자 함이다. 타인으로 다가온 욥의 얼굴을 만난 후에, 독자들은 그리스도와 레비나스에게로 인도된다. 스승을 부인하던 베드로를 조용히 바라보던 예수님의 얼굴과 우리의 생존 자체가 이미 타인에게 빚진 자라는 인식에서 출발하자는 임마누엘 레비나스(Emmanuel Levinas)의 타자윤리학에 대해 묵상해 보기 위해서다.

이 글이 그어진 선 너머로 자신을 던지며 달려가는 치유자들을 길러 내고 격려하는 치유와 교육의 제안서가 되기를 바란다.

1. 아브젝시옹과 아브젝트: 타인 만들기

1) 코로나19 문화와 욥기 문화

코로나19가 한창 기승을 부리면서 전 세계인들을 공포 속으로 밀어 넣을 때 우리가 자주 듣던 용어 중 하나가 바로 "우한 바이러스"라는 말이었다. 중국 성경학자인 잉장(Ying Zhang)은, 신체적 질병 등을 이유로 욥을 조롱하는 문화와 코로나19로 심화된 중국 및 아시아 혐오 발언 등의 유사점에 주목하면서 "우리에게는 차별이라는 심각한 질병에 대한 백신이 없기 때문에 그대로 상처를 받게 된다"며 혐오 중지를 호소했다.[4]

코로나19 대유행이 불러온 영국 내에서의 인종 차별 확산 및 그 방향의 변화를 추적한 유선우의 연구는 잉장의 지적을 한층 더 구체적이고 포괄적인 데이터를 통해 입증해 준다.

코로나19가 기승을 부리던 2020년 일년 동안 영국 내에서의 증오범죄 데이터를 살펴보면서 유선우는 초기에 중국 및 동남 아시아인들에게 집중되던 영국인들의 사회적 낙인 찍기가 점차 흑인, 기타 다른 아시아인 등의 소수민족 등을 타깃으로 하는 BAME(Black, Asian and Minority Ethnic) 인종 차별 문화로 확대되었다는 결론에 이른다.[5]

---

4 Ying Zhang, "Reading the Book of Job in the Pandemic," *The Journal of the Biblical Literature* 139/3 (2020): 602, 611.
5 유선우, "영국 코로나바이러스 감염증-19 위기 속 흑인, 아시아인, 소수민족 사회적 낙인

특히, 그는 영국 정부가 2020년 2월, 자가격리가 필요한 여행 대상국을 지정할 당시, 확진자 수가 높았던 호주, 독일, 미국 등의 국가들을 그 대상에서 제외시킨 반면, 확진자 수가 같거나 낮았던 미얀마, 라오스, 말레이시아 등 아시아 국가들은 포함시킨 점을 지적하면서 이러한 정부당국의 조처들이 전반적으로 아시아인들을 타깃으로 하는 혐오범죄를 증가시키는 데 일조했다고 말한다.[6]

그의 연구에서 관심을 끄는 것은, 이러한 사회적 낙인 찍기가 감염병에 대해 사회 전반적으로 지식이 낮은 단계에서 비이성적 집단 사고에 의해 어느 사회에서나 발생할 수 있다고 경고하는 부분이다.[7]

어윈 수산토 (Erwin Susanto) 역시 우리에게 닥친 이 재앙에 대해 묻는 물음의 일환으로 욥기를 읽는다.[8] 그는 욥이 당한 네 가지 재앙 가운데 스바인들과 갈대아인들에 의한 인재(人災)에 주목하면서, 그들의 침입으로 재난을 당한 욥의 경우를 각국 정부가 코로나19에 대해 민첩하고 투명하게 대응하지 못해서 어려움을 더욱 심하게 겪게 된 현실에 견주어 비판한다.[9]

수산토는 또한 트럼프 전 미 대통령이 그의 재직 시절, 코로나19는 독감 수준의 바이러스이므로 우리 삶에 별 영향 없이 곧 사라지고 밝은 미래가 다가올 것이라고 강조했던 그의 코로나19 초기 전략을 상기하면서, 이러한 트럼프 정부의 행정전략을 엘리바스나 빌닷이 남발했던, 금방 다 괜찮아질 것이라는 무책임한 위로와 비교·비판한다.[10]

수산토의 논지와 적용 등에 모두 동의할 수는 없지만, 코로나19 위기, 재난, 그리고 그것들이 만들어 낸 사회, 국가, 국제적 낙인 찍기 문화가, 우리와 시대가 동떨어져 있다고 여긴 고대 경전 욥기에도 존재하고 있었다는

찍기", 「국제사회보장리뷰」 15: (2020), 5-22.
6 Ibid., 7-8.
7 Ibid., 6.
8 Erwin Susanto, "Reading the Book of Job and Camus's La Peste during COVID 19," *Indonesian Journal of Theology* 8/1 (2020): 12.
9 Ibid., 14.
10 Ibid., 15.

것이 놀랍기만 하다.

2) 아브제시옹과 아브젝트 또는 선 긋기

욥의 주변 인물들이 보이는 선 긋기를 크리스테바의 아브젝시옹 프레임(Abjection Frame)으로 이해하기 위해 그 용어들이 뜻하는 바를 먼저 간단히 살펴보자.

프랑스어인 '아브젝트'(Abject)와 '아브젝시옹'(Abjection) 모두 비참하고 비천하여 언어를 사용하는 상징적 질서체계에 들어가지 못할 뿐 아니라, 때로 위협적이라서 폐기 처분해야 하는 어떤 것들을 지칭하지만, 크리스테바는 두 용어를 다음과 같이 구별한다. '아브젝트'가 주체에 의해 추방된 오물, 고름, 체액, 시신 등의 이미지를 지닌 어떤 것들이라면, '아브젝시옹'은 두 세계의 경계선에 선 주체가 질서 세계 안으로 자신을 밀어 넣어 그 신분을 유지하기 위해 아브젝트를 추방하기로 결정하는 그 주체의 전반적 저항 심리와 행위를 지칭한다.[11]

이 정의에서, 아브젝트가 한때는 주체의 일부였다는 점과, 그 주체가 보다 권위적인 큰 체제에 편입되거나 안정적으로 정착하려고 변화를 시도하는 과정에서 그것을 위험하고 혐오스러운 배설물로 취급하게 된다는 사실을 포착하는 것이 중요하다. 어머니의 몸으로부터 신체적 정서적으로 독립하는 아이의 경험이라든가 근대화 과정에서 전근대적 요소들과 결별하는 현상들이 자주 인용되는 예들이다.[12]

여기에 욥이 처하게 된 비참한 현실 및 동료들의 반응과 코로나19 사회에서 대중들이 보이는 반응들을 아브젝트-아브젝시옹의 또 다른 예로 추가할 수 있을까?

---

11 Julia Kristeva, *Horrors of Power: An Essay on Abjection* (European Perspectives Series; Columbia University Press, 1982).
12 줄리아 크리스데바,『공포와 권력』, 서민원 역 (동문선, 2001), 100.

먼저 욥의 신체적 정신적 상황을 들여다보자. 욥이 읊어 내는 탄원시들에 의하면, 그는 구더기와 흙덩이로 범벅이 되어 있고 살갗도 굳었다가 터지기를 반복하고 있다(7:5). 피부는 열병으로 검게 타 버렸다(30:30). 그나마 종기투성이가 되어 버린 몸을 토기 조각 등으로 피가 나도록 긁어야(2:8) 겨우 좀 숨을 쉴 수 있는 욥은, 밤이 되면 온 뼈마디가 쑤셔서 힘들어 한다(30:19). 이러한 신체적 조건은 이미 무너진 그의 사회관계를 더욱 급속히 망가뜨린다. 욥의 사회적 권위는 이미 바람처럼 공중에 흩어진 지 오래다(30:15).

욥은 현재 어디에 있는가?

욥기는 욥과 주민들의 관계에 대해 이웃들이 욥을 미워하여 멀리했다고만 이야기할 뿐(30:10) 주거지에 대한 구체적인 이야기를 하고 있지는 않다. 그러나 욥이 당한 재난이 미쳤을 파장을 상식적으로 생각하면, 욥의 장막이 폐허로 변하자 주변 거주민들이 안전한 곳을 찾아 장막을 옮겨 버려 자연스럽게 눈에 보이지 않는 어떤 경계선이 그어진 상황을 추론해 볼 수 있다.

욥은 그들이 한때 친구이고 형제였으나 건기에는 물이 사라지는 와디(wadi)처럼 변덕스럽게 자신을 버렸다(6:14-15)고 토로한다. 친구들의 조롱(16:20)뿐 아니라, 욥은 동네 아이들의 놀림도 감당해야 한다. 아이들은 동네 안에서는 욥을 모욕하는 노래를 지어 부르고, 가끔 욥이 앉아 있는 잿더미 폐허로 떼로 몰려와 욕하고 침을 뱉고 달아나기도 한다(30:9-11). 야웨-사탄의 결정에 따라, 의로운 욥은 순식간에 '아브젝시옹'하고 있는 공동체에 의해 '아브젝트'가 된 것이다. 이것이 욥의 입장에서 기록한 욥의 새로운 처지다.

이제 우리의 주요 관심사인 욥의 이웃들의 관점에서 이 상황을 한번 추론해 보자. 어느 날, 이웃들은 존경받던 부호 욥에게 숨 돌릴 겨를도 없이

네 가지 재앙이 연달아 들이닥쳤다는 것을 알게 된다.[13]

물론, 이것은 동네 사람들 모두를 경악으로 몰고 간 사건이었을 것이다. 스바 사람들이 쳐들어오고, 하늘에서 불비가 내리고, 갈대아 사람들이 쳐들어와 종들을 죽이고 재산을 다 빼앗아간 것도 모자라, 급기야 토네이도 같은 회오리 바람이 불어와 그의 자녀들이 죽었다는 소식이 속속 전해진다. 욥기 1장에 압축적으로 소개된 이 네 가지 재앙을 상식선에서 약간 확대시켜 읽어 보자. 두 가지 해석이 가능하다.

첫째, 비록 욥기는 욥에게 초점을 맞추는 기법(focalization)을 사용하기 때문에 우리에게 다른 이웃들의 상황을 알려 주지 않지만, 그 피해가 그 마을 공동체에게까지 미쳤을 것이라는 가설이다. 욥의 이야기를 사실적인 상상력을 동원해 생각해 보면 쉽게 내릴 수 있는 개연성 있는 결론이다. 이 가설에서는 다음의 상상이 가능하다.

1장에서 언급된 네 가지 재앙은 공동체가 다같이 겪게 되는 황당하고도 놀라운 황망한 재앙으로서 서로 돕자는 여론이 한편에 형성되는 반면, 동시에 그 재앙을 결정한 신의 노여움이 어디서 비롯된 것인지를 찾으려는 노력이 부지불식간에 번지고 있었을 것이다.

상황이 긴박하게 돌아갈수록, 사람들은 재앙의 원인을 신속하게 제거하자는 명분 아래 쉽게 낙인 찍기 모드로 진입한다. 그것은 안전망 안에 거하고 싶은 본능의 다른 표현이기도 하다. 입이 다물어지지 않는 이 재난에서 가장 심하게 타격을 입은 자가 바로 재앙의 원인이 되는 자일 것이라는 논리가 작동된다. 요나서 1장에서 유례없는 폭풍우에 대응하는 선원들의 반응을 연상해 보면 이해가 쉬울 것이다.

---

13 사무엘 발렌타인(Samuel Balentine)은 숫자 4를 사용한 욥의 완벽한 추락을 상징하는 네 번의 재앙이 네 명의 각기 다른 메신저들에 의해 전달되는 이 이야기는 극적 효과를 최대화하기 위해 준비되었다고 해석한다. Samuel E. Balentine, *Job* (Macon: Smith and Helmeth, 2006), 55-56.

여기에, 질적으로 약간 다른, 눈에 보이지 않는 어떤 힘에 의한 재앙이 하나 더 찾아든다. 욥기 2장에 나오는 야웨-사탄 간의 두 번째 합의에 따라 욥의 몸에 심한 악질이 생기게 된 것. 눈에 보이는 이 피부병은, 네 가지 재앙과 다르게 한 번 휩쓸고 지나간 것이 아니라, 현재 누군가의 몸에서 계속되는 현재진행형이라는 점에서 전염될 수 있다는 공포를 배가한다. 동시에, 신의 저주를 받은 자는 다름아닌 심한 피부병에 휩싸인 환자 욥이라는 명백한 증거를 시각적으로 확인시켜 준다.

여기서 전염성이라는 것은, 단순히 어떤 질병에 감염된다는 사실을 넘어서, 그 환자를 보통 시민의 신분에서 저주를 받아 내쳐야 하는 존재로 떨어뜨리는 것이기에 소름 끼치는 공포이다. 이 재앙이 천상회의에서 결정된 특급비밀이라는 것을 상상조차 할 수 없는 인간 세상에서 특정한 한 인간에게만 나타나는 이 피부병은 그를 배설물과 오물 덩어리로 여기도록 여론을 몰아가기에 충분하다.

욥에게만 닥친 이 피부병은, 다소 불확실했던 첫 번째의 네 가지 재난 역시 욥에게 내린 신의 저주요 형벌이었음을 확실하게 인증해 주는 상징이 되는 것이다. 달리 말하면, 욥의 피부병은 이웃들이 욥을 아브젝트로 규정할 수 있고 규정해야 하는 충분한 근거와 소명까지를 안겨 주는 구속영장 역할을 한다.

둘째, 약간 비현실적으로 들리겠지만, 욥기의 장르와 야웨-사탄의 약속에 입각해서, 일차의 네 가지 재앙과 2차의 피부병 모두 오로지 욥과 욥의 집안에만 미쳤을 것이라는 가설이다. 현실적으로는 전자가 더 개연성 있는 가설이지만, 무죄한 인간이 겪게 되는 고난을 다루는 상황 설정을 노골적으로 보여 주는 욥기의 장르를 생각해 볼 때,[14] 이 가정 역시 원저자의 의도를 충실히 따라가는 원리에서 벗어나지 않는다.

14　욥기의 장르에 대해서는, 김수정, "데면데면, 비대면, 대면-메타버스 (Meta-Verse) 시대에 다시 읽는 욥기",「Canon&Culture」16/1 (2022), 145-82를 참고할 것.

중요한 것은 전자든 후자든 두 가설 모두에서 유추해 보는 갑자기 닥친 재앙에 반응하는 이웃들의 심리이다. 동경의 대상이자 이상형이었던 욥과 그가 일군 가정은 이제 끊어 버려야 할 아주 위험하고 비천한 대상으로 전락한 것이다.

어제까지는 도저히 넘을 수 없는 벽이라고 생각되었던 욥은, 이제는 그 집에 닥친 재앙이 쓰나미처럼 밀어닥치기 전에 거꾸로 이쪽에서 먼저 높은 방파제를 쌓아 막아야 하는 인간폭탄이 되었다. 두 경우 모두 두려움은 빠르게 전염되어, 급기야 크리스테바가 말하는 아브젝시옹의 세계로 사람들의 마음을 사로잡아 간다.

송명희는 주체(즉, 우리의 논의에서는 욥의 이웃들)의 이러한 아브젝시옹 행위를 자신의 경계를 무너뜨리고 침범해 들어오려는 대상에 대해 주체가 자기 방어를 하여 특권적 위치를 확고히 하려는 시도라고 설명한다.[15]

실제로 욥을 공격하는 자리에서, 소발은 그를 배설물에 비유하면서 욥이 아무리 존귀한 자였더라도 그의 악행으로 인해 "자기의 똥처럼 영원히 망할 것"(20:7)이고 아무도 그를 기억하지 못하게 될 것이라고 저주를 퍼붓는다. 프레드 알프레드(C. Fred Alfred)는 이런 현상을 한마디로 "욥은 이제 비참한 오물 덩어리가 되었다"고 표현한다.[16]

온 몸이 검게 변하고 토기 조각으로 몸을 벅벅 긁으면서도 자신을 지배하려는 담론에 대해 끊임없이 반론하고 있는 욥을 크리스테바의 시선으로 묘사해 보자. 그는 언어로 표현될 수 있는 질서체계에서 밀려났음에도 불구하고 지속적으로 명료한 언어적 반응을 함으로써 동료들이 안전을 확보하려는 그 상징체계의 담론을 흔들고 무너뜨리는 위협을 가하는 존재이다.

이 상징체계의 꼭대기에는 과연 누가 있는가?

---

15 송명희, "폭력과 아브젝시옹: 김영현과 오수연의 벌레를 중심으로", 「비평문학」 61 (2016), 92.

16 C. Fred Alfred, "Job, Abjection, and the Ruthless God," *Psychoanalytic Review* 96/3 (2009): 436.

이 질문은 우리가 어려워하는 문제인 욥기의 하나님을 이해하려는 신학의 문제로 우리를 이끈다. 여기서 대다수인 "타인들"은 무엇을 위해 이런 일을 하는지, 또는 이들의 배후에 누가 있는지 질문하지 않을 수 없다. 우리가 쉽게 추측할 수 있는 것은 욥의 동료들이 한결같이 야웨 하나님을 변호하고 있다는 것, 욥도 이 모든 일의 최종 결정권자로 야웨를 지목하며 그가 하나님과 대면하기를 원한다고 여러 차례 밝히고 있다는 것이다. 시편 기자가 탄식하는 것처럼(시편 88:8), 지인들의 눈에 시인을 가증한 존재로 보이게 만든 장본인은 하나님이다.

어쩌면 욥기의 하나님, 사탄, 동료들은 그 동기와 방법은 다를지라도, 마치 세 톱니바퀴가 맞물려 굴러가듯이, 욥의 올곧음을 시험하면서 그를 향해 폭력을 사용하며 질주하고 있는 것인지 모르겠다. 여기서 우리의 논의는 욥기에서 그리고 있는 하나님을 이해하는 다양한 신학적 관점들을 다루고 있는 것이지 "하나님" 자체에 대한 이야기를 하고 있는 것이 아님을 강조할 필요가 있다.

모든 논의는 사실 전자의 범주에서 다루어지는 것이 당연하지만, 후자에 초점을 맞추다 보면, 자칫 하나님과 인간의 직접적인 대결을 문제 삼는 것으로 오해될 수 있기 때문이다. 욥기 저자는 등장인물인 동료들이 변호하려는 신학과 그에 도전하는 자신의 신학으로 대척점을 만들면서도 그 갈등을 정면으로 드러내지 않고 기저에 깔아 두어 본문에는 그것이 간접적으로 반영되는 전략을 택하고 있다. 즉, 그러기에 동료들의 신학에 기초한 기존 사회를 크리스테바가 말하는 상징체계에 빗대어 생각하는 것이 가능해진다.

욥으로 하여금 끊임없이 저항의 언어를 쏟아내게 하고, 급기야 신 앞에서도, 더듬거릴지언정, 실수하고 번복할지언정 다시 일어나 자신의 올곧음을 지키는 욥을 그리고 있는 욥기 저자는, 표면의 주도적인 담화와 대조적인, 저항하는 욥을 통해 새로운 상징체계를 구축해야 함을 역설하는 것이다. 욥기는 바로 욥을 둘러싼 타인들(그의 동료들, 욥기의 야웨, 그리고 사탄)이 만들어 온구(舊)상징체계의 침묵 위협에 맞서서 신(新)상징체계가 저항하는 모습을 보여 준다. 그러나 이것이 끝이 아니다.

욥기는 또한 욥이라는 한 인물의 저항이 (아마도 다른 편집자에 의한) 내레이터의 무지막지한 마무리 진술(42:10-17)에 의해 어떻게 삼켜지는지를 여과 없이 보여 주는 책이기도 하다.

그렇다면 욥기 저자는 놀랍게도 당대의 지배적 신학담론들이 품지 못하는 문제들에 대해, 최소한, 도전적 질문이라도 하는 자세를 몸소 보여 주고 있는 것인지 모르겠다. 그러하기에 엎치락뒤치락하는, 신학들 간의 긴장감 도는 논쟁의 과정을 한 결 한 결 읽어 내는 것이 사실 우리가 놓치지 말아야 할 관전 포인트다. 이것이 고난당한 욥을 찾아온 욥의 동료들이 그려 내는 전체적인 밑그림이다.

2. 희생양과 희생양 메커니즘: 타인 지우기

이제 공동체의 대표격으로 욥을 찾아온 동료들이 욥에게 어떤 목적으로 무슨 이야기를 나누는지 살펴보기 위해 그들의 논쟁 속으로 한 걸음 더 들어가 보자.

1) 희생양이라니?!

하재성은 코로나19가 만들어 낸 집단적 트라우마 현상을 설명하는 자리에서 "대리적 트라우마"(vicarious traumatization)에 대해 언급한다. 코로나19 환자들의 뉴스를 보는 것만으로도 그리고 주변의 환자들을 대하는 것만으로도, 집단적인 트라우마 현상에서 자유롭지 않게 된다는 것이다. 그는 이러한 현상이 사회적 낙인 찍기로 발전되는 추이에 주목하면서 이런 흐름을 르네 지라르가 명명한 "희생양 삼기"(scapegoating) 또는 "낙인 찍기"(stigmatizing) 등의 폭력적 현상과 연결 짓는다.[17]

지라르가 발전시킨 이 폭력 이론에서 우리가 주목할 점은 이 희생양 만들기 과정이 주도면밀하고 은밀하게 진행되기 때문에 평범한 시민들은 전체 메커니즘을 파악하기 어렵다는 점이다. 주체 입장에서 말하자면, 희생자가 질러 대는 반항의 소리나 통곡 등은 결코 대중에 노출되어서는 안 된다.[18] 이 렌즈로 욥기 3-37장을 읽어 보자. 아니, 이 렌즈로 욥기의 서막부터 읽으면, 이 메커니즘에 부단히 저항하고 있는 욥기 저자의 집필의도를 확실히 파악할 수 있다.

저자는 특수 카메라를 사용하여 은밀한 장소 두 곳에서 일어나는 대화들을 그대로 중계 방송하듯 보여 주고 있지 않은가?

그 하나가 일반인들이 접근하지 못하는 천상에서 일어나는 야웨가 주관하는 회의요, 다른 하나가 동료들이 욥을 완전한 오물로 만들면서 공동체의 안녕을 위협하는 신의 저주를 받은 자로 만드는 과정을 보여 주는 3-37장이다.

서막은 욥이 저주받을 행동을 한 적이 없다는 것과 그에게 주어진 고난이 은밀한 거래와 같이 어떤 계획 아래 이루어졌다는 사실을 밝힘으로써 독자들이 선택해야 할 답을 미리 알려 준다. 한편, 각각 다른 지역에 살고 있던 욥의 세 동료는 서로 미리 담합이라도 한 듯 함께 욥에게 다가온다 (2:11).

이 대화에 다른 청중은 없어 보인다. 욥의 친척과 이웃들은 욥의 상황이 극적인 반전을 맞으며 모든 것이 회복된 후에 접근 가능한 것으로 묘사된다(42:11). 돌을 던지던 아이들도 침을 뱉고 고개를 절레절레 흔들던 청년들도 동료들이 욥과 논쟁하는 부분에서는 과거에 이러저러했다는 식으로 이야기 속의 배경으로만 묘사될 뿐이다.

---

17 하재성, "트라우마, 희생양, 공동체 서사성: 코로나19 트라우마 이해와 공동체 회복을 위한 연구", 「목회와 상담」 37 (2021), 285-90.
18 르네 지라르(René Girard), 『나는 사탄이 번개처럼 떨어지는 것을 본다』 (*Je vois satan tomber comme l'éclair*), 김진식 역 (서울: 문학과지성사, 2004), 63.

한마디로 욥의 동료들과 욥의 대화는 사적 또는 닫힌 공간에서 이루어지고 있다. 즉, 동료들은 욥의 저항하는 목소리가 일반인들에게 들리지 않도록 그를 격리시킨 채 희생양 메커니즘을 이용해 그를 유죄, 아니 추방당해야 할 범죄자로 낙인 찍는 작업을 시작하고 있는 것이다. 이것이 욥기의 많은 부분을 차지하는 2:11부터 31:40의 사회적 공간이다.[19]

이 동료들은, 지라르의 용어를 빌리면, 아마도 욥과 내적 중개자 관계에 있는, 즉 존경하면서도 그 자리를 차지하고 싶은 그런 경쟁관계에 있었을 것이다. 동료들에게 욥은 한때는 모방욕망을 자극하여 존경과 질투를 동시에 유발시켰던 존재였으나, 이제는 던져 버려야 할 혐오덩어리가 되었다. 이것은 두려움과 쾌감, 안도감과 조바심을 동시에 불러일으키는 현상이다.

욥이 안타까웠던 것도 잠시, 욥처럼 전락할까 봐 두려운 그들(우리)은 경쟁자가 무너지는 모습을 보면서 안도감과 쾌감을 느끼며, 동시에 그 존재를 뿌리째 뽑지 않으면 그가 다시 일어나 언제든 그들(우리)의 행복을 위협할지 모르므로 확인사살을 해야 한다는 조바심 등으로 뭉쳐 있다.

욥기에서도 우리가 겪는 코로나19 현상에서도, 바로 이러한 복합적 감정들과 그에 따른 사회적 대응들이 함께 나타나기 때문에, 크리스테바의 아브젝시옹 이론만이 아니라 지라르의 모방 이론과 희생양 메커니즘의 이론적 틀로도 욥기 본문과 코로나19현상을 들여다볼 필요가 있다.

더구나, 이 "혐오 덩어리"가 쉽게 물러서지 않고 끝없이 저항하며 집요하게 목소리를 내고 있다면 어찌 되겠는가?

크리스테바 자신도 이 아브젝시옹이 희생양의 속성을 지니고 있다고 말하듯이,[20] 이 아브젝시옹은 우리 가운데 있으나 우리가 들여다보고 싶지 않

---

19 네 번째 논쟁자로 등장하는 엘리후는 언제 그 자리에 들어왔는지 저자가 밝히고 있지 않을 뿐더러, 욥과 면식이 없는 것처럼 소개된다. 다른 세 동료와 달리, 32:2은 엘리후의 종족과 출신 지명, 그리고 그의 아버지의 이름까지 밝히는 소개공식을 취함으로써 앞의 세 인물과 엘리후를 구별한다. 더욱이 욥은 그의 발화에 대해 반응하지 않기 때문에, 엘리후의 발화는 오히려 인간 사이의 논쟁으로부터 야웨의 논쟁을 준비하는 서론격의 교량 역할을 하는 것으로 보는 것이 타당하다.

20 Kristeva, *Powers of Horror*, 4, 85.

은 것들, 우리의 신체에서 완전히 분리시키고 제거해 버리고 싶은 것들을 지칭한다. 욥의 동료들은 욥이 그들과 논쟁을 마친 후에도 신의 판결을 기다리며 그의 곁을 떠나지 않는다.

그 이유가 무엇일까?

욥을 보살피러 왔다는 표면상의 이유와는 반대로, 오히려 그를 사회적 영적 신체적 죽음에까지 몰고 가는 것이 그들의 목표이기 때문이 아니었을까? 마치 프란츠 카프카의 소설 『변신』에서 벌레로 변해 버린 그레고리 잠자에게 마지막 결정타(먹다 남은 사과에서 흘러나오는 산(酸)으로 상처 난 아들/벌레의 숨통을 끊어 놓는)를 날려 그의 아들이 죽어 가는 것을 확인하는 아버지처럼, 욥기 저자는 행인 엘리후를 동원해서 확인사살 비슷한 언어적 폭력을, 말을 마치고 지쳐 있는 욥의 쓰린 살갗에 퍼붓는 장면을 보여 준다.

욥은 엘리후의 공격에도 이제 더 이상 말하지 않는다. 이미 신에게 고난당하고 버림받은 욥이 더 이상 경쟁상대가 될 수 없고 공동체에 영향력 있는 존재가 아닌 상황임에도, 욥의 곁을 쉽게 떠나지 않는 그들에게서 이러한 심리적 동기를 추론해 볼 수 있다.

동료들의 신학을 좀 더 들여다보자. 그들은 야웨가 전지전능하며 정의로운 신이라는 대전제를 공고히 하는 가운데 그것을 기준으로 나머지 것들, 특히 욥의 고난의 원인을 추적하는 방법을 취한다. 이것이 바로 신정론(theodicy)에 입각한 신학적 전통인데, 그 입김이 워낙 강하여 욥기의 서막을 읽으며 그 반대 입장을 이미 감지한 독자들이라도 여전히 그 영향에서 벗어나기는 쉽지 않아 보인다.

문제는 이 신학적 프레임이 욥기가 던져 놓은 많은 질문(우리의 삶과 결코 무관하지 않은 신앙의 실존적 문제들)을 진지하게 고민하려는 우리에게 일관되고도 만족스러운, 그러면서도 텍스트를 배신하지 않는, 그런 논리적인 시나리오를 제시해 줄 수 있는가 하는 데 있다.

이 프레임은 전지전능하고 선하신 하나님의 이미지를 확고부동한 전제 조건으로 삼고 있기 때문에, 문제가 있는 쪽은, 그분과 문제가 있고 그분에게 도전하고 있는 욥에게 있다는 논리를 받아들이도록 해석자들을 몰아간다. 그것이 욥의 무지이든 교만이든 하나님의 깊은 뜻을 헤아리지 못하고 계속 따지려 드는 것이든, 욥은 무언가 회개할 것이 있는 존재이고, 만약 그도 아니라면, 감히 신에게 따질 수 없을 만큼 한없이 부족하기만한 존재이다.

과연 이것이 욥기가 나타내고자 하는 욥의 모습이라면, 사실 문제는 좀 더 간단해진다. 이 이미지를 본문의 의도로 받아들이고, 그것의 정당성 여부는 욥기의 저자와 다른 곳에서 한판 씨름을 벌이면 되는 문제일 테니 말이다.

우리는 욥기를 오랫동안 이야기해 왔지만, 욥기를 열심히 들여다보지 않았는지도 모른다. 도전 대신 은혜를 생각하고, 불평할 시간에 감사하며, 잃어버린 것들보다는 받은 복들을 세어 보라는 목적론적 신학의 프레임 안에서, 우리는 힘겹게 입을 떼려는 욥을 향해 조용히 하라는 이 동료들의 희생양 만들기 명령에 암묵적인 찬성표를 던져 왔는지 모른다.

남은 것은?

생각하지 않는, 않으려 하는 빈 마음. 남은 것은 그 빈 마음으로 파고 들어온 기복 신앙이고, 좋은 결과를 얻었다면 과정 중에 파생되었을 수도 있는 부조리한 제반 문제들에 대해 너무 심각하게 생각하지 말자는 성과주의이며, 권위에 도전하는 목소리들은 일단 조용히시켜야 한다는 강박관념에 젖은 사회이다. 이경재의 표현을 빌리면, 이러한 신학은 "자칫 잘못하면 희생자와 약자들을 위로하는 신학이 아니라 승자를 정당화하는 신학"이 될 수 있다.[21]

이러한 신학적 풍토에서는 "희생양"이라는 단어를 입 밖에 내는 것조차 허락되지 않는다.

희생양이라니?!

---

21 이경재, 『욥과 케 보이』, 94.

욥은 우리들의 경쟁심과 경계심에 의해 희생당한 희생양이 아니라, 오랫동안 숨겨 온 죄가 드러나 벌을 받은 오물 덩어리요, 공동체가 전체의 선(善)을 위해 어쩔 수 없이 제거해야 할 악이다. 그가 "회개"하고 무릎을 꿇을 때에 신에게 그의 이웃들에게 받아들여진다는 각본은, 욥의 인격의 가장 중요한 핵심인 올곧음(integrity)을 스스로 포기하라는 것을 의미한다.

즉, 자신의 정체성을 스스로 포기하고 희생하여 집단이 원하는 껍데기로서 인생을 사는 것만이 나락으로 떨어진 욥에게 남아 있는 선택사항이다. 무죄인 욥을 유죄로 만드는 이 신학 프레임이 이렇게 무섭다는 것을 간과해서는 안 된다.

2) 욥기가 설치한 카메라에 포착된 희생양 만들기

모든 것을 잃어버린 채 넋이 나가 있는 사람이, 다른 사람도 아닌, 소위 친구라는 사람들에게 왜 그렇게도 무시무시한 적대감을 불러일으키는가?[22]
그들은 왜 그렇게 화가 나서 욥을 공격하는 데 열성적인가?
그들은 도대체 무엇을 이루고자 한 것인가?

지라르를 욥기 연구로 내몰았던 이 질문들은 우리에게도 중요하다. 지라르에 의하면, 공동체의 모방욕망이 과열 양상을 띠게 되어 경쟁자들 사이에서 무엇을 위해 경쟁했는지도 모르게 될 정도로 폭력이 폭력을 부르는 무차별화 시점에 다다르게 되면, 공동체는 살 길을 찾아서 집단 전체의 폭력을 잠재울 희생양을 찾게 된다.

일단 어떤 개인이 그 대상으로 지목되고 그가 바로 범죄자라는 여론이 형성되면, 사회는 그 희생양을 공공연하게 제거하는 작업에 들어간다. 문제는 그 희생양이 무고한 상태에서 희생되는 것이 아니라, 신을 모독하고

---

22 René Girard, *Job, the Victim of His People* (trans. Yvonne Freccero; Stanford: Stanford University, 1987), 22.

사회를 위험에 빠뜨리는 용서받을 수 없는 죄를 지었기에 형벌을 받는다는 진술에, 희생자도 사회 구성원들도 모두 동의해야 하는 것이다. 악을 제거했다는 생각을 가져야만 공동체 구성원들이 죄책감 대신 안도감과 성취감, 하나 됨의 승리감에 부담 없이 도취할 수 있기 때문이다.[23]

지라르는 동료들이 욥의 저항을 눈에 띄지 않게 꺾어 버리는 것이 목표임을 한시도 잊은 적이 없다고 강조한다.[24] 이 관점에서 보면, 동료들과 욥의 (사적) 대화가 바로 공동체가 머릿속에 그려 놓은 진술서의 내용대로 욥에게 구술동의서를 받기 위해 심문하는 과정으로 비춰지기도 한다.

이경재는 이런 맥락에서 동료들의 연설을 "사회적 짝패들의 연설"이라고 규정하면서 이 작업이 공동체가 그 모방욕망에 대해 지니고 있던 경쟁 심리들을 치유하는 과정에서 희생양으로 지목된 죄인이 스스로도 유죄라고 고백하는 만장일치를 만들어야 하기 때문이라고 설명한다.[25] 그래서, 욥의 이웃들은 세 명의 대표를 보내 욥에게 죄를 자백하고 신의 분노를 돌이키도록 권장하는 것이다.

비난은 점점 거세진다. 화가 나서이기도 하지만, 질투가 났던 것을 해소하기 위해서이기도 하지만, 동시에 이 길이 우리를 구원하는 길이라는 공명심에서, 어느덧 이 세 명의 대표단은 집단 최면술에 걸린 것 마냥 자신의 귀에 들리는 자신들의 말을 진리라고 믿어 버리게 된다.[26]

정의롭지 않은 억울한 재판이 정의롭다고 알려진 신에 의해서 행해질 수도 있다는 가능성을 완전히 배제한 채, 그 어떤 예외 없이 단일화된 결론을

---

23 Girard, *Job, the Victim of His People*, 21-23.
24 Ibid., 114.
25 이경재, 『욥과 케 보이』, 89-90.
26 Girard, *Job, the Victim of His People*, 111. 모방욕망이 어떻게 희생양 메커니즘을 생산해 내는지에 대해서는 최인식, "르네 지라르의 '모방적 욕망론'에서 본 폭력과 순교," 「한국조직신학논총」 62 (2021), 173-78을 참조할 것. 기독교 순교 역사를 희생양 메커니즘이 불러온 폭력과 연결시키면서 최인식은 전체주의와 그리스도인의 피할 수 없는 충돌을 지라르의 내면적 간접화에 의한 모방욕망과 집단 폭력의 역학관계로 풀어낸다. 이러한 희생양 메커니즘이 기독교에서 어떻게 폭로되고 극복되는가에 대해서는 이경재, 『욥과 케 보이』, 제4장, "지라르의 희생양 욥"을 참조할 것.

얻으려는 욕망을 소유했다는 점에서 욥의 동료들은 눈에 보이지 않는 사탄과 같은 선상에서 전체주의자의 모습을 보인다.

이종원이 동료들의 행동을 "집단적인 자기기만과 최면"으로 설명하듯이,[27] 욥의 동료들은 결코 그들 스스로를 악하다고 생각하지 않을 것이라는 점이 섬뜩하다. 그들은 오히려 위선에 가득 차 있는 욥을 회개시켜 신과의 관계를 회복시키는 일에 자신들이 주력하고 있다고 느꼈을 것이다.

지라르는 이렇게 신화를 만드는 일에 동참하는 사람들은 그 진실을 깨닫지 못한다고 강조한다.[28] 사탄과 야웨의 담판이 욥에게 알려져 있지 않았지만 독자들에게는 처음부터 드러난 비밀이어서 비교적 쉽게 파악할 수 있었던 반면, 친구들의 야심은 본문에 명시되어 있지 않은 비밀이기 때문에 지라르의 이러한 통찰력을 빌리지 않으면 잡아 내기 쉽지 않은 부분이다.

우리에게 적용한다면, 이러한 비(非)지성주의는 코로나19 환자들을 정치 종교 사회 문화적 배경과 얽으면서 정죄하려는 일군의 태도와 통한다고 할 수 있겠다. 마녀사냥이 횡행하던 중세와 근현대에 적용한다면, 그것은, 우리는 너를 죽이는 게 아니라, 너의 옛 자아를 죽이는 것이라고 외치며 희생양 만들기를 잡귀를 내쫓는 엑소시즘(exorcism)이라고 착각(?)하는 것 과도 통한다.

박혜순은 "혐오현상이 사회적 문제가 되는 것은 다수가 힘을 결집해서 증오심과 폭력을 정당화하기 때문"이라면서, 혐오감정을 분노로, 분노를 공론으로 조성해서 사실상 폭도들을 "사회악을 제거하는 정의의 사도"로 만드는 사회를 경계해야 한다고 힘주어 말한다.[29]

동료들의 공격에 맞서서 예민하고 거칠게 반응하는 욥의 태도가 문제인가라고 지라르는 그의 독자들에게 반문한다. 물론, 대답은 부정적이다. 동료들의 언어 폭력이야말로 사실상 욥을 부수어 버리고 폐기 처분하는 과정

27　이종원, 『희생양과 호모 사케르』 (계명대학교출판부, 2019), 34.
28　Girard, *Job the Victim of His People*, 28.
29　박혜순, "혐오를 넘어 환대로", 「인문학연구」 (2018), 289-90.

을 반영하고 있음을 놓치지 말라고 충고하면서 말이다. 위로하기 위해 다가왔던 동료들은 시간이 갈수록 욥과 점점 격렬한 논쟁을 벌이게 되고 점점 거친 언어를 내뱉으며 그 폭력의 수위를 높여 갔다(15:20-23; 20:22-29).

지라르에 따르면, 엄청난 호감에서 무시무시한 비호감으로 바뀐 것은 바로 욥의 타인들이다.[30] 이것은 마치 카프카가 그의 소설 『심판』에서 주인공 요제프가 오리무중의 재판 진행과정에서 점점 거칠어지고 크고 작은 범죄에 연루되는 것이 정말 유죄라고 심판받을 만한 것인가라고 독자인 우리들에게 묻는 것과 비슷하다.

카프카가 요제프의 어리석은 결정 등을 여과 없이 보여 주는 것은, 욥이든 요제프든, 완전 무죄한 인간들이어서 이런 고난이 부당하다는 것이 아니라, 불완전하고 모자란 부분이 많은 결점투성이 인간들이지만, 그들이 그런 취급을 받을 만한 잘못을 저지른 것이 아니라는 점을 역설적으로 보여 주는 것이다. 또한, 이 주인공들이 점점 거칠어지는 이유는 그들이 그들에게 닥친 고난의 기원에 대해 불편한 진실을 알아 가는 과정에서 나오는 것이기도 하다.

자기의 죄를 인정하고 참회의 길을 택한 오이디푸스가 성공한 희생양이라면, 끝까지 저항하며 침묵하기를 거부한 욥은 실패한 희생양이라고 지라르는 말한다.[31]

그러나 필자는 지라르가 사용한 "실패한"이라는 형용사가 그다지 정확하지 않다고 보는데, 욥기 저자의 의도 자체가 희생양 만들기 메커니즘을 성공적으로 폭로한 것이라고 보는 것이 더 타당하다고 생각하기 때문이다. 욥기는 아주 분명하게 당대의 신학들과 대조되는 해법을 제시하고 있다. 특수 카메라를 곳곳에 설치해 두어 가장 우회적인 방법으로 실상을 폭로하면서도, 독자에게 최종 판단을 돌리는 아주 탁월한 책이다.

---

30 Girard, *Job the Victim of His People*, 10-12, 25-27.
31 Ibid., 34-35.

천상회의를 책의 가장 처음에 전시해 놓은 욥기의 저자는 이러한 공동체 구성원들의 목표나 입장과 정반대에 있다.

욥은 그를 억누르는 모든 도전들을 다 물리치며, 동시에 자기 자신 속에서 일어나는 의심과 실망, 탄식과 고독 등과 싸우며 자신의 올곧음을 지키려 발버둥친다. 그가 끝까지 버틸 수 있었던 것은 그의 전능자가 살아 계시고 그분 앞에 자신의 사정 이야기를 했을 때, 최종적으로 결론이 바뀔 수 있다는 한 가닥 희망 때문이었다.

그러나 우리가 익히 알고 있듯이 그와 야웨의 만남은 그렇게 진행되지 않았다. 이경재는 니체가 "사라져 버린 신에 대해 사형선고를 내렸다면" 욥은 "블랙홀 속으로 사라져 버린 신을 다시 불러들"인 것이라고 비유하면서 " 사라진 신에게 사형선고를 내리는 것보다도 사라진 신으로 하여금 변명을 하도록 만드는 것은 더욱 어렵다"고 한다.[32]

3. 타인의 얼굴: 나를 지우며 너에게 다가가기

이제 부족하나마 우리의 시선을 어디로 향하고 무엇을 꿈꾸며 나아가야 하는지를 이야기해 보자. 필자가 제시하는 대안의 키워드는 '환대'인데, 그것이 결코 녹록하지 않은 개념이라 마음의 준비가 필요하다.

우리는 지금까지 욥을 타인으로 둔 그의 이웃의 입장에서 욥기를 읽어 왔다. 즉, 욥의 얼굴이 우리에게는 타인의 얼굴인 것이다. 이 "타인"은 결코 그의 뜻을 굽히지 않고, 아니 무릎을 꿇었다가도 다시 일어서더니 이제는 드디어 고난의 원인자와 대면한다. 희생양 프레임으로 아브젝시옹 프로젝트로 그의 입에 재갈을 물리려 했던 모든 시도는 수포로 돌아가고, 우리의 타인 욥은 드디어 그 원인자에게 자신의 케이스를 직접 호소하면서 자

---

[32] 이경재, 『욥과 케 보이』, 43.

존감과 신에 대한 올곧음을 동시에 지키려 하고 있다.

막다른 골목에 이른 이 "타인"을 어찌해야 하는가?

1) 욥기의 용기: 더듬더듬 저항하는 욥 만나기(42:6)

환대를 이야기하기 전에, 그의 신을 만나는 욥, 우리의 타인인 욥의 얼굴을 보여 주는 욥의 최후진술(42:1-6)을 새롭게 읽어 보자.

우선 야웨의 이미지부터 살펴본다. 천상회의를 진행하던 서막의 하나님이 약간 우유부단하다고 할 정도로 유연한 신의 이미지로 다가왔다면, 38장에서 인간 세상에 처음 등장한 야웨는 좀 너무 권위적으로 보인다.

그는 독자들이 여전히 기억하고 있는, 따라서 이 일에 대해 야웨가 어떻게 대화를 시작할지 잔뜩 기대하고 있는, 욥의 고난이 시작된 동기에 대해 일언반구도 하지 않는다. 독자들은 야웨의 강성 발언에서 미안하다거나 후회한다는 표정을 읽을 수 없다. 전능자의 눈으로 볼 때 한낱 피조물에 불과한 욥은 이 모든 도전에 임할 자격조차 갖추지 못했다는 메시지만 계속해서 전달받을 뿐이다.

우리 독자의 눈에는, 욥기의 하나님은 흔들리지 말았으면 하는 부분에서는 도전자 사탄의 질문에 마음을 열고 경청하는 반면, 마음을 열고 좀 살갑게 다가왔으면 하는 부분에서는 찬바람만 씽씽 날리는 무서운 신처럼 보인다. 욥기가 이러한 하나님의 이미지를 적나라하게 보여 줄 때에는 뭔가 의도하는 부분이 있을 것이다.

욥기는 가장 권위적인 대답이라 할 수 있는 야웨의 폭풍연설을 직접 보여 주면서 신이 직접 그 권위를 가지고 도전하는 욥을 윽박지르는 모습을 보여 준다. 그러나 독자는, 적어도 필자는, 여전히 욥의 편이다. 서막을 읽은 독자들은 사건의 자초지종을 결코 잊어버릴 수 없기 때문이다. 이러한 우리 독자들에게 드디어 욥이 제대로 반응하는 장면을 보여 주는 것이 바로 42:6이기에, 필자는 욥이 야웨에 도전하며 힘겹게 그의 이전 소송 철회를 다시 철회하는 이 부분을 욥기 전체의 반전 또는 절정으로 읽는다. 욥이 힘겹게 내뱉은 "거부"는 정면으로 당대의 신학에 도전하는 것이다. 그는 거절하는 것이다.

이 상황에서 독자들은 안팎으로 우겨싸임을 당한다고 느낄 수 있는데, 한편으로는 텍스트 내에서 우리가 틀렸다고 공격당하는 것이고, 다른 한편으로는 텍스트 바깥에서, 욥이 회개하는 것으로 읽는 것이 맞는 해석이라는 전통에 눌리기 때문이다. 개혁주의 신학의 아버지로 존경받는 존 칼빈을 비롯해서 근현대의 많은 신학자가 욥기 42:5-6의 해석을 욥의 회개로 해석하면서 하나님께서 욥의 회개를 받으신 후, 그를 많은 고난에서 회복시켜 주셨다는 논지를 전개해 왔다.[33]

한국어 번역을 비롯해 대부분의 영어 번역본들 역시 욥의 "회개"의 대열에 동참하면서, 끝이 좋게 끝났으니 고난의 과정은 믿음의 성숙을 위한 단련의 기간이었다는 목적론적 신학의 예화를 욥의 이야기에서 찾도록 우리들을 인도해 왔다. 야고보서 5:11이 욥을 인내의 아이콘으로 해석하는 것을 생각해 보면, 이러한 프레임은 이미 오랜 기간 동안 우리의 독서에 영향을 미쳐 왔는지 모른다.[34]

그러나 욥기 저자는 42:6의 욥의 마지막 진술을 통해 그의 집필의도를 용기 있게 드러냈다고 필자는 생각한다. 그것이 많은 전통적 해석에 따라 여러 차례 부인되었지만, 다행히 아예 사라진 것은 아니다. 욥기 42:6 (עַל־כֵּן אֶמְאַס וְנִחַמְתִּי עַל־עָפָר וָאֵפֶר, 알켄 엠아스 버니함티 알아파르 바에페르)은 개역개정이 "그러므로 내가 스스로 거두어 들이고 티끌과 재 가운데서 회개하나이다"라고 번역한 문장이다.

이 한국어 번역은 대부분의 영어번역과 문맥을 같이하지만, 히브리어 본문을 들여다보면 이것이 원문을 충실히 번역한 것은 아니라는 점을 곧 알

---

33 John Calvin, *Sermons from Job* (trans. Letoy Nixon; Grand Rapids: Eerdmans, 1952), 220-23.
34 반대되는 해석에 대해서는, Alford, "Job, Abjection, and the Ruthless God," 434.

게 된다. "그러므로"라고 시작하는 6절은 이 문장이 욥의 짤막한 최후진술 중 결론임을 보여 준다.

이 6절에서 작가는 타동사 두 개(אֶמְאַס וְנִחַמְתִּי, 엠아스 버니함티)를 사용하고 있음에도 두 경우 모두 직접 목적어를 생략하여 문장 구조상 해석의 어려움을 만들어 내고 있다.[35] 즉, "거절하다"가 가장 보편적인 뜻인 "마아스"가 무엇을 거부한다는 것인지, "후회하다", "뜻을 바꾸다"라는 닢알형 "니함"이 무엇을 후회하며 철회한다는 것인지를 이 문장만으로는 알 수 없다. 목적어가 없기 때문에 무엇을 거절하고 무엇을 후회하는 것인지가 사실상 독자들의 해석에 맡겨진 것이다.

그렇다면 문맥을 파악해야 한다. 욥은 하나님을 증언대에 세우고 싶다는 말을 자주 하면서(9:32-35; 13:3), 한편으로는 자신의 억울함을 호소할 수 있을 것이라는 희망을, 다른 한편으로는 그것이 가능할 것인가, 그가 전능자 앞에서 입을 열 수 있을까 하는 불안감과 절망을 동시에 표현해 왔다.

우리는 이 문맥에서 욥의 최후변론인 42:1-6을 읽을 필요가 있다. 욥은 두 차례에 걸친 야웨의 윽박지르는 연설을 들으며 두려움과 절망과 실망과 분노로 인해 제대로 서 있을 수조차 없는 상태가 되었다. 연거푸 펀치를 당해서 항복한다는 말조차 하기 힘든 상황에 처한 것이다.

이것이 6절의 완성되지 못한 문장에 반영되어 있다고 읽으면 어떠할 것인가?

필자는 이 6절을 애매성과 생략으로 표현된 욥의 강한 의지로 읽는다. 욥기 저자의 수준 높은 전략에 의한 의도된 생략인 것이다. 그만큼 6절에서 결론으로 발표할 내용은 충격적이고도 당찬 도전인데, 이 최후변론을 통해, 욥은 그의 올곧은 인격과 신이 만들어 준 안정의 울타리 사이에서 진행된 위험한 게임에 종지부를 찍고자 한 것이다. 만약 전통적인 해석이 가능한 것이라면, 이제 필자가 펼치려는 해석 또한 가능하다는 이야기다.

---

35 우선 첫 번째 동사를 살펴 볼 때, "거절하다"(מאס, 마아스)라는 뜻을 가진 이 동사는 재귀적 의미로 쓰이는 경우가 드물고 거의 모든 용례에서 직접 목적어를 동반한다.

더구나 재와 먼지 가운데에서 내가 후회하고 있다는 마지막 절은 "티끌과 같은 나라도 감히 주님께 묻는다"(창 18:27)는 아브라함의 도전을 연상시킬 뿐 아니라, 욥기 30:19의 "내가 먼지와 재처럼 되었다는" 진술과도 연결된다. 즉, 재와 먼지는 여기에서 회개 세팅의 도구로 사용되었다기보다, 보잘것없고 아주 미천하며 곤경에 처한 자신을 은유적으로 드러내는 도구라고 보는 것이 더 어울린다. 필자의 읽기에 의하면 42:6은 이렇게 재구성된다.

> 그러므로 저는 (이전에 40:4-5에서 면담신청 건을 종료하겠다고 말한 그 진술을) 거부합니다. 저는 재와 먼지 가운데서 (즉 아주 보잘것없는 존재이지만) (그렇게 물러난 나 자신에 대해) 스스로를 후회하며 한탄하고 있습니다.[36]

학자들은 욥의 무고함을 인정하면서도 종종 42:6의 "마아스"나 "니함"을 욥이 전능자에게 도전한 것에 대한 후회와 회개라고 간주하면서 전통적으로 형성되어 온 의미를 손상시키지 않고 본문을 읽으려 한다. 예를 들어, 이경재는 욥이 회개 또는 뉘우침을 표현하고 있기는 하지만, 그것이 욥의 회개가 그의 죄 때문이 아니라 야웨가 그와 상대할 분이 아니라는 깨달음에서 비롯된 것이라고 주장한다.[37]

---

36 이 구절에 대한 전반적인 연구는, Samuel Balentine, *Have You Considered My Servant Job?: Understanding the Biblical Archetype of Patience* (Columbia: University of South Carolina, 2005), 182; 안근조, "욥기 42:6 번역의 문제와 제안", 「성경원문연구」 31/1 (2021), 48-56. Thomas F. Dailey, "And Yet He Repents—On Job 42,6," *ZAW* 105 (1993): 205-9; B. Lynne Newell, "Job: Repentant or Rebellious?" in *Sitting with Job: Selected Studies on the Book of Job* (ed. Roy B. Zuck; Eugene: Wipf and Stock, 2003), 441-56; P. A. H. de Boer, "Does Job Retract?" in *Selected Studies in Old Testament Exegesis* (ed. C. van Duin; Leiden: Brill, 1991) 179-95; Habel, *Book of Job*, 576, 582; David. J. A. Clines, Job 38-42, 1205-24; Michael. V. Fox, "God's Answer and Job's Response," *Biblical* 94/1 (2013): 19. [1-23] 김상기 ("욥기 42:1-7: 이유없는 고난", 34, 42) 도 비슷한 문맥으로 본문을 해석하고 있다. 김상기는 두 동사가 생각을 바꾼다는 의미로 해석할 때 문맥에 가장 잘 어울린다면서 두 동사의 관계를 메리즘(merism)으로 파악한다.
37 이경재, 『욥과 케 보이』, 41-62, 75.

다니엘 티머(Daniel Timmer) 역시 부서지기 쉽고 연약한 인간 본성을 지닌 자신의 한계를 인식한 욥이 경솔한 자신의 질문에 대해 한탄과 회개를 하는 것이라고 결론을 내린다.[38] 지혜란, 자신의 한계를 깨닫는 것에서 출발한다는 것을 부각시키는 점에서, 그리고 하나님께서 욥에게 바로 그 한계를 알게 하여 그를 배움의 장으로 이끌어간다는 결론을 내리고 있다는 점에서 이들의 해석은 긍정적이다.

그러나 이러한 주장들을 읽을 때, 필자는 이 해석들이 텍스트의 문맥보다는 전통적 문맥을 더 중요시하고 있다는 인상을 지우기 힘들다. 나아가, 이들의 노력이 고난의 원인을 추적하던 욥의 집요한 질문들을 따라가던 우리 독자들을 향해, 만족스러운 대답을 얻지 못하더라도 욥을 본받아서 절대자 앞에서 겸손하게 그 질문들을 접을 줄도 알아야 한다는 독서방식을 자연스럽게 받아들이도록 이끌고 있는 것은 아닌지 묻고 싶다.

필자가 도전하는 것은 두 가지다.

첫째, 지혜와 경험에 있어서 열등한 위치에 있는 자는 (예를 들어, 어린 아이와 같이 그의 무지가 그의 게으름 등에 의한 것이 아니라 존재 자체의 한계로 인한 경우) 질문하면 안 되는가라는 것이다.

둘째, 지혜자가 그 지혜를 상대방을 억누르는 데 사용한다면 그것이 과연 지혜로운 처사인가, 즉 그를 진정 지혜자라고 부를 수 있겠는가 하는 것이다. 지혜자 하나님이 들고 온 그 화제의 적합성에 대해 다시 묻는 것이다. 여전히 만신창이인 채 숨조차 쉬기 힘든 자 앞에서 지금 그 이야기를 꺼낼 때인가 말이다. 핵심 이슈를 피하기 위한 의도까지 느껴지는 야웨의 발언을 우리가 곧이곧대로 본받아야 할 것이라고 말하기는 좀 불편한 면이 있다.[39]

---

38 Daniel Timmer, "God's Speeches, Job's Responses, and the Problem of Coherence in the Book of Job: Sapiential Pedagogy Revisited," *The Catholic Biblical Quarterly* 71/2 (2009): 286–305.

39 욥기의 하나님의 정의와 윤리에 대해서도 많은 학자가 고민해 왔다. 여기에서는 대강의 흐름만 소개하기로 한다. 느하마 버빈(Nehama Verbin)은 심리학과 상담학의 관점에

더구나 교회를 살리고 성도들을 돌보려는 지도자들 입장에서는, 상대방이 처한 상황에 가장 걸맞는 말을 해 주고 그 필요를 돌봐 주는 것이 무엇보다 중요한 것이라고 가르쳐야 하지 않겠는가!

이것을 무시하는 사람은, 야고보 사도가 질책하는(2:15-16), 춥고 헐벗은 사람에게 옷과 먹을 것을 주는 대신, 알아서 따뜻하게 하고 알아서 굶주린 배를 채우라고 말하는 사람과 별반 다르지 않은 것이다. 지치고 힘들어서 죽기를 소원했던 엘리야에게 나타난 하나님은 그러지 않으셨다. 먹이고 또 먹이고, 충분히 쉬라고 한 후, 야단치지 않고, 그가 모르는 사실에 대해 이야기해 주셨으며 새로운 사명까지 일임해 주셨다.

욥기의 하나님은 왜 이런 모습으로 나오시면 안 되는가?

서 욥기를 읽으면서 하나님을 용서하고 하나님과 화해할 수 있으려면 먼저 자신의 올곧음, 자신이 가치 있는 존재라는 인식을 하는 데서 출발해야 한다고 주장한다. Nehama Verbin, *Divinely Abused: A Philosophical Perspective on Job and His Kin* (London: Continuum International Publishing Group, 2010), 111, 119-49. 피해자가 자존감을 회복하게 되면 더 이상 피해자가 아니라는 버빈의 논지에는 동의하기 어렵지만, 우리가 이 에세이에서 이루고자 하는 우리의 올곧음을 세우고 지키려는 노력은 매우 중요한 작업임이 다시 한번 확인된다.

데이비드 블루멘탈(David Blumenthal)은 그의 저항신학을 통해서 폭력적이고 학대하는 신을 미화시킬 것이 아니라, 있는 그대로 받아들이면서 그분의 나쁜 점에 대해서는 저항하고 도전하는 반면 그분의 선한 면을 보면서 관계를 이어 갈 수 있다고 주장한다. David R. Blumenthal, *Facing the Abusing God: A Theology of Protest* (Louisville: Westminster John Knox Press, 1993), 247-48, 258-59, 267, 287-89, 291-93, 297.

캐롤 뉴섬(Carol Newsom)은 하나님의 비도덕적인 속성이 드러나면서 하나님과 욥 사이에 좁히기 힘든 간극이 발견된다고 본다. 이 논리는 이경재가 소개하고 있는 도덕적 질서를 기대한 욥에게 야웨는 우주적 질서의 신으로 등장한 것이 두 신학간의 충돌을 반영하는 것이라는 것과 통한다. 전자가 선악을 구분하여 옳고 그름을 판결하여 주는 신이라면, 후자는 그 선악의 이분법을 초월하여 존재하고 통치하는 신이라는 것이다. 이들의 관찰은 욥기를 거시적 관점에서 읽어 봤을 때 얻게 되는 결론이라고 인정할 수 있지만, 여전히 야웨는 욥기 안에서도 옳고 그름의 판단(예를 들면, 동료들을 심판하는 42:7-8)을 내리는 도덕적 신으로 그려진다는 점을 들어 필자는 이러한 관찰이 최종 결론이 되어서는 안 된다고 주장한다. 그럴 경우, 우리 독자는 우리의 올곧음에 대해 다시 중간에 포기하는 경험을 하게 되기 때문이다. 필자는 이 시점에서 독자들의 능동적인 책 읽기 행위가 중요함을 강조한다. 즉, 화해의 모드로 이동하기 전에 짚고 넘어가야 할 것을 짚어내는 것이 반드시 필요하다는 말이다. 도입부에서 사탄의 제안을 받아들인 야웨의 속내를 욥기 작가가 끝내 밝히지 않고 넘어갔듯이, 욥과 야웨의 진짜 담판은 이 간극에서만 사적으로 가능한 것인지 모르겠다.

약간 질문의 강도를 낮추어서, 지칠 대로 지친 우리가 이런 하나님을 기대하는 것이 왜 잘못인가?

필자의 이러한 질문은 욥이 3절에서, 모든 것을 아시고 모든 것을 할 수 있는 분이 한번 제 질문에 답을 해 보시라면서 반전을 이끌어 내는 것과 비슷한 태도이기에 본문에서 그리 벗어나는 질문이 아니다.[40]

욥에게 내려진 이 '이유 없는' 고난(2:3)을 확대 적용해 보면, 이 고난은 상식적인 논리로 이해되지 않는, 위로부터 가해지는 모든 비합리적 결정으로 인한 불이익을 포함한다. 발렌타인은 욥의 고난이 그가 순전함에도 아니 순전하기 때문에 받게 된 것이고, 우연에 의한 것이 아니라 하나님의 명백한 의지에 의한 결정이었다고 강조하면서, 이로 인해, 이스라엘 백성들이 이렇게 별 주저함 없이 언약을 깨뜨리는 신에게 어떻게 충성을 유지할 수 있을 것인가라고 반문한다.[41]

순전함과 울타리 사이의 게임을 시작하면서, 하나님은 사실상 자신의 완벽함과 권위를 포기했고, 순전함으로 무장한 욥은 급기야 하나님의 민낯을 엿보고 말았다. 사과를 해야 하는 쪽이 분명해지는 부분이 대화 가운데 나온 것이다.

만약 필자가 주장하는 대로 42:6의 욥의 주장이 40:4-5의 철회진술을 번복하는 것이라면, 문제는 결코 가볍지 않다. 필자의 포인트는, 욥기의 저자가 자신의 주장을 본문의 심층 여기저기에 깔아 놓은 것은, 우리에게 그 핵심 이슈를 끝까지 놓지 말고 따라와 주기를 간접적으로 호소하는 것이라는 점이다.

---

40 다니엘 티머(Daniel C. Timmer)는 욥이 동료들과 1차(9:19, 32; 13:18; 14:3), 2차(19:7), 3차(27:2)에 걸쳐 대화하는 과정에서 사실은 야웨에 대한 욥의 인식이 변화되고 있음을 지적하며 결국은 그가 그의 신을 재판자리로 소환한다고 말한다. 따라서 티머는 42장에 나오는 욥의 반응이 3-31장에 나오는 그의 태도와 굉장히 대조적이라고 분석하지만, 필자의 눈에는 긴 논쟁들이 오히려 이때를 위한 수사학적 서론에 해당하는 것으로 보이기 때문에 근본적으로 욥은 마음속에 자신의 고난에 대한 의문을 계속 간직하고 있는 상태라고 본다. Timmer, "God's Speeches, Job's Response," 294-98.
41 Balentine, *Look at Me and Be Appalled*, 18.

지금까지의 논지를 기초로 해서, 욥기의 구조를 법정 소송과 욥의 대응 관점에서 간단히 정리하면 다음과 같다.[42]

(1) 배심원들에게 사건의 배후를 미리 알려 주다(1:1-2:6)

욥기의 시작은 독자들을 배심원으로 불러 사건의 전모를 미리 알려 주는 부분으로 읽을 수 있다. 당대의 지배적인 세계관에 도전하면서 열린 구조를 취하고 있는 욥기는 독자들의 역량과 의지에 그 진가가 많이 좌우된다. 지금 작가는 우리 배심원들에게 성경의 다른 책에서 배운 신학들에 흔들리지 말고 욥이 의인이 라는 점을 잊지 말아 달라고 부탁하고 있는 것이다. 욥이 의인이라는 것은 본문의 권위자인 전지적 3인칭 내레이터와 이야기 내에서의 최고 권위자인 야웨를 통해 의심할 수 없는 사실로 거듭 확인된다.

(2) 사건 발생(1:13-2:7)

의인 욥에게 억울한 고난이 닥치는데, 그것은 사람들은 접근할 수 없는 천상에서 일어나는 회의에서 일어난다. 이 회의의 은밀함과 그것을 중계 방송하듯 폭로하는 욥기의 큰 간격이 인간사회에서 어떻게 진행되는지를 지켜보는 것이 중요하다.

(3) 소송제기를 포기하게 하려는 시도들과 그 폭력에 맞서 원고인이 되는 의인 욥의 저항(2:8-37:24)

눈에 보이지 않는 하나님 또는 사탄의 대리인 역할 비슷하게 신체를 가진 눈에 보이는 욥의 동료들(세 친구 + 엘리후)이 욥을 달래고 윽박지르면서 소송을 제기하지 못하게 말리는 가운데 긴 논쟁적 대화들이 이어진다. 물론, 욥기는 동료들의 발언을 그들이 무엇을 하고 있는지 알지 못한 상태에서 이야기하는 것으로 그리고 있지만, 우리가 살펴보았듯이, 지라르의 눈

---

42 노먼 하벨(Norman Habel) 역시 욥기를 전체적으로 법정 소송을 염두에 둔 내러티브로 읽을 것을 제안한다. Habel, *Book of Job*, 576, 582.

에는 그것이 조직적으로 한 개인을 사장시키는 희생양 만들기로 읽힌다.

욥이 원하는 것처럼 신을 소환하는 재판 대신, 동료들이 원한 것은 공동체 재판을 열기 위해 욥의 죄목을 끄집어 내고, 이 재판의 결론에 따라 신에게 욥을 희생제물로 바쳐서 신이 분노한 원인을 제거하는 것이었는지 모른다. 그러나 욥은 자신의 순전함에 근거해 하나님과의 관계에서도 타협하지 못하기 때문에, 야웨와의 법정 만남을 끝까지 포기하려 하지 않는다.

욥은 3장부터 31장까지의 긴 논쟁에서 기회가 있을 때마다, 하나님을 만나서 이야기를 나누고 싶다고 호소하고 있음을 기억하자. 뒤에 더 자세히 언급하겠지만, 욥에게 야웨는 고난의 원인제공자로 간주되는 피고인인 동시에 이 모든 것을 판결해 주는 재판관이다. 그래서 욥은 하나님 뵙기를 간절히 기다렸고, 만나서 이야기하면 되는 관계라고 굳게 믿고 있었던 것이다.

(4) 피고인인 하나님의 등장으로 재판이 간신히 열리는 듯하다(38:1-42:6)

① 피고인 측 변론 1(38:1-40:2)

피고인석에 등장한 하나님은 여전히 권위적인 모습으로, 감히 네가 나에게 도전하여 지금 법적인 소송에 나를 피고인으로 소환했느냐고 물으신다. 내용은 주로 자연현상과 그것을 운영하는 이치에 대한 수사학적 질문으로 원고인의 기를 죽이기에 넘치고도 남는 것들이다.

② 원고인의 대응 1(40:3-5)

원고인인 욥은 한마디도 제대로 대응하지 못한 채, 자신이 생각이 짧았노라며 이 소송을 더 이상 진행하지 않겠다고 선언한다.[43]

---

43 필자는 40장에서 욥이 자신의 케이스를 철회한 것으로 해석하는 반면, 버빈은 38:2의 실제 침묵이나, 제1라운드 후, 40:4-5에서의 욥이 침묵하겠다고 말한 후 입을 다문 것이 일종의 반항행위였다고 해석한다. 두 번째 연설이 끝난 후인 42:1-5에서는 창조주의

③ 피고인 측의 도전적 변론 2 (40:6-41:34)

피고인석의 하나님이 원고인인 욥이 소송을 접겠다고 했음에도 불구하고, 계속 도전적인 질문들을 원고인 욥에게 던짐으로써 그를 자극하시는 것으로 2차 변론이 시작된다. 이 부분은 쓰러진 욥을 완전히 뭉개 버려 다시 일어날 수 없게 만들려는 시도로 해석될 수도 있지만,[44] 필자에게는 이 부분이 하나님의 본심이 어느 정도 드러나는 부분으로 읽힌다.

"대장부처럼 허리를 묶고 대답"하라는 야웨의 재촉은 하나님 역시 욥이 비굴하게 또는 비겁하게 중간에 포기하는 것을 원하지 않으시기에 계속 그를 자극하시는 것으로 보는 것이 문맥상, 하나님의 인격상, 그리고 책의 의도상 더 자연스럽기 때문이다.

야웨의 1차 변론 이후 욥의 반응과 그 욥에 대한 야웨의 반응을 재구성해 본다.

욥: 주여 보시옵소서. 저는 아주 비천한 자이니 제가 무슨 말씀을 드리겠습니까. 그저 손으로 입을 틀어막을 뿐입니다(40:4).
제가 주제 모르고 한번은 입을 열었지만, 제가 다시 입을 열어서 제 변론을 해 나갈 수는 없습니다. 이것으로 그만 제 케이스를 철회합니다(40:5).

놀랍고 장대한 연설을 들은 후, 그가 야웨는 자신과 논쟁할 만한 대상이 아니라는 깨달음 탓에 자기의 소송을 철회한 것이라고 해석한다. 각을 세우고 대립하여 끝까지 대답을 얻어 낼 그런 분이 아니라는 깨달음이 화해의 첫걸음으로 발전하게 된다는 것이 버빈의 논지이다. 버빈은 이 깨달음에서, 비록 먼지 같고 재 가운데 뒹구는 나약한 인생이지만, 욥이 자신이 열등하다고 느낀다거나 자신이 죄를 지어 회개해야 하는 존재 쪽으로 가는 것이 아니라, 그는 그대로 하나님은 하나님대로 인정할 수 있게 되기 때문이라고 주장한다. 물론, 이러한 인정이 하나님과 욥의 관계를 완전히 회복시켜 준다고 기대할 수는 없다고 버빈은 강조한다. 친밀한 관계는, 만약 완전히 부러진 것이 아니라면, 여전히 금이 간 상태에서 유지되고 있다는 것이다. 버빈, *Divinely Abuse*, 132-34, 140.

44 예를 들어, Leo G. Perdue, *Wisdom and Creation: The Theology of Wisdom Literature* (Nashville: Abingdon, 1994), 169.

내레이터: 그렇지만 야웨는 떠나지 않으시고 여전히 폭풍우 가운데 계시면서 욥에게 말씀하셨다(40:6).

야웨: 뭐라고?

그만 철회하겠다고?

포기하겠다고?

물러서긴 어딜 물러선다고!

대장부 답게 허리끈을 동여매고 다시 똑바로 서 보거라. 내가 너에게 물어볼 테니 네가 대답해야 한다(40:7).

이 놈아, 네가 감히 나의 공의를 인정할 수 없다고 했으렸다.

네가 의롭다는 것을 증명하려고 감히 나를 악하다고 하려는 것이냐, 지금?(40:8)

이 부분에서는 특히, 40:8, "네 의를 세우려고 나를 악하다 하겠다는 것이냐"는 질문에 핵심이 있다. 이 질문에 이어서, 야웨는 베헤못과 리워야단의 이야기로 당신의 두 번째 변론을 채운다. 미들턴도 필자와 같은 입장을 보이는데, 길들이기 쉽지 않은 베헤못이나 리워야단을 두 번째 연설에서 추켜 세운 이유가 바로 본의 아니게 욥이 주눅 들어 모처럼 만들어진 대결국면에 지레 물러나지 못하게 하려는 의도라고 덧붙인다. 즉, 쉽게 온순해지지 않는 그 야생동물들처럼 도전하고 반항하는 영성을 길러보라는 이야기이다.[45]

④ 원고인의 대응: 최후변론(42:1-6)

원고인인 욥은 이 과정에서 사건의 핵심 이슈를 드디어 파악하게 된다. 야웨가 왜 그렇게 필요 이상으로 권위적으로 나온 것인지, 이 재판이 왜 깔끔하게 어느 한 쪽이 이겼다고 선포될 수 없는 것인지, 과연 피고인과 재판

---

[45] Richard J. Middleton, *Abraham's Silence, The Binding of Isaac, the Suffering of Job, and How to Talk Back to God* (Grand Rapids: MI: Baker Academic, 2021), 120-21.

관의 두 역할을 야웨가 어떻게 감당할 것인지… 대강의 그림이 그려지자 절망감과 오기가 동시에 원고인 욥을 감싼다. 만약 야웨와 욥 둘 중 한쪽이 옳고 한쪽이 그른 것이라면, 나의 옳음을 위해 하나님이 그를 수도 있으니 한번 이야기나 좀 해 보자고 도전하는 것이, 그 도전장 자체가 받아들여지지 않는다는 것(40:8)을 깨닫고, 정신을 확 차리게 되는 것이다.

이제 욥은 어찌 할 것인가?
출구는 무엇인가?
동료와 이웃들의 비난과 협박을 다 뚫고 이 자리에 섰는데, 마지막에 만난 분이 가장 무서운 분이요, 나의 편이 아닐 뿐 아니라, 이 모든 일을 계획한 분이라는 것을 알게 되었을 때, 우리의 타인 욥은 어떻게 할 것인가?

원어를 통해 우리가 해석한 욥기 42:6은 그가 그의 올곧음을 포기하지 않았음을 알려 준다. 일찍이 소송을 그만하겠다고 결정한 그 결정을 번복(거절)하겠다고 선언하는 것이다. 그렇게 물러난 자신이 바보 같아서 그런 자신을 후회하고 있다고 선언하는 것이다.

이 선언은 아서 밀러(Arthur Miller)의 영화 〈크루서블〉(*The Crucible*)의 주인공 존 프록터(John Proctor)를 연상시킨다. 그는 마녀사냥의 모의에 몰려서 죽을 것인가 타협하고 살아날 것인가를 고민하다가 타협하는 서류에 사인(sign)하기로 했지만, 마지막 순간에 그것을 거부한다.

그때 그가 외친 말은, 나의 이름 석 자를 더럽힐 수 없다는 울부짖음이었는데, 이것이 욥에게는, 더듬거리지만 분명한 언어로 뱉어 내는 그의 절규인 것이다. 이 말을 하기 위해 욥은 먼저 몇 가지 이유를 제시하는데, 이를 재구성하여 정리하면 다음과 같다.

- "주님은 못하실 일이 없으시고 못 이루실 것이 없는 분이라는 것을 저는 이전부터도 알았지만 지금 기나긴 연설을 듣고 나니 더욱 확실히 알게 됩니다"(42:2).
- "주님이 말씀하셨듯이, 저는 무식하기 한이 없고 입을 열어 동료들과 다투는 가운데 주님을 향해 탄원을 내뱉으면서도 제가 무슨 말을 지껄이고 있는지도 잘 모르는 놈입니다"(42:3).
- "주님께서 제게 나타나신 이후에, 지금 이 순간까지 폭풍우 가운데에서 우주가 돌아가는 이치와 주님이 세상을 통치하는 원리 등을, 그 광대하고 장엄한 진리들을 길게 말씀하셨습니다. 이제 제가 여쭈어 봅니다. 이 못난 놈이 좀 알게 해 주세요. 우주의 모든 것을 다 아시는 주님께서 대답해 주세요. 도대체 무슨 일이 일어난 것입니까?"(42:4)

이 42:3-4를 해석할 때, 우리는 동료들 앞에서 욥이 이야기했던 것들을 상기할 필요가 있다. 예를 들어, 31장에서 욥은 자신이 맹세코 사실만을 이야기하였기 때문에 이제는 전능자의 변을 듣고 싶다, 그 앞에 떳떳이 서고 싶다는 말을 해 법정에 야웨를 피고인으로 세우고 싶다는 의지를 정확하게 내비치고 있다. 상황에 따라 이 문장들은 욥을 자극하던 야웨의 방식을 받아서, 이제는 욥이 약간 냉소적인 도전을 던지는 것으로 이해할 수도 있다.

- "제가 오랜 시간 동안에 동료들과 실랑이하면서 주님에 대해서 이야기만 하고 듣고 해 왔는데 이제 드디어 당신이 이 법정에 나왔습니다. 제가 어떻게 이 기회를 놓치겠습니까?"(42:5)
- "이런 연유로 … 저는 제가 처음 주님의 연설을 들은 후, 놀라고 두려워서 그만 제 케이스를 접겠다고 했던 진술을 … 철회하겠습니다. 비록 … 티끌과 재 가운데 뒹구는 몸이지만 … 저는 주저앉고 포기하고 체념하려 했던 저 자신을 … 후회하고 있습니다"(42:6).

42:5에서도 6절에서도 애매함이 드러나는데, 먼저 5절에서는 욥이 야웨에 대해 들은 내용들이 무엇이며 직접 맞닥뜨리며 경험하는 것은 또 무엇인지를 밝히고 있지 않기 때문에 그것은 오로지 본문의 문맥을 파악하는 독자들의 손에 주어지게 된다.

6절에서도 그 애매성은 더욱 증폭되어서 절정에 이르게 되는데, 두 동사, 마아스와 니함의 의미망을 어디까지 무슨 근거로 확장할 것인가, 이 두 동사들에 생략된 직접 목적어들은 무엇일 수 있겠는가, 그리고 욥의 이 마지막 진술의 톤은 누가 어떻게 결정할 것인가 등이 모두 다양한 가능성을 열어 둔 채 독자의 해석을 기다리고 있는 부분들이다.

필자는 6절의 욥의 발화를 무척 힘겨운 발화로 재구성하는데, "모든 담화를 회오리 바람 속에 삼켜 버리려는 거대담론"[46]에 대응하는 아브젝트로 전락한 욥의 발언은 결코 유창하게 이어지기 힘들다는 판단에서다. 그는 더듬더듬, 무엇을 거절하겠다는 것인지 제대로 뱉어 내지 못하면서 주춤거리고 있다.[47]

두 타동사를 사용하면서 두 번 모두 목적어를 생략하는 것은 바로 이러한 내러티브 상황을 평면적인 텍스트 위에, 즉 작가가 연극 디렉터로서 일일이 코칭해 주지 못하는 상황에서 할 수 있는 최선의 전략적 선택이었을 것이다.

⑤ 법정 휴정 또는 쉬어 읽기

욥의 최후진술 이후에도 애매성은 계속되는데, "야웨가 이러한 일들을 욥에게 말씀하신 이후에"라는 구절로 시작되는 7절을 통해 욥기 저자는 재판의 결과를 기다리고 있는 독자들을 다시 한번 실망시킨다. 6절의 원고인 최후진술에 대해 피고인 야웨는 아무 대응을 하지 않고 사라지신다. "이러

---

46 이경재, 『욥과 케 보이』, 74.
47 뉴섬의 욥기 주석 중, 5장, "Broken in Pieces by Words/Breaking Words in Pieces: Job and the Limits of Language," 130-69를 참조할 것.

한 일들을 말씀하신 이후에"라는 요약적 부사절은 그 사이에 많은 일, 또는 적어도 몇 가지 일이 내러티브 밖에서 이루어졌음을 암시하면서 독자들에게 그냥 그러려니 하고 넘어가라고 눈짓하는 듯하다.

이 부사절을 필두로 야웨의 조금은 황당해 보이는 공식적 선포가 이어지는데, 이것이 생뚱맞거나 적어도 핵심 이슈를 약간 비껴가려는 진술이라고 판단하는 이유는 야웨와 욥 사이에 진행된 기나긴 논쟁에서 핵심 이슈는 두 당사자 간의 관계였지만, 7절에서 야웨는 그 이슈를 일반적인 신-인간 관계로 환원하여 욥이 동료들보다 더 의롭다고 결론 내리며 마무리하고 있기 때문이다. 이것은 당신과 관련된 이슈는 아예 인간 세상에서 공적으로 거론될 화제가 아니라고 선을 긋고 있는 듯이 보인다.

이러한 텍스트의 의도적 공백으로 인해 독자들 역시 "쉬어 읽기"(narrative pause)를 할 수 있는 기회를 얻게 된다.[48] 이 쉬는 시간은 욥이 어떻게 다시 그의 전능자인 야웨 하나님과 화해할 수 있는지, 자신을 괴롭혔던 동료들과 어떻게 건설적인 공동체 관계를 맺어 나갈 수 있는지 그 가능성을 모색하는 시간이다. 서둘러 결론을 내리기보다 납득할 수 있는 길이 발견될 때까지, 시간을 두고 그 자리에 좀 멈춰 서서 묵상해 보자.

구체적으로, 필자가 지목하는 부분은 욥이 최후변론을 마친 42:6과 화해 모드가 시작되는 42:7 사이에 보이는 본문의 빈틈이다. 이곳에서 우리도 숨 고르는 시간(Narrative Pause)을 갖자고 제안한다. 아무 일도 없었던 양, 저항에서 순종으로 또는 의심에서 믿음으로 넘어가는 것은, 언제든 묻어 두고 회피해 버린 이슈들이 다시 튀어나와 가까스로 회복한 관계들을 부수어 버릴 수 있기 때문이다.

---

48 사실 필자는 이 부분에서 쉬어 읽기를 실천해 볼 것을 권장하고 있다. 이 시간에 하나님과 풀고 싶은 개인 및 공동체의 탄원들이 기도를 통해 묵상을 통해 또는 토론을 통해 다루어질 수 있기 때문이다. 이를 위해서는 필자의 논문, "데면데면, 비대면, 대면"을 참고하라.

(5) 재판관 야웨의 공식석상 등장 및 선고 (42:7-9)

피고인 하나님은 이제 더 이상 등장하지 않으시고, 재판관인 하나님이 동료들과 욥의 관계에 대해서만 판결을 내리신다. 따라서 이 선언 전에 숨 고르기 시간을 가지며, 독자들이 처한 여러 관계들에 대해 신학적 신앙적 차원에서 숙고하는 것은 선택이 아니라 필수이다.

(6) 욥의 모든 영역이 회복된 것 같은 인상을 주는 내레이터의 급한 마무리 (42:10-17)

2) 그리스도와 레비나스

우리는 욥을 둘러싼 주변 인물들에 비친 타인으로서의 욥과 그 타인들을 대하는 욥의 모습, 그것들을 독특한 청문회와 재판형식의 대화체 내러티브 형식을 통해 드러내는 욥기에 대해 훑어보았다. 물론, 이 분석과 해석의 밑바탕에는 코로나19 사태를 겪으며 자각하게 된 우리의 타인에 대한 태도 문제와 그를 극복하는 방법을 찾고자 하는 갈망이 함께 자리하고 있다.

필자가 제안한 42장 6절과 7절 사이에 있는 숨 고르는 시간, 즉 쉬어 읽기 시간은 독자 및 독자가 처한 공동체의 필요에 따라 다양하게 채워질 수 있다. 여기서는 우리에게 다가온 타인에 대해 어떤 태도를 취해야 할지를 생각해 보자.

욥기 저자가 용기를 내 언어의 형태로 내 질렀던 이 저항의 몸짓을 우리가 독자로서 선입견을 내려놓고 받았다면, 그것을 받은 우리가 이제 바뀔 차례이다. 그것은 우선 나를 부인하는 작업으로부터 시작된다. 이 요구는 "누구든지 나를 따르려거든 날마다 자기 십자가를 지고 나를 따라야 한다"라고 말씀하신 누가복음 9:23의 예수님의 가르침이기도 하다.

우선, 하나님이 욥기 1장에서 상황적 딜레마에 처했을 때, 욥에게 고난을 허락하는 결정을 하는 것을 하나님이 그의 아들 예수 그리스도를 죽음에까

지 이르게 한 이야기와 한번 비교해서 생각해 보자.[49]

사건 철회를 거절하는 욥은 하나님에게 요구한다.

"하나님, 당신이 하셔야 할 일은 그 웅장하고 거대한 우주의 보좌에서 내려와서 저의 이 처참한 몰골을 보고 놀라고 충격을 받으시는 것입니다."

욥이 42:3-4에서 자신이 무지하다면서 야웨에게 거꾸로 대답을 요청하는 장면에서 필자는 이런 질문을 상상해 본다. 이런 일이 가능한가라고 독자들은 물을 것이다.

가능할 뿐 아니라, 역사적으로 이런 일이 일어났다면 어찌 할 것인가?

예수님이 온몸으로 말하고 있는 것이다.

여기, 바로 여기로 내려온 이가 있다고!

욥에게 그냥 말로 사과하는 것을 넘어서 욥의 요구대로 직접 내려와서 더 비참한 얼굴이 되었노라고!

그 얼굴을 바라본 욥은, 또 우리는, 다시 놀라고 충격에 빠질 수밖에 없다. 이 예수의 얼굴을 만난 독자는 이제 더 이상 하나님이 불친절하고 불평등했다고 불평할 수만은 없게 된 것이다.

하나님이 가장 신뢰하며 가장 사랑하는 당신의 아들을 이 세상에 보내 죽음에까지 내놓은 배경이 욥기 1장에서 하나님이 고난을 허락하는 결정을 하셨던 그 배경과 그렇게 거리가 먼 것일까?

필자는 그렇지 않다고 본다. 하나님께서 당신의 분신인 아들을 내어놓는, 그것도 나를 위해 내어놓는 그 장면을 그려 볼 때에라야, 비로소 욥의 인생을 풍비박산으로 내모는 것에 수동적으로 임한 야웨를 이해하기 시작할 수 있다.

이 장면에 이르러서야, 역설과 모순과 아이러니와 딜레마로 뭉쳐진 어떤 응어리가 풀리게 되면서, 거듭 거듭 인과의 논리로 맞서 오던 나의 날카로움이 부드러움을 입게 되는 것이 아닐까?

---

49 이경재 역시 복음서의 성령 보혜사를 욥기에서의 고소자 사탄에, 예수님을 죄없이 저주 받은 욥과 연결시키는 해석을 시도한다. 이경재, 『욥과 케 보이』, 99-100.

대제사장의 집에서 심문당하던 예수와 그의 제자 베드로의 이야기를 잠시 떠올려 보자. 누가복음 22: 61은 베드로가 세 번 연거푸 예수님과의 관계를 부인할 때, 예수님이 몸을 돌이켜 그의 제자를 바라보셨다고 기록하고 있다. 그 시선 앞에서 베드로는 무너졌다. 자신을 다 던져서 베드로라는 타인에게 무한책임을 감수하신 예수님이 이제 거꾸로 베드로에게 타인이 되어서, 나를 거부하지 말라고 호소하는 눈빛을 보내신 것이다.

이 순간 베드로를 붙잡아 두고 있던 생존 본능을 무너뜨리며 그를 일으켜 통곡하게 한 힘은, 고통당하면서도 위로하는 예수님의 눈빛이었다. 폭풍 가운데 위엄 가득한 모습으로 나타나신 야웨와 자신을 부인하는 제자 베드로를 연민의 시선으로 바라보던 예수님이 같은 삼위일체 하나님이라는 것을 다시 확인하는 순간, 하나님과 맞잡은 손은 눈물로 젖어들 것이다.

나의 고통에 반응하며 자신을 던진 예수 그리스도로 인해 우리는 다시 제1자의 위치에 서서 또 다른 타자를 바라볼 의무와 의지와 능력을 지니게 되었다. 신(전능하신 야웨) 앞에서 나의 고통을 봐 달라고 했던 인간(욥의 부르짖음)이 있었고, 그 인간의 부름에 응답했던 신(성육신하고 십자가에서 죽은 예수)이 있었다. 그러자 그 신의 일그러진 고통 앞에서 자아를 넘어서고 생존을 뛰어넘어 통곡으로 반응하는 인간(통곡하는 베드로)이 탄생한 것이다.

이것이 기적이고, 이것이 관계 회복이 아니면 무엇이겠는가?

두 번째 제안은 보다 실천적이다. 하나님과 얽힌 관계를 풀고 이제 어떻게 타인에게 접근할 것인가를 고민하는 독자들에게, 타인에게 책임을 추궁하기보다 자신의 무한 책임을 강조했던 철학자 임마누엘 레비나스를 소개하고자 한다. 레비나스의 타자 철학에서 필자가 주목하는 부분은 두 가지이다.

첫째, 타자란 누구이고 어떤 존재인가 하는 것과 나와 타자의 관계는 무엇인가 하는 점이다. 우선, 레비나스에게 타자는 무한(infidelity)으로 연결되는 존재이고, 그 무한히 열려 있음으로 인해 내가 그를 완전히 알 수는 없기에 통제 또한 불가능하다는 절망감을 안겨 주기도 하는 존재이다.

레비나스는 합쳐지는 것, 동일화되는 것을 획일화되는 것(totality)이라고 생각하여 아주 경계했는데, 그 이유는 동일화의 핵심에 있는 '나'가 타인을 내가 편한 쪽으로 끌어들이면서 그의 정체성을 뭉그러뜨리기 때문이다. 같은 이유로, 레비나스는 "이해"라는 사유방식도 좋아하지 않았다. 어떤 대상을 이해하려는 목적은 항상 제1자인 내가 주체가 되어 제2자인 타인을 대상으로 설정하는 것이기에, 타인을 나의 세계 안으로 끌어들여 파악하려는 것이기 때문이다. 그는 이것이 서구 근대 철학이 저질러 온 횡포 중 하나라고 간주하였던 것이다.

레비나스는 이와 정반대의 방향으로 움직이자고 말한다. 그가 호소하는 것은 주체자인 내가 본능적으로 지키고 있는 안전망을 넘어서서 타인에게로 나 자신을 옮기는 것이다. 그리고 다른 어떤 배경이나 손익관계에 입각해 타인을 일반화시키지 말고, 그 타인의 목소리를 직접 듣고 그의 호소를 이 세상에 유일한 절박한 명령으로 간주해 행동하라고 한다.

그 목소리가 내가 지금까지 쌓아온 나의 기준들에 들어오지 않아서 결코 길들여질 수 없다 하더라도, 나는 그 목소리가 내는 "날 것"에 주목하여 응답할 책임이 있다는 것이다.[50] 이것은 형제 자매를 차별 없이 대하라는 신약성경의 야고보 사도의 가르침과도 일맥 상통한다.

둘째, 그렇다면 무한 대로 열려 있는 파악하기 힘든 이 타자와 나는 어떤 관계인가?

그는 나를 억누르는 압제자인가?

이 타자는 나보다 힘이 강하기는커녕, 나에게 자신을 죽이지 말아 달라고 호소하는 얼굴이다.[51] 이렇게 약한 존재이지만, 무엇으로도 구워 삶을

---

50 Emmanuel Levinas, *Totality and Infinity* (trans. Alphonso Lingis; Dordrecht: Kluwer Academic Publishers, 1991); idem, *Otherwise than Being or Beyond Essence* (trans. Alphonso Lingis; Dordrecht: Kluwer Academic press, 1974).
51 김도형, 『레비나스와 정치적인 것: 타자 윤리의 정치철학적 함의』 (서울: 철학의 정원, 2018), 24, 26-27. 쟈크 데리다, 『아듀 레비나스』, 문성원 역 (서울: 문학과지성사, 2016), 85.

수 없는, 다루기 힘든 존재이다. 마치 욥의 이웃들에게 고난의 나락으로 떨어진 욥과 같은 상태이다. 나와 타자의 관계는, 놀랍게도 내가 항상 타자에게 빚진 상태라는 것이 레비나스의 주장이다. 레비나스는 살려 달라고 호소하는 제2자인 타인의 얼굴을 거부할 권리가 처음부터 제1자인 나에게 주어지지 않았다고 강조한다.

나의 현재는 그 타인의 희생 위에 서 있기 때문이다. 레비나스에 따르면, 나의 존재와 행복과 특권이 타인의 권리와 행복을 차지하여 생긴 자리에서 태어난 것이기에 나는 이 세상에 존재할 때부터 이미 빚진 자이다. 뿐만 아니라, 타인이 나타날 때까지만 잠시 그 자리에 있는 것이기 때문에, 그가 내 눈앞에 나타나는 순간, 그 자리에서 즉시 일어나 그에게 자리를 내주어야 한다고 역설한다.

자크 데리다는 레비나스 사후에 쓴 글에서, 레비나스의 환대란, 주인이 객을 받아들이는 것이 아니라, 진짜 주인인 '타인'이 문을 두드릴 때 빚진 자라는 인식으로, 그 돌아온 주인에게 문을 여는 그런 환대라고 해석한다.[52]

이러한 레비나스의 주장은 자신의 권리를 당연한 것이라고 생각해 오던 현대인의 입장에서는 그의 권면을 긍정적으로 검토하는 것 자체가 자신을 포기하라는 도전으로 생각될 것이다. 그러나 이런 문맥을 한번 생각해 보면 이해가 쉬울 수 있다.

이민자들의 "꿈의 나라"라고 알려진 미국은 그 뒤안길에 어떤 역사를 지니고 있는지 생각해 보자. 아메리칸 인디언들의 피와 아프리카 출신 노예들의 땀과 아시안 전쟁 이주민들의 눈물로 세워진 나라가 오늘의 미국이라면, 미국 땅에서 편리한 삶을 영위하는 모든 이주민은 그 터전을 일구어 온 이전의 '주인들'에게 기본적으로 빚진 자들이라는 것이다. 이 태도를 가진다면, 현재 미국이 당면하고 있는 많은 사회적 이슈를 해결하는 방향과 공

---

52 Ibid., 85.

감의 깊이가 많이 달라질 것이다.

레비나스의 이러한 자아상이 얼핏 보면 어려워 보이지만, 빌립보서 저자가 그리스도의 성육신을 "자신을 비워 종의 형체"(빌 2:6)가 된 사건으로 이해하는 것과 사실상 통하는 개념이다. 내가 나의 경계선을 넘어서는 순간, 나는 이미 나이기를 포기하면서 내 자리에서 일어난다. 이것이 선 긋기에서 전환하여 선지우기를 하는 작업이다. 내 지평선을 넘어서 나를 내주는 작업이다.

이제 코로나19의 대유행이 풍토화되고 뉴노멀이나 넥스트 노멀을 이야기하는 시기가 되어 가는 이 시점에서, 경계선만 둥그러니 남은 추한 사회를 지양하기 위해서는, 이제 서둘러 그어 놓은 선들을 지워야 할 때다.

수전 손택(Susan Sontag)은 그의 저서 『타인의 고통』에서 다른 이들의 고통을 보고 지레 두려워 피하려는 마음을 극복하기 위해서는 그러한 본능적 두려움을 극복할 수 있는 상상력을 기르는 것이 중요한 출발점이 될 수 있다고 말한다. 그 상상력은, 눈에 보이는 참담한 이미지로부터 약간 거리를 두면서 그 이미지에 담기지 않은 보다 더 근본적인 문제 안으로 들어가는 작업이다.[53]

이러한 훈련이 우리로 하여금 배경이나 주장의 요약 등이 아닌 '얼굴'로 타인을 만나게 해 주는 중요한 기회를 제공한다. 그 얼굴을 만나는 순간, 나는 손익 계산을 하기 이전에 나를 경계 짓고 있던 선을 넘어 그에게 다가가게 될 수 있기 때문이다.[54]

나를 무너뜨리고 내가 어떻게 사는가 하는 회의적 질문 앞에서 레비나스는 그렇게 타인을 환대하는 것이 사실은 자아를 확장하는 길이라는 아이러니를 받아들이라고 권면한다.[55]

---

53 수전 손택, 『타인의 고통』, 이재원 역 (이후, 2007), 154.
54 이종원, 『희생양과 호모 사케르』 (계명대학교출판부, 2019), 210-14.
55 Ibid., 322.

교육이란 교육자와 피교육자 사이에 진행되는 의미 있는 의사소통에서 출발한다. 그 대화가 의미 있으려면, 교육자 스스로 자기를 돌아보는 자기반성 작업에 게을러서는 안 된다. 신학교육 역시 예외가 아니다.

어떤 아젠다를 가지고 접근하기 이전에, 주어진 성경 본문에서 우선적으로 알게 되는 것과 모르는 채로 남아 있는 것, 우리의 논리와 상식으로 이해되지 않고 여전히 그림자 속에 남아 있는 영역 등을 최대한 정확히 정리해야 한다. 그리고 본문이 독자의 상상을 허용하는 범위들을 피교육자와 함께 정해 나갈 필요가 있다. 왜냐하면, 이러한 요소들은 절대적으로 정해진 것이 아니라 연구 역사와 독자들의 역사, 사회적 문맥에 따라 변할 수 있는 것이기 때문이다.

교육자들이라면, 폭력의 원인을 제공한 자들과 폭력을 당한 자가 대응과정에서 만들어 내는 폭력과 그로 인한 제3의, 제4의 피해자의 문제를 구별할 수 있어야 한다. 무엇보다 자신에게 솔직하고, 강요하며 윽박지르는 자의 위치에 서는 대신, 토론의 문화를 만들 여유와 용기가 우리들에게 필요하다.

욥기 저자의 의도를 무시한 채, 무조건 하나님을 변호한다는 "열심"으로 밀어붙일 것이 아니라, 성경 전체에서 욥기가 가지는 의의를 지적하면서 기꺼이 욥을 환대하며 욥의 자리 밑으로 내려오신 예수 그리스도를 보여 주는 그런 신학과 신앙의 풍토를 만드는 것이 무척 중요하다. 아무 해를 끼치지 않았을 뿐 아니라, 선한 영향력을 끼칠 수 있는 동력이 된 욥의 올곧은 인격은 천상회의에서도, 인간사회에서도, 그리고 신과의 단독 면담에서도 문젯거리가 되었다.

욥의 타협하지 않으려는 올곧은 성품이야말로 욥기에서 가장 많이 공격당하는 주요 이슈이자 욥기 전체를 이끌어 가는 모티브이다. 이것을 놓치게 되면, 피교육자들에게 이 올곧음을 타협하라고 부지불식간에 강요하게 될 수도 있다. 욥은, 또는 욥과 같은 상황에 처하게 되는 우리는, 상한 얼굴의 예수님을 이 하나님에게서 떠올리며 그가 내미는 손을 잡는 수밖에 없다.

필자는 독자들에게 신앙을 회복하는 신학을 세우기를 간곡히 부탁한다. 그냥 장식적인 마무리가 아니라, 교육자가 이것을 소화할 수 있는 한에서, 이 하나님의 딜레마와 고뇌, 무대 뒤로 사라져 버린 이 보이지 않는 시간들을 예수님의 십자가로 잇는 것이 최선이 아닌가 싶다.

낙인 찍기는 결국 환자들을 그들의 질병을 숨기는 방향으로 몰고 가기 때문에 치료를 더욱 어렵게 하고, 종국에는 낙인 찍은 자들에게 같은 질병이 전염되게 하는 순환적 아이러니를 만들기 쉽다. 이런 이유로 타인을 낙인 찍지 말자고 권하는 것은 천박한 수준의 권면이지만, 이러한 사실을 진지하게 생각해 보는 것만으로도 남의 일과 내 일이 왜 따로 있는 것이 아닌지를 알려 주기에 유용하다 하겠다.

오늘도 또 알게 모르게 낙인 찍히지 않으려 낙인을 찍는 우리들을 본다. 그러나 그 순간, 가슴이 먹먹하게도, 우리에게 한 명의 "타인"이 찾아온다. 그는 나와 닮은 듯 하나 또 많이 다른 얼굴을 하고 있다. 나도 욥만큼 억울한 일들을 많이 당했노라고, 잔뜩 화가 나서 아무 소리도 듣지 않으려는, 들을 수 없는 우리들을 순하게 만드는, 으름장을 놓지 않으면서도 호소력 있는, 낯설고도 낯익은 그 얼굴. 베드로를 물끄러미 바라보았던 그 얼굴을 독자들과 함께 만나기를 바란다.

코로나19가 끝나 간다고 한다. 그러나 그 "19"가 지나간 후에도, 전염병들은 ***29, ***39, 그리고 ***49, 그 이름도 다양하게 우리 인류를 또 찾아오고 또 찾아올 것이다. 그때에는, 이제 코로나19때와는 다르게, 보다 성숙한, 아니 근본적으로 바뀐 나-너의 관계가 모든 두려움을 넉넉히 이기는 풍성한 사회를 꿈꾸어 본다.[56]

---

56 실제로, 이 글을 쓸 무렵, 치사율이 높은 "원숭이 두창 바이러스"가 새로운 전염병으로 발전되었다는 기사들이 하나둘 등장함에 따라, 공동체 차원에서의 성숙한 대응이 보다 필요하게 되었다.

제2부

제3장 본질 회복을 향한 교회의 시대적 변화 - 박사무엘

제4장 포스트 코로나 시대 효과적인 디지털 설교에 대한 전망과 제안 - 정재웅

제5장 제자 재생산 - 박인화

제6장 목회자에게 미래는 있는가? - 방승호

제3장

본질 회복을 향한 교회의 시대적 변화

✤ 박 사 무 엘 박사
센트럴신학대학원 실천신학과 현장목회교육 부교수

　예수 그리스도의 십자가, 부활과 승천, 그리고 성령의 강림으로 시작된 신약 교회는 그 시작부터 모이기를 힘썼다. 예배하기 위해, 성찬하기 위해, 교제하기 위해 함께 모였고, 그 모임은 교회라 불렸다. 이런 교회의 모임은 성경적 전통이 되어 2천 년의 세월을 이어 왔다. 그러나 코로나19의 대유행은 이런 2천 년 역사의 교회 신앙 전통을 급격히 변화시켰다. 함께 안전하게 모일 수 없고, 모임이 바이러스 전파의 주요 매개가 될 수 있기에 교회의 모임은 예전의 오랜 전통을 이어 갈 수 없게 되었다.

　이런 변화의 상황에서 세계 교회는 다양한 방식으로 기독교회의 핵심과 전통을 이어 갈 방법을 찾아왔다. 단기적인 기간 안에 코로나 위기가 종식되고 본래의 모임으로 돌아갈 것을 기대하면서 말이다.

　문제는 이 변화가 일시적인 현상으로 단기간에 끝나지 않고 있다는 것이다. 코로나19가 보고된 때로부터 여러 해가 지났지만 아직도 인류는 온전히 안전한 일상으로 돌아가지 못하고 있고, 언제 또 다른 팬데믹이 다가올지 걱정하고 있다. 교회는 전통적으로 함께 모여 드리던 대면예배를 재개했음에도 예전과 같은 회복을 이루고 있지 못하다.

　포스트 코로나를 대비하고 있음에도 언제 그 시간이 올 수 있을지, 그리고 온다면 예전의 모습으로 돌아갈 수 있을지 알 수 없는 "불확실성의 시대"를 우리는 살아가고 있다.

사실 과학 기술의 진보로 인한 급속한 변화의 시대에 교회의 변화는 필연적으로 예견되어 왔다. 그리고 그 예견된 변화는 코로나19로 인해 한순간에 전격적으로 현실이 되어 버렸다. 어떤 일이 있어도 주일 예배는 예배당에 나와 주일성수하고 성도의 교제를 나누어야 한다는 "당연한 신앙 논리"가 여지없이 깨져버렸다.

컴퓨터나 스마트TV, 심지어는 스마트폰으로 설교를 듣고 예배에 참석하는 사람들에 대해 어쩔 수 없는 특수한 상황에서만 허용될 수 있는 것이라고 생각했고, 이는 정상적인 신앙생활은 아니라고 생각했던 개념이 급작스럽게 허물어지고 말았다. 신앙의 보조적 뒷받침과 복음전도용으로 제작되었던 설교영상과 예배영상이 교회 신앙생활의 필수적인 모습으로 자리 잡은 사건이 코로나19 대유행으로 일어났다.

문제는 이 현상이 끝나고 포스트 코로나 시대가 된다고 해도 예전과 같이 교회에 모여 예배 드리는 것이 당연한 일상으로 되돌아갈 것 같지 않다는 것이다. 이런 상황을 교회는 어떻게 이해하며 해석할 것인가는 중요한 논제이다.

기독교 진리를 훼손하는 세상적 문화이기에 배격해야 할 것인가, 아니면 기독교 진리가 충분히 포괄하고 활용할 수 있는 또 다른 미래 교회의 모습이기에 받아들여야 할 것인가?

저자는 코로나19가 아직 진행 중인 현재와 언젠가 새롭게 진행될 미래의 상황을 염두에 두고, 현재 교회가 어떻게 넥스트 코로나와 넥스트 노멀(next normal)의 미래를 준비해야 할지를 살펴보고자 한다.

먼저, 간단히 이 주제를 다루는 저자의 위치와 관점을 간략히 소개함으로써 독자들의 이해를 돕고자 한다. 본인은 목회자로 안수를 받은 지 20여 년이 지났고, 한국과 미국에서 사역을 해 왔다. 현재는 미국 신학교의 풀타임 교수로서 실천신학을 가르치며 사역현장에 적합한 신학교육을 담당하고 있다. 일선의 목회자가 아니라 신학교 교수라는 점은 교회의 실상과 현실 목회를 다루는 데 있어 한계가 될 수 있지만, 동시에 객관적으로 상황을 바라보며 대안을 제시할 수 있는 장점을 갖고 있다.

본인은 이 주제를 접근함에 있어 관련된 다양한 자료를 활용할 것이다. 성경과 교회사적인 자료와 문서뿐만 아니라(코로나19 사태가 최신의 시사적인 사안이기에) 좋은 정보들을 전달하고 있는 인터넷상의 학술적 가치가 있는 자료, 교회 현장의 목소리, 그리고 섬기고 있는 신학교의 동료 교수들과 학문적 모임을 통해 나눈 내용, 더 나아가 일선 목회자들과 직접 인터뷰한 내용을 토대로 교회를 바라보는 관점을 재정립하려고 한다.

먼저 코로나19가 변화시킨 미국 사회의 풍경과 이민교회의 변화를 살펴볼 것이다. 이런 변화 속에서 드러나는 다양한 교회와 예배의 형태를 보면서 교회란 무엇인지에 대한 관점을 정립하는 것이 시급하다. 이런 노력의 일환으로 교회의 네 가지 특성을 성경적, 교회사적, 신학적 관점에서 살펴보고, 현재에 겪고 있는 교회의 모습에 대한 실천신학적, 목회적 대안을 찾기 위한 기초적 논의를 할 것이다.

더 나아가 우리가 변화의 시대 속에서 어떤 신학적 토대를 가지고 목회를 할 것인지 신학적 성찰을 할 것이다. 특히, 코로나19 대유행과 그 후 변화하는 환경에서 어떻게 현실 목회를 할 것인지 실제적인 사례들을 중심으로 제안할 것이다.

마지막으로 코로나19 대유행 이후의 시대를 어떻게 바라보며 현재 교회가 어떤 대비를 해야 할지 전망하는 것으로 글을 마무리할 것이다.

시대는 변하여도 진리는 항상 유효하며, 시대와 문화에 따라 교회의 형태가 다양한 모습으로 나타날지라도 교회의 본질적인 특성은 일관되게 유지되어야 할 것이다. 일관된 교회의 본질을 어떻게 변하는 시대 속에 새롭게 재해석할 것인가는 교회가 역사 속에서 계속 씨름해 왔던 질문이고, 이번 코로나 시대를 지나는 우리들 앞에 던져진 화두이다.

1. 코로나19가 가져온 세상과 교회의 변화

코로나19가 변화시킨 세상과 교회의 모습은 이루 헤아릴 수 없지만, 본 글의 목적과 지면의 제한으로 핵심적인 변화 두 가지를 언급하고 이것이 교회에 미치는 영향을 살펴보고자 한다.

1) 거리 두기와 교회 모임의 변화

코로나바이러스 감염에 대한 위험을 줄이는 가장 현실적인 방법의 하나로 사회적 거리 두기가 초기부터 강조되어 왔다. 이로 인해 여러 사람이 밀폐된 좁은 공간에 모이는 모든 행위가 제한되었고, 근거리의 접촉은 6피트라는 물리적인 거리 두기로 한계를 정해 두었다.

초기의 급속한 확산과 그로 인한 사망자의 속출은 도시 봉쇄와 사업장 폐쇄와 같은 극단적인 조치까지 시행되도록 만들었다. 급기야 일반 직장인조차도 회사에 출근하지 않고 재택근무를 하는 상황까지 이른 풍경은 예전에 감히 생각하지 못한 현상이다.

이런 사회적 분위기는 교회 모임에도 그대로 영향을 미쳤다. 어떤 교회들은 교단이 자발적으로 정부의 조치 이전에 교회당의 사용을 제한하였고, 현장예배를 중단하고 온라인예배를 시행했다.

소수의 제한된 인원들이 마스크를 쓰고 철저한 방역수칙 속에서 충분한 거리를 두고 현장예배를 드리는 상황은 사랑의 입맞춤으로 포옹을 하며 성도의 교제를 나누던 초대 교회의 모습은 물론, 반갑게 악수하며 정답게 대화하던 얼마 전 교회의 모습까지도 180도 바꾸어 놓았다. 그리스도의 몸으로 함께 모여 교회의 정체성을 확인하고 유지하던 기독교의 전통이 하루아침에 송두리째 사라져 버린 것이다.

이런 변화는 교회에 중요한 질문을 제기했다.

과연 진정한 교회란 무엇인가?

기존에 교회라고 인식했던 내용들 중 이번 코로나 사태를 겪으면서 드러난 교회를 규정하는 핵심원리는 무엇인가?

예를 들면, 성도들이 육신적으로 함께 만나 대면모임을 갖는 것이 교회의 필수적 요소인가?

그리스도의 몸이 된 교회가 공동체적으로 만나지 않고 집에 앉아 온라인으로 참여하는 것을 예배라고 할 수 있을까?

많은 신학적, 목회적 의문들이 꼬리를 무는 상황이 이어졌다. 교회와 기독교 예배를 정의하는 신학적 원리들을 무엇이라고 규정해야 하는지 코로나 시대는 우리에게 묻고 있다.

이에 대한 답을 찾기 위해 저자는 두 번째 논점에서 니케아-콘스탄티노플 공의회에서 공인한 교회의 네 가지 특성, 즉 하나의 거룩하고 보편적이며 사도적인 교회(one, holy, catholic, and apostolic Church)에 대해 살펴볼 것이다. 이 네 가지 교회의 표지가 현시대에 어떤 의미를 가지고 있는지 살펴보고, 이를 근거로 해서 현재의 코로나19가 가져온 교회의 모습을 해석하고 평가하여 미래 교회에 대한 방향성을 가늠해 보는 것이 이 글의 목적 중 하나다.

2) 온라인 화상 소통과 예배의 변화

코로나바이러스의 대유행으로 우리가 예상치 못한 현실이 갑자기 다가왔다기보다 이미 많은 학자가 일어날 것이라고 예상했던 미래가 우리에게 한층 더 빨리 다가왔다. 그 중에서도 가장 보편적이고 일상적으로 확실히 자리 잡게 된 변화는 가상현실(Virtual Reality)이나 증강현실(Augmented Reality)로 불려 왔던 가상의 이미지와의 상호작용이 아니었다. 이보다 줌(Zoom)으로 대표되는 온라인 플랫폼 상에서 실제의 이미지를 통한 화상현실(Screen Reality) 또는 실상현실(Actual Reality)이 우리 삶에 더 가까이 다가왔다. 직장에서는 모든 모임을 화상을 통해 진행하고, 심지어 학교에서도 수업을 영상을 통해 진행하게 되었다.

사실 영상은 코로나 이전에도 이미 텔레비전으로, 영화로, 유튜브로 익숙해 있던 현대인의 삶의 일부였다. 코로나가 바꾼 것은 이 영상현실이 일방적인 수용의 입장에서 쌍방소통이 되는 참여적인 화상현실로 달라졌다는 것이다. 이제 직장업무와 교실 수업이 영상 플랫폼을 통해 상호소통할 수 있는 방식으로 진화하게 되었다.

이런 의미에서 교회 안에 일어난 온라인예배 방식은 어쩌면 코로나19 대유행이 가져온 변화의 절반만을 수용하고 있는 것인지도 모른다(이에 대한 논의는 이 책 제4장을 참조하라). 많은 교회는 아직도 한 발짝 뒤에 떨어져 일방적인 예배상황을 송출하는 정도의 변화만을 추구하고 있는 것이다.

10여 년 전만 해도 일부 대형 교회들을 제외하고는 교회가 양질의 방송기술을 가지고 온라인예배를 기획 방영하기는 어려운 상황이었다. 그러나 줌, 페이스북, 유튜브 등 현대 온라인 기술과 많은 앱에 기반한 테크놀로지 덕분에 소규모 교회조차도 컴퓨터 기술에 익숙한 교인 몇 명의 헌신으로 온라인으로 예배를 지속할 수 있는 상황이 되었다.

그러나 많은 경우 교회들과 목회자들은 일주일 동안 주일 온라인예배 하나를 준비하는 것에 집중하면서 기존의 많은 사역을 축소하게 되었다. 결국 이 현상은 온라인 인터넷 기술을 스스로 사용할 수 없는 사람들의 예배와 돌봄의 소외 현상을 초래하고 있다.

단지 매주 예배가 진행되는 것에 집중하면서 기존에 있던 기도회, 성경공부, 교제, 봉사 등 다른 활동들은 대폭 축소, 생략되었다. 이런 현상은 교회로서는 큰 손실이 아닐 수 없다. 저자가 살고 있는 북미의 이민교회는 특히 이민생활의 고충과 서러움을 달래고 위로를 주고받는 사회적 공간으로서 기능을 제공하는데 이 역할을 잃어버리게 된 셈이다. 또한, 성도 간의 교제로서의 교회의 기능도 코로나 기간에 많이 사라져 버린 셈이다.

문제는 그뿐 아니다. 주일 온라인예배가 영상으로 일방적으로 전달되고 있어 주중에 한정된 공간에서 제한된 활동을 하던 교인들에게 집중하기 어렵고 채워지지 않는 갈증을 유발하기도 한다. 한편으로 온라인예배에 대한 부적응, 다른 한편으로 온라인예배의 편안함에서 오는 부작용은 현장예배가 재개된 후 교회 출석에 대한 귀찮음으로 드러나거나 교회와 거리 두는 현상을 가져오고 있다.

그뿐만 아니라 온라인예배에 대한 신학적 문제와 교회 내부 문제 해결에 교회가 관심을 쏟는 동안, 기존에 행하던 선교와 교회 주변 소외계층을 돌보던 사역조차 코로나바이러스로 인해 축소하거나 소홀히 하는 상황이 벌어지고 있다. 결국 코로나19 상황에서, 그리고 포스트 코로나 상황에서 어떻게 교인들을 예전의 신앙생활로, 그리고 이전보다 더 발전된 신앙생활로 이끌 것인가는 목회자들의 또 다른 고민일 수밖에 없다.

2. 교회의 표지: 교회를 규정하는 핵심적 특성

이제 교회의 본질을 다루어 보자. 코로나19 대유행으로 야기된 온라인예배의 현상은 이런 것도 예배라 할 수 있는가라는 질문을 넘어 진정한 교회란 무엇인가라는 의문을 제기한다.

> 코로나 사태를 겪으면서 과연 기독교는 교회를 규정하는 핵심원리를 무엇으로 볼 것인가?
> 성도들이 육신적으로 함께 만나 공동체로 드리는 것이 교회를 규정하는 필수적인 요소인가?
> 그리스도의 몸이 된 교회가 공동체적으로 만나지 않고 각자의 처소에서 온라인으로 참여하는 것을 교회의 예배라고 할 수 있을까?

1) 가상의 에피소드: 전 세기적 교회 공의회

2019년 말 중국에서 발생한 코로나바이러스 감염증이 삽시간에 세계로 번져 가면서 각국은 봉쇄령을 내렸고, 이에 따라 전 세계 교회가 매주 모여 드리던 예배를 중단해야 하는 초유의 사태가 벌어졌다. 기독교회가 탄생한 후 함께 모여 드리던 예배의 전통이 중단된 지 6개월 만에 이 초유의 사태로 인해 현 기독교를 대표하는 아론(Aaron)이 각 시대를 대표하는 기독지도자들을 소집하여 전 세기적 기독교 공의회를 대한민국의 서울에서 개최하였다.

먼저 개최국 의장으로서 한국 교회를 대표한 반석(Banseok) 목사가 문제를 제기했다. 그는 최근 한국에서 일어나는 정부의 방역지침에 따라 교회가 예배를 드리기 위해 함께 모이지 못한 것에 대해 심각한 우려를 표명했다. 어떤 위험에라도 맞서서 순교를 각오하고서 예배를 강행하는 것이 필요한 것은 아닌지 문제를 제기하면서 각 시대의 대표자들에게 지혜를 구하는 조언을 요청하였다.

먼저 초기 교회를 대표하는 크리스천(Christian)은 교회가 시작된 초기 로마 정부의 박해하에서 작은 공동체로 모여 예배 드리며 신앙을 지키다 순교한 당시의 많은 그리스도인의 희생을 추모하였다. 그 희생 위에 세워진 교회가 전 세계에 퍼져 복음을 전하고 있는 현실에 감사하며, 현재의 코로나19 사태에 교훈이 될 초기 교회 당시에 일어났던 역병 사태에 교회가 대처했던 모습을 소개하였다.

비록 교회가 박해 중에 당한 전염병으로 이중고를 겪게 되었지만, 위험을 무릅쓰고 버려진 환자와 시체를 돌보는 그리스도인의 사랑이 이웃과 사회를 도전하는 힘이었다고 말을 마쳤다.

종교개혁 시대를 대표하는 드 베자(de Beza)는 현 사태가 기독교회를 새롭게 해야 하는 기회의 시간이라고 강조하였다. 종교개혁이 일어나기 전에도 유럽에는 흑사병이 발생하여 많은 사람이 죽음을 당했고, 사회 문화 경제적인 변화와 함께 종교적인 변화의 물결이 일어났고 그 여파로 종교개혁이 가능했음을 강조하였다.

이어서 현대 교회의 대표인 소집자 아론이 현 상황을 소개하며 어려움을 토로하였다. 전통적으로 모든 교회는 함께 모여 예배를 드리고 교제했는데 이제는 코로나로 인해 모일 수 없는 상황에서 온라인으로 예배를 드리게 되었다고 현실을 보고했다. 최근의 통계에 의거하여 앞으로 코로나 이후의 교회는 예배에 출석하는 인원이 줄어들 것이라고 우려를 표명했다.

특히, 온라인예배를 드린다는 것이 과연 성경과 교회전통에서 수용 가능하고 합당한지, 이렇게 예배 드리는 공동체를 교회라고 할 수 있을 것인지 질문을 던졌다.

앞으로 예배가 대면하는 모임이 없고 온라인으로 화상에서 행해진다면, 과연 교회라고 할 수 있을 것인가?

이 질문으로 회의장이 웅성대며 다양한 의견이 분출되었다. 이때 한 쪽 구석에서 그동안 조용히 미소를 지으며 발언자들의 얘기를 듣던 미래 교회에서 온 대표자 에리카(Erika)가 단상 앞으로 나아갔다. 에리카는 생김새부터 범상치 않았고, 발표할 때 기술적으로 진보된 많은 테크놀로지를 활용해 모인 대표들의 눈길을 끌었다.

에리카는 아론과 반석 목사가 제기한 문제에 대해 좀 더 적극적으로 새로운 기술들을 접목하여 예배가 더 풍성하고 사람들이 교회로 모일 수 있는 다양한 방안을 개발할 것을 제안했다.

에리카가 미래 교회에서 보여 주는 교회의 모습은 지금보다 훨씬 자유롭고 시공간의 제약 없이 사람들이 자유롭게 사이버 세계에서 만나 성경공부를 하고, 세례, 성찬, 예배, 교제를 하고 있었다. 발언을 마친 에리카는 갑자기 자기 교회에서 급하게 호출이 왔다며 잠시 다녀오겠다고 지지직 하더니 그 자리에서 사라져 버렸다.

한동안 미래 교회의 모습을 듣던 공의회원들은 깊은 상념에 잠기게 되었다.

현재의 온라인예배보다 더 심각한 교회와 예배의 모습을 어떻게 받아들일 것인가?

이에 공의회는 교회란 무엇인가에 대한 주제를 가지고 심도 깊은 토론을 하게 되었다. 이러한 토론의 결과 공의회는 초기 교회가 처음 공인했던 교회의 표지 네 가지는 모든 시대의 교회에 해당하는 유효한 성경적 신학적 원칙이라고 천명했다.

즉, 모든 교회는 하나의 거룩하고 보편적이며 사도적인 교회여야 하고, 코로나 이후 교회의 모습이 어떻게 변화할지라도 그 원리가 유지되는 교회가 되어야 한다고 결론을 내린 것이다.

2) 교회의 네 가지 속성

자, 그럼 이제부터 교회의 네 가지 표지에 대한 교회사적 견해를 살펴보고, 그 견해가 현재 펼쳐지고 앞으로 더 확대될지 모르는 새로운 교회의 형태에 대해 어떤 시사점을 갖는지 살펴보자. 앞에서 지적한 대로, 니케아-콘스탄티노플 공의회에서부터 교회는 그 특성을 하나의 거룩하고 보편적이며 사도적인 교회(one, holy, catholic, and apostolic church)로 정의해 왔다.

이 신조에 명시한 네 가지 교회의 표지에 대한 당시의 역사적 배경을 살펴보는 것은 그 의미를 이해하는 데 있어 매우 중요하다. 사람들은 초기 교회가 성경적인 원형 교회의 모습을 지닐 것으로 생각하지만, 사실 초기 교회는 모든 것이 처음 시작되는 것이었기에 하나하나 정립해 나가야 했다.

당시 신흥종교였던 기독교는 발원지인 이스라엘의 유대인들에게서 이단으로 취급되었고, 헬라 로마 시대의 많은 이방인들의 오해와 박해, 그리고 로마 정부의 노골적인 핍박으로 많은 순교자들이 나왔다.

또한, 내부적으로 믿는다고 하는 사람들 중에도 복음에 대한 이해가 달라 율법을 지켜야 구원을 받을 수 있다는 유대교적 그리스도인으로부터, 이방 종교의 사상을 혼합한 마니교, 영지주의, 아리우스주의 등 다양한 관점이 기독교 신앙을 혼돈스럽게 했다.

특히, 니케아 공의회가 열린 AD 325년은 기독교 신앙의 가장 근본이 되는 구원자 예수가 어떤 분이신가에 대한 정체성 논쟁이 가열되던 시기였다.

아리우스의 주장, 즉 하나님은 한 분이시기에 예수님은 하나님일 수가 없고, 예수님은 하나님이 창조하신 제1 피조물로서 우리의 구원자라는 견해가 널리 퍼져 있었다. 이에 맞서 예수님은 하나님과 동등한 신성을 가진 하나님이시라는 아타나시우스의 견해가 대립하고 있었다.

콘스탄티노플에서 AD 381년에 열린 공의회에서는 니케아 공의회에서 공인했던 예수의 신성을 재확인할 뿐만 아니라 성부, 성자, 성령의 삼위일체를 천명하는 역사적 사건이 일어난다.

이런 맥락에서 나온 니케아-콘스탄티노플 공의회는 성부 하나님, 성자 예수님에 이어 성령 하나님의 신앙을 고백하면서 교회의 단일성, 거룩성, 보편성, 사도성을 주창했다.[1]

(1) 하나의 교회

오순절 성령 강림으로 시작된 신약 교회가 박해 속에서 사방으로 퍼져 복음을 전해 온 300여 년 동안 많은 지역에 다양한 형태의 교회가 세워졌다. 현대 교회가 여러 교파와 형태로 다양하게 존재하는 것처럼, 당시 교회도 지역, 문화, 종교적 영향과 복음에 대한 이해에 따라 다양한 교회의 모습이 존재해 왔다. 비록 교회가 AD 313년 로마 황제의 기독교 합법화 선언으로 자유를 얻게 되었으나 교회의 다양성과 이단의 난립은 교회의 일체성을 깨뜨리기 쉬운 환경이었다.

이에 두 번의 공의회는 교회의 표지로서 제일 먼저 교회의 통일성, 하나 됨을 강조하였다. 비록 교회가 각지에 흩어져 있고 다양한 지역과 문화적

---

1   초기 기독교회가 정통 신앙을 고백하며 신조와 신학을 정립해 가던 과정과 니케아-콘스탄티노플 신경에 대한 자세한 역사적 배경은 후스토 곤잘레스, 『기독교사상사 I-고대편』, 이형기, 차종순 역 (한국장로교출판사, 1988)을 참조하라.

형태를 지닐지라도 예수 그리스도의 교회는 하나라는 것이다.

  하나의 교회로서의 통일성은 성부 하나님과 동등하신 신성을 가진 예수 그리스도가 머리로서 몸 된 교회를 하나로 연결한다는 바울의 비유를 통해 드러난다(고전12:12-27; 엡4:4-6; 롬12:5). 많은 지체가 있지만 서로 연합하여 한 몸을 이루는 것처럼, 머리 되신 그리스도에 속한 교회도 서로 연합하여 하나 될 것을 바울은 강조한다.

  즉, 교회는 성자 되신 예수 그리스도를 중심으로 그 분의 신성과 삼위일체 하나님에 대한 고백 위에 세워진 하나의 몸과 같은 공동체임을 니케아-콘스탄티노플 공의회는 강조하고 있는 것이다. 이를 다른 말로 하면, 교회는 지역이나 문화적 차이로 인한 다양성에도 불구하고 교리적인 왜곡을 주장하지 않는 한 그리스도 안에서 하나의 교회로서 존재한다는 선언이다.

  당시 교회는 지역, 문화, 정치 환경 등의 영향으로 다양한 모습으로 존재해 왔다. 초기에 가정에서 모였던 신약 공동체, 카타콤과 같은 장소에서 은밀하게 모였던 비밀 공동체, 국교 공인 후 성당에서 모였던 미사 공동체, 수도원이나 심지어는 사막에서 신앙을 지키던 일단의 영성 공동체 등 다양했다. 그럼에도 불구하고 교회 공의회는 교회가 하나임을 천명했다.

  우리 시대에 LifeChurch.tv나 TRC Online Church와 같은 온라인상의 교회가 젊은 세대의 눈길을 끌고 있다. 지금의 아바타 교회나 메타버스에서 모이는 교회를 넘어서는 다양한 형태의 교회가 미래에 나올 가능성이 증가하고 있다. 교회가 다양한 형태에도 불구하고 기독교 핵심 교리를 동일하게 고백한다면, 그리스도의 한 몸이 된 교회로 인정한 니케아-콘스탄티노플 신조의 고백은 현재와 미래 교회에 시사하는 것이 많다.

  (2) 거룩한 교회

  초대 교회에 성령의 강한 역사가 일어났음에도 불구하고, 아나니아와 삽비라와 같은 거짓과 죄악이 교회 안에 있었고, 히브리파와 헬라파 과부의 갈등이 존재해 왔다. 신약성경은 고린도 교회를 비롯한 여러 신약 교회들이 우상숭배, 음행, 분열 등으로 죄로 얼룩진 모습을 기록하고 있다. 뿐만 아니라 기독교의 국교 공인으로 인해 예전에 믿지 않던 이방인들이 대거 교회로 들어오게 되었다. 이에 교회가 세속화될 것을 우려한 경건한 성도들 중에는 사막으로 나아가 거룩과 순결을 지키기 위해 하나님과의 고독한 신앙을 유지하려 하였다. 이처럼 초기 교회 역사에 드러난 모순에도 불구하고 니케아-콘스탄티노플 신조는 교회의 거룩성을 천명하였다.

교회는 주권자 되신 예수 그리스도를 머리로 하여 하나님의 것으로 구별된다. 즉, 하나님께 속한 것으로서 세상과 분리되어 하나님께 드려진 거룩성을 지니는 것이다. 이 거룩성은 그리스도의 피로 깨끗케 되고 그리스도의 신부로 구별된 신자들의 공동체이기에 가능하다.

> 이는 곧 물로 씻어 말씀으로 깨끗하게 하사 거룩하게 하시고 자기 앞에 영광스러운 교회로 세우사 티나 주름 잡힌 것이나 이런 것들이 없이 거룩하고 흠이 없게 하려 하심이라 (엡 5:26-27).

즉, 교회의 거룩성은 교회에 의해 성취되는 것이 아니라 주 되신 그리스도에 의해 부여된 것이다. 그렇기에 바울은 고린도 교회와 같이 부패하고 문제가 많았던 교회 신자들을 향해서도 성도라 부를 수 있었던 것이다.

현재의 교회와 미래 교회도 동일한 기준에서 눈에 보이는 모임의 형태가 어떻든지 깨끗케 하시는 그리스도의 피에 의해 구별된 공동체인가는 매우 중요한 교회의 속성이다. 이 땅에 도덕적으로 타락한 교인과 교회들이 존재함에도 불구하고 용서받은 죄인들의 공동체로서 교회는 그리스도 안에서 거룩하다.

(3) 보편적 교회

교회의 보편성을 기독교 신앙이 모든 사람들의 것이라 여기거나 지역적으로 흩어진 교회들의 연합으로 이해하려는 경향이 있다. 그러나 보편적이라 번역된 이 단어(catholic)는 원래 부족함이 없는 전체나 온전함을 의미한다. 즉, 교회가 보편적이라는 것은 오히려 교회가 지상에서 그리스도의 몸의 온전함, 충만함을 드러낸다는 것이다. 예루살렘 교회가 처음 시작되었을 때 그 교회는 온전함을 의미하는 "보편적" 교회였고, 마찬가지로 안디옥, 에베소, 고린도, 로마 등의 교회도 "보편적" 교회로 간주되었다.

왜냐하면, 그 교회들은 하나님이 그리스도와 성령을 통해 각 교회에 온전히 계시되고 현존하심에 있어 그 본질에 부족함이 없기 때문이다. 그러므로, "가톨릭"이라는 형용사는 현재 로마가톨릭교회(Roman Catholic Church)와 달리 복음의 온전함에서 어떤 요소가 부족한 이단으로부터 참된 교회를 구별하는 의미로도 사용되었다.

또한, 이 보편성은 서로 다른 시대, 다른 지역, 다른 환경 속에 있는 성도들이 같은 신앙 안에서 일치를 이루고 있음을 확인하는 표지이기도 하다. 교회의 보편성은 그리스도가 교회에 현존하고 진리를 지니고 있기에 가능하다. 예수님이 "두 세 사람이 내 이름으로 모인 곳에는 나도 그들 중에 있느니라"(마18:20)고 말씀하신 대로, 교회는 그리스도를 하나님의 아들이요 구원자로 고백하는 곳은 어디든지 그리스도의 현존과 함께 온전하게 존재한다.

이단의 위험성을 경고하던 안티오크의 주교였던 이그나티우스(AD 35-110)가 그의 서신에서 "그리스도 예수님께서 계시는 곳에 가톨릭 교회가 있다"(wherever Jesus Christ is, there is the Catholic Church)[2]고 주장한 것은 이러한 문맥에서 가능한 것이다. 이러한 교회의 보편성은 코로나 상황에서 온라인으로 모여 신앙을 고백하며 예배를 드리는 현재의 상황에 시사점이 크다 하겠다.

2　Alexander Roberts and James Donaldson(eds.) *The Ante-Nicene fathers. Translations of the writings of the fathers down to A.D. 325* (Edinburgh, T and T. Clark, 1867-72) "CHURCH FATHERS: Epistle to the Smyrnaeans(St. Ignatius) https://www.newadvent.org/fathers/0109.htm에서 재인용.

(4) 사도적 교회

교회의 사도성에 대한 해석과 적용이 역사상 다양하게 이어져 왔고, 이런 상이한 시각은 아직도 해결되지 않고 있다. 교황을 중심으로 한 가톨릭 교회는 사도성을 제1대 교황으로 생각하는 베드로로부터 안수에 의해 이어져 오는 가톨릭 주교들의 정통성을 주장하는 것으로 강조해 왔다. 같은 해석의 선상에서 동방정교회도 자신들의 성직제도와 교회 회의체에 사도성의 계승을 주장한다.

이런 주장은 예수님이 가이사랴 빌립보에서 베드로의 신앙고백을 들으신 후 (반석이라는 뜻의) 베드로에게 반석 위에 주의 교회를 세우리니 음부의 권세가 이기지 못할 것이고 천국 열쇠가 주어질 것이라는 말씀(마 16:18-19)에 대한 해석에서 비롯되었다.

바울은 에베소서 2:20-33에서 교회가 예수 그리스도를 모퉁잇돌로 하여 사도들과 선지자들의 터 위에 세워졌다고 가르쳤다. 사도성에 대한 가톨릭 교회나 동방정교회의 관점과 달리, 종교개혁자들은 교회의 사도성을 인간 사도들의 권위에 두지 않고, 그들이 전한 복음의 말씀에 두었다. 특히, 종교개혁자들은 참된 교회의 표지로 말씀의 신실한 선포, 성례의 집행, 그리고 권징의 시행을 강조하였다. 이러한 세 가지 지표들은 교회의 사도성을 유지하는 중요한 통로였다.

그러나 교회의 사도성은 더 근본적으로 예수님께서 사도들을 세상으로 파송하신 말씀에서 출발한다. 부활하신 예수님께서 "… 아버지께서 나를 보내신 것같이 나도 너희를 보내노라 … 성령을 받으라"(요 20:21-23) 말씀하시며 제자들을 파송하신다. 세상을 하나님과 화목케 하는 사명을 위해 주님께서 사도들을 파송하신 그 보내심이 바로 교회의 근본적인 사도성이다. 예수님이 열두 사도에게 성령을 부으시며 세상으로 파송하였듯이, 지상의 교회는 하나님의 나라를 선포하며 그의 말씀과 사역을 이루기 위해 세상에 파송받은 공동체다.

그러므로, 코로나19로 흩어진 교회가 모이지 못한다고 한탄하기보다 오히려 흩어진 곳에서 믿음을 지키며 파송받은 자로서의 사도적 삶을 살고 예배를 드린다면 그것이 좀 더 본질적인 교회의 모습이 아닐까?

지금까지 살펴보았던 네 가지 교회의 특성이 현재의 코로나19가 가져온 교회의 모습에 어떤 시사점이 있는지 이 글의 마지막에서 나누고자 한다. 전염병에 대한 두려움과 사회적 거리 두기로 인해 대면모임 대신 온라인으로 예배 드리는 코로나 시대의 교회와 예배 상황은 어떤 면에서 교회의 네 가지 속성이 어떻게 이 시대에 해석되고 적용되어야 할지 성찰하게 하는 좋은 기회다.

현재와 미래의 다양한 모습 속에 교회는 그리스도를 머리로 한 하나의 교회, 죄와 결점이 있는 인간들의 모임에도 불구하고 그리스도의 피로 씻음 받은 거룩한 교회, 각각의 교회가 그리스도의 임재 속에 온전한 보편적 교회, 그리고 세상 속으로 흩어져 파송받은 자로서 사도적 교회로 이 땅에 존재하는 것이다. 교회의 네 가지 표지는 현재 교회를 해석하고 평가하며 미래 교회에 대한 방향성을 가늠해 보는 좋은 방향타가 될 것이다.

3. 변화의 시대에 목회를 위한 성경적 토대

이 글의 마지막에 포스트 코로나 시대 교회와 목회에서 좀 더 자세히 다루겠지만, 위에서 기술한 코로나19가 우리에게 가져온 강압적 변화에 대해 교회는 어떤 자세로 이를 바라보고 대처해야 할지를 가늠할 수 있는 몇 가지 성경적 가르침에 대한 적용을 이곳에서 정리해 보려고 한다.

1) 하나님 사랑, 이웃 사랑

　기독교의 모든 예배와 사역은 그 기초를 하나님의 사랑에 둔다. 하나님은 사랑이시고, 하나님이 우리를 먼저 사랑하셨다(요일 4:8-10). 예수 그리스도께서 십자가 사역을 통해 하나님의 사랑을 나타내셨고, 제자들도 자신과 같이 사랑하도록 본을 보이셨다. 이런 근거로 종교개혁자들은 그리스도인의 신앙과 사역의 근거를 하나님 사랑과 이웃 사랑에 두었다. 이는 계명 중 가장 큰 계명으로 하나님과 이웃 사랑을 언급하신 예수님의 가르침과도 일치한다.

　이런 맥락에서 우리는 교회전통으로 이어져 온 예배와 교제와 성례의 모임을 중시할 뿐만 아니라, 이 모임이 코로나 시대에도 하나님 사랑과 이웃 사랑을 담보할 수 있는 방식으로 전개될 수 있는 방법을 모색해야 할 것이다. 온라인방식의 신체적 모임이 없는 새로운 예배와 교제는 코로나19가 우리를 강압한 아직은 낯선 방식이기도 하지만, 다른 한편으로는 현재와 미래 사회의 교회와 예배 모습으로 여러 교회가 시도하고 있는 방식이기도 하다.

　문제는 이런 방식을 해석하는 관점의 차이다.

　직접적 모임이 없는 온라인예배를 타인과 공동체의 감염과 위험을 방지하는 이웃 사랑의 실천으로 볼 것인가, 아니면 기독교회의 진리와 전통을 파괴하는 사탄의 시험과 공격으로 이해할 것인가?

　한 가지 분명한 사실은 하나님 사랑과 이웃 사랑을 조화시킬 지혜가 필요하다는 것이다. 온라인예배도 하나님 사랑의 한 가지 방식으로 대유행 시대에 교회가 드렸다면, 그 예배 방식은 하나님 사랑과 이웃 사랑에 배치되지 않는다. 그러나 현장모임 예배를 고집하다가 이웃과 공동체가 위험에 처하게 된다면 이는 이웃 사랑의 원리에 배치되는 것이라 생각된다. 같은 원리에서 아래의 글은 새겨들을 필요가 있을 것이다.

대유행 기간 동안, 우리가 우리 자신을 사랑하는 한 가지 방법은 우리 자신을 감염으로부터 보호하기 위해 할 수 있는 것을 하는 것이다. 마찬가지로, 우리가 이웃 사랑을 표현하는 한 가지 방법은 그들을 감염되는 것으로부터 보호하기 위해 우리가 할 수 있는 것을 하는 것이다.[3]

2) 인간의 몸과 성도의 교제

하나님 사랑과 이웃 사랑은 단지 입술이나 생각만으로가 아니라 우리 몸의 실천과 행동을 수반한다. 성자의 성육신은 인간의 몸을 입고 온 체화(embodiment)의 표상이다(요 1:14). 그러므로 교회는 전통적으로 육신적인 몸을 가지고 함께 모이기를 힘썼고, 사도 바울은 교회를 그리스도의 몸으로 표현하기도 했다(고전 12:27). 이처럼 그리스도인의 모임과 교제는 육신적 만남이 필수적인 요소로 인식되어 왔다.

그런데 코로나19는 우리에게 거리 두기를 강요하고 있다. 엄밀히 말하면 '사회적'(social) 거리 두기뿐만 아니라 '물리적'(physical) 거리 두기인 셈이다. 코로나바이러스가 육체적 몸을 통해 감염을 확산하기 때문이다. 이를 통해 우리는 교제에 대해 다시 한번 생각해 볼 기회를 갖게 되었다.

과연 물리적 만남이 성도의 교제에 필수적인가?

성도의 교제와 예배가 육신적인 모임에서만 기독교적 의미를 갖는다면, 물리적으로 다른 공간에 있는 성도들과의 하나 된 교회로서의 교리는 불가능할 것이다. 또한, 승천 후 영으로 함께하시는 우리의 머리 되시는 예수 그리스도와의 영적 교통은 "우리가 항상 담대하여 몸으로 있을 때에는 주와 따로 있는 줄을 안다"는 바울의 고백처럼 분리된 교제일 것이다(고후 5:6).

---

[3] Kent Annan, Jamie Aten, and Nicolette Louissaint, *Guide to Reopening Church Services: A Step-By-Step, Biblically-Based and Research-Based Approach to Resuming in-Person Ministries*, (Wheaton: Humanitarian Distaster Institute, 2020), 3.

전도 여행으로 자신이 세운 교회의 성도들과 육신적으로 함께 모여 교제를 할 수 없었던 바울은 데살로니가 교회에 아래와 같이 편지한다.

> 형제들아 우리가 잠시 너희를 떠난 것은 얼굴이요 마음은 아니니 … (살전 2:17).

비록 바울이 육신적으로 떠나 있었으나 그는 자신을 데살로니가 교회와 교제가 단절된 존재로 여기기를 원치 않았다. 그는 마음으로 여전히 그들과 교제하며 그리스도 안의 한 공동체임을 상기시켰다. 그럼에도 불구하고 우리는 이어지는 바울의 고백을 잊지 말아야 할 것이다.

> 얼굴이요 마음은 아니니 너희 얼굴 보기를 열정으로 더욱 힘썼노라(살전 2:17).

비록 성도의 교제가 육신의 한계를 뛰어넘는 영적인 보편성을 가질지라도 하나님의 교회는 얼굴을 서로 대하며 육신적인 현존과 교제의 근본 정신 또한 소홀히 해서는 안 될 것이다. 그런 의미에서 육신적 모임을 갖기 위해서는 반드시 그에 따른 안전수칙들을 준수하는 것이 필요하다.

3) 용납하는 환대

그리스도의 몸인 교회는 구원받은 모든 성도를 포함한다. 거기에는 어떤 사회적, 신분적, 신체적, 인종적, 문화적, 정신건강상의 차별이 없다.

예수 그리스도는 지상사역을 통해 당시 죄인으로 취급을 받던 세리와 창기들의 친구가 되셨고, 이방인으로 취급을 받던 사마리아인들에게 복음을 전하셨고, 병든 자들에게 친히 손을 내밀어 치료하시며, 소외되고 사회에서 격리된 자들을 만나 공동체 안으로 이끌어 들이셨다. 바울은 예수 그리스도의 십자가가 유대인과 이방인을 가르던 막힌 담을 허는 화평으로 선포하였다(엡 2:14).

그러나 코로나19는 모든 사람을 사랑으로 아우르고 함께하는 기독교 정신에 생채기를 남겼다. 교회의 안내와 주보에는 당연하다는 듯이 노약자들과 증상이 있는 사람들은 예배에 참여하지 말 것을 공공연하게 주문한다. 물론, 그들을 배제하기 위한 의도라고 하기보다는 보호한다는 명분이다. 코로나바이러스의 감염으로 사망에 이르기 쉬운 취약한 계층이기에 당연히 교회가 보호해야 하는 것이 맞다.

그러나 많은 경우 이들 노약자들과 병약자들은 이 코로나19 대유행 기간 동안 신체적인 연약함으로 인해 제한과 고통을 감수할 뿐 아니라 관계적으로, 영적으로 소외되어 돌봄을 받지 못하는 그룹이기도 하다. 심지어 한때 이들의 죽음은 아무도 돌보는 사람 없이 그 사체가 버려지고 불태워지는 안타까움을 겪었고, 그 가족들은 제대로 임종도 보지 못한 채 준비되지 못한 이별을 맞이해야 했다.

이 때문에 코로나19에 감염이 확인된 사람들이 격리와 경계의 대상이 된 것은 말할 것도 없다. 더 나아가 중국인 또는 아시아인이라는 이유로 미국에서는 인종 혐오범죄들이 심상치 않게 일어났다. 언어적 폭력과 신체적 폭력은 물론 총기를 이용한 살상 등 그 방법도 다양하게 일어났.

이 모든 단절과 차별은 대유행의 위기가 닥쳤기 때문에 일어난 현상이 아니라 이미 미국 사회에 만연한 인종 차별과 유색인종 혐오에 대한 단면일 뿐이다. "원수 된 것 곧 중간에 막힌 담을 자기 육체로 허신" 화평의 왕 예수 그리스도의 몸인 교회(엡2:13-18)가 이 위기의 시대에 그 존재의 가치를 보여 주어야 할 때다.

4. 넥스트 노멀(next normal) 시대의 교회와 목회를 위한 실제

지금까지 코로나19 대유행 상황 속에서 온라인예배를 드리는 교회의 성경적 토대를 살펴보았다. 미래 교회가 대면예배와 온라인예배를 겸하게 될지, 아니면 예전처럼 대면예배로 되돌아갈지, 또는 전격적으로 비대면의 예배로 변화될지 알 수 없지만, 현재 현실적으로 많은 교회가 대면예배를 재개했다.

위에서 살펴본 신학적 근거를 토대로 우리는 현재의 위드 코로나(With Corona) 상황과 미래에 있을 비슷한 상황에 대처하는 지혜를 얻기 위해 이번 기회에 얻은 경험을 정리해 둘 필요가 있다. 이에 필자가 거주하는 미국 교회들이 제시하는 예배의 지침을 소개한다. 이어서 현재 미국 교회와 한인 이민교회의 실제 목회사역을 사례로 제시할 것이다.

1) 현장 대면예배 모임을 위한 지침

현장예배 모임을 위한 가장 기본적인 지침은 하나님 사랑의 정신으로 예배를 사모하되 이웃 사랑의 마음으로 의학정보와 방역당국의 전문적 안내를 따르라는 것이다. 현장예배를 드릴 때 모임의 기쁨과 감사와 함께 혹시 있을지 모르는 감염의 위험을 인정하고 대비하는 것이 필요하다.

이런 균형 잡힌 자세 속에서 이웃을 보호하며 하나님을 예배하는 건강한 교회공동체가 되고, 이를 통해 창의적인 사역을 만드는 기회를 갖는 것이 중요하다.

이를 위해서는 성경을 따를 것인가, 과학적 의료적 권고를 따를 것인가 둘 중에 하나(either-or)를 선택하는 것이 아니라 성경에 근거하며 과학적으로 합리적인 접근을 동시에 하는(both-and) 현장예배를 원리로 삼아야 할 것이다.

2) 회중 집회를 위한 네 가지 헌신

미국 최초의 신앙기반 학술 재난연구소인 휘튼대학교의 '인도적재난연구소'(Humanitarian Disaster Institute, HDI)는 겸손, 사랑, 지속, 지혜의 네 가지

덕목에 헌신할 것을 현장예배 모임을 하는 교회에 권고하고 있다.[4]

첫째, 슬기로운 결정을 내리는 능력에 부정적인 영향을 미치게 되는 우리 자신에게 있을 수 있는 편견을 점검할 수 있는 겸손이다.
둘째, 앞에서 언급한 대로 언제, 어떻게 교회 모임과 대면 사역을 할 것인지를 결정할 때 이웃을 사랑하라는 성경의 요청을 따르라는 것이다.
셋째, 모임을 재개하는 데 있어 우리는 코로나19를 100미터 단거리 경주가 아니라 마라톤이라는 관점에서 바라보고 지속적인 대응이 필요하다.
넷째, 하나님을 의지하며 말씀에 의존하는 신앙과 함께 코로나19에 대한 최신 정보와 과학적 발견에 귀를 기울이는 지혜가 필요하다.

3) 현장예배 모임에 대해

첫째, 현장예배를 위한 태스크포스팀을 만들라. 이 팀은 기본적 준비를 위한 권한을 가지고, 정책을 수립하며, 실제 정책이 운영되는 과정을 점검한다.
둘째, 예배당을 준비하는 것이 필요하다. 가능한 한 안전한 예배 모임을 위해 소독에 필요한 충분한 물품을 비치하고, 자주 만지는 표면을 소독하고, 예배에 참여하는 성도, 목회자, 찬양인도자들의 물리적 거리를 충분하게 조정하는 것이 필요하다. 필요하면 마스크 착용을 안내하고, 화장실과 출입구 등에 적절한 안전거리를 확보하도록 안내하는 것도 필요하다.
셋째, 환영하고 안내하는 봉사자들을 준비하여 모임 인원을 단계별로 책정하여 예배 모임을 갖는 것이 필요하다. HDI에서 제공하는 현장예배 점검표를 통해 교회가 예배 모임을 위한 단계별 준비사항을 확인할 수 있다.

---

4   Ibid., 3.

4) 성례와 그 밖의 목회적 예식들에 대해

위드 코로나 시대에 우리는 현장예배에 대해 고려할 뿐만 아니라 성례와 결혼식, 장례식 등 다양한 목회적 예식들과 돌봄이 필요하다. 또한, 이를 위해 성경적이며 과학적인 접근이 필요하다. 모든 목회 사역은 먼저 위에서 제시한 이웃 사랑, 성도의 교제, 용납과 같은 신학적 기초에 근거하여 주의 깊게 고려되어야 한다. 더불어 모든 사역에서 하나님의 도움과 인도를 구하는 기도는 필수적이다.

또한, 이 모든 결정은 목회자 혼자가 아니라 교회공동체와 함께 기도하며 의견을 수렴하여 최대한 마음이 일치된 상황에서 진행되도록 하는 것이 중요하다. 이렇게 신학적 근거와 하나님의 인도를 구하는 기도와 공동체적인 결정을 통해 예배와 목회적 사역들을 진행하되 더불어 항시 코로나19에 대한 의료적 업데이트를 통해 제시된 안전에 대한 지침을 따르는 방향에서 모든 목회가 수행되어야 할 것이다. 또한, 개인이나 가정 심방도 최대한의 안전방역수칙을 준수하면서 진행되어야 한다.

더불어 격리수칙이 완화되면서 작은 단위의 소그룹 모임이 방역수칙을 준수하면서 이루어질 수 있다. 코로나 상황에서 교회의 소그룹 활동은 교회의 사명을 수행하는 훌륭한 대안이 될 수 있다. 소그룹 모임은 후에 많은 교인이 함께 현장예배에 참여하기 전까지 성도 간의 밀접한 교제와 말씀 안에서의 성장과 돌봄을 위한 중요한 수단으로서 코로나 시대에 매우 유용한 사역이다.

5) 미주 교회들과 한인 이민교회의 실례

칼빈기독교예배연구소(Calvin Institute of Christian Worship)는 웹페이지에 세계 교회들이 어떻게 코로나19 대유행 기간에 예배를 드려왔는지 사례들을 포함한 다양한 정보를 제공하고 있다.[5] 이와 더불어 저자가 한인 이민교회 목회자들과 인터뷰한 내용을 근거로 코로나19 상황에서의 지역 교회 사역을 나누고자 한다.

시카고의 그레이스앤피스개혁교회(Grace and Peace Christian Reformed Church)는 코로나19의 위기가 시작되자 2년 전에 옮긴 새로운 교회 건물 안에 식료품점과 같은 공간을 준비하고, 교회 직원들과 10명의 자원봉사자, 그리고 2명의 운전기사가 마스크와 장갑을 끼고 하루에 50-75 가정에 음식을 배달하는 사역을 시작했다.

얼마 후 시카고시가 음식분배 처소를 찾다가 그 교회가 이미 사역하는 것을 알고 공식 처소로 삼았고, 이를 통해 교회가 시와 함께 사역을 하게 되었다. 특히, 소그룹 사역을 강화해 코로나 상황에서도 교인들을 잃어버리지 않고 유지할 수 있게 되었다.

인디애나주 페어마운트에 있는 그랜트연합감리교회(Grant United Methodist Church)는 40여 명의 출석교인을 가진 소규모 교회다. 대유행 때문에 예배 모임을 할 수 없게 되었을 때, 콘스탄스 체리 목사는 목회서신을 모든 교인에게 보내 교단 교회들 중 좋은 사례의 온라인 실황예배를 제공하는 교회에 교인들이 참여하도록 안내했다. 또한, 인터넷을 사용할 수 없는 교인들을 위해 우편으로 서신을 보내서 지속적인 돌봄을 제공했다.

그 서신에는 매주 전화로 심방할 교회 지도자들의 이름, 사순절 기간 동안 드릴 간단한 기도문을 포함한 사순절 경건묵상과 영적 권면, 외롭게 홀로 살고 있는 교인들이나 노인복지관에 있는 교인들에게 편지나 카드를 보낼 수 있는 주소, 교인들 중 기도가 필요한 사람들의 기도제목, 교회에 헌

---

5 예배 연구와 갱신을 위한 칼빈기독교예배연구소에서 제공하는 코로나19와 예배 자료 (https://wor- ship.calvin.edu/resources/resource-library/covid-19-and-worship-resources-for-churches-adapting-to-social-isolation)와 미국 듀크대학교에서 기독교 지도자들과 그 기관을 위해 제공하는 온라인 학습자료, 신앙과 리더십(Faith & Leadership)(https://faithandleadership.com/resources-christian-leaders-during-coronavirus-pandemic)이 좋은 자료를 제공한다.

금하는 방법, 온라인예배를 위한 자료 등을 포함한다.

그랜트연합감리교회는 작은 시골 교회 목회자들이 어떻게 대유행 시대에 교인들을 돌보며 목회 사역을 계속할 수 있는지 보여 주는 사례가 될 수 있을 것이다. 비록 자체적으로 온라인예배를 제공할 수 없었지만, 이 교회는 매주 교인들을 위해 목회자의 우편 목회서신과 평신도 지도자들의 전화 심방을 통해 각 교인이 돌봄을 받을 수 있도록 세심하게 배려를 했다.

이제 잠시 미주 한인 교회의 사례를 살펴보자. 필자는 코로나 기간 동안 텍사스 지역 세 개 교회의 담임 목회자들을 대상으로 코로나 시대와 포스트 코로나 시대의 이민목회에 대해 인터뷰를 진행했다. 이들 교회는 대체로 천 명이 넘는 한인 이민교회이다.

하지만 이들 목회자들은 코로나19로 대예배를 드릴 수 없는 상황에서 자신들의 목회의 강조점을 소그룹 위주의 신앙훈련과 돌봄에 집중하고 있는 것을 확인할 수 있었다. 이들 교회는 당연히 주일 온라인예배 사역의 중요성을 인식하고 예배에 최선을 다하지만, 또 한편 코로나 때문에 소외되거나 신앙적으로 나태해지기 쉬운 교인들을 중점으로 돌보거나 교인들을 재생산자로 훈련시키는 소그룹 모임을 강화하고 있었다.

특히, 한 교회 담임 목회자는 코로나바이러스 때문에 제한된 상황 속에서도 변함없이 교인들을 개별 심방 하는 일을 게을리하지 않는 모습을 확인할 수 있었다. 이들 교회 목회자들의 공통점은 코로나 시대에 자칫 소홀해지기 쉬운 밀접한 신앙지도와 돌봄을 소그룹 활동이나 1:1 성경공부 훈련, 또는 개인 심방으로 보완하며 지속적으로 교인들의 신앙훈련에 힘쓰고 있다는 것이었다. 코로나 시대에 교회에 시사하는 바가 크다 하겠다.

5. 포스트 코로나 시대에 교회와 목회를 위한 관점과 대처

전 세계적 위협으로 갑작스럽게 인류와 교회에 다가온 세계적 범유행은 모두에게 위기인 동시에 기회다. 이전에 겪어 보지 못했던 새로운 경험에서 오는 불안과 두려움이라는 점에서 위기이지만, 다른 한편에서는 모두를 새로운 세계로 달려 나가게 하는 동일한 출발선에 세운다는 면에서는 기회요 도전의 시기다. 언젠가 코로나19가 끝났을 때 우리는 그동안 어떻게 대처했느냐에 따라 다른 결과를 맞이하게 될 것이다.

이제 마지막으로 전 세계적 위기가 교회에 가져다준 기회들을 '포스트 코로나 역발상'으로 정리해 본다.

1) 역발상 I: 미래와의 간격과 격차를 좁혀 주는 기회

1980년대까지만 해도 교회의 문화는 한국 사회에 신선한 자극이 되었다. 많은 사람이 복음을 듣고 교회로 나와 왔다. 교회에서 행해지는 성탄절, 부활절과 문학의 밤 같은 행사는 교회 밖의 젊은이라도 호기심을 가질 만큼 한 번쯤 가 보고 싶은 동네 잔치였다. 그러나 현재의 교회는 많은 면에서 세상에 뒤처져 구세대의 꼰대로 비춰지고 있다.

현시대가 과학 기술, 영화산업, 온라인 네트워크 등으로 빠르게 진보하는 것과는 달리, 교회는 세상 변화에 가장 늦게 어쩔 수 없이 따라가는 수준에 머물러 있었다. 코로나19는 교회의 이런 뒤늦은 대처에 채찍질을 가하는 회초리가 되고 있다. 급작스럽게 많은 교회가 영상을 활용하게 되었고, 온라인으로 예배와 말씀을 전달하는 방법을 단숨에 터득하게 되었다.

하이디 캠벨(Heidi A. Campbell)은 그의 책 『종교가 미디어를 만날 때』 (*When Religion Meets New Media*)에서 어떻게 종교가 새로운 형태의 미디어를 이해하고 활용하는지를 "테크놀로지의 종교-사회적 형성" 방법을 통해 자세히 관찰 정리한다.[6] 그는 기술이 종교의 가치와 실천에 심오한 영향을 미쳐 일방적으로 변화를 일으킬 것이라는 기술결정주의를 반박한다. 오히려 그는 신앙공동체의 역사와 신념의 관점에서 종교가 새로운 미디어와 어떤 관계를 맺게 될지 협상하게 된다고 전망한다.

종교가 새로운 미디어와 만나게 되는 4단계는 다음과 같다.

첫째, 먼저 종교가 가진 신학적 역사와 전통에 부합하는지 검토하는 것으로 시작한다. 1900년대 초 아미쉬(Amish)공동체가 전화기를 받아들이는 과정과 개신교가 텔레비전을 받아들이는 과정도 이러한 성경적 검토와 역사적 경험의 전통에 근거하여 결정되었다.

둘째, 새로운 미디어와 만나는 과정에서 종교는 과거의 역사와 전통만이 아니라 현재 공동체의 가치와 신념에 의해 과거를 해석하게 된다.

셋째, 신앙공동체는 새로운 형태의 미디어를 받아들일지 말지를 위의 두 가지 기준에 의거해 결정하기 위해 복잡한 과정의 협상을 하게 된다. 새로운 형태의 미디어에 대해 위의 기준으로 종교의 전통과 핵심 가치에 적합한지를 판단하고, 현재의 신앙공동체에 미칠 영향들을 고려하여 평가하게 된다. 이러한 협상의 결과로 교회는 다음 세 가지 중 하나를 선택하게 된다.

- 미디어를 적합한 것으로 받아들인다.
- 적합성에 한계를 정하여 미디어의 일부 측면을 배제하고 일정한 면만 받아들인다.
- 미디어를 가치 있는 것으로 인정하지만 공동체의 가치에 부합하도록 기술적 혁신을 요청한다.

---

6 Heidi A. Campbell, *When Religion Meets New Media* (London and New York: Routledge, 2010).

넷째, 공동체가 협상의 과정을 거쳐 새로운 형태의 미디어를 받아들일지라도 마지막 단계로 새로운 미디어가 어떻게 신앙공동체 안에서 자리 잡게 될지 공동체적 논의와 수렴을 하는 구도화(framing)의 과정을 거치게 된다.

예를 들어, 1930년대 라디오와 1950년대 텔레비전이라는 새로운 미디어가 출현할 때 그 당시 교회는 논란에 휩싸였다. 그러나 교회는 이 새로운 기술들을 복음을 대중에게 전달할 좋은 도구로 구도화해서 받아들였다. 이렇게 방송선교(televangelism)라는 구도화의 역사는 다음과 같이 구분된다.

- 라디오와 종교적 방송의 태동(1세대)
- 텔레비전과 종교적 영상방송의 확산(2세대)
- 컴퓨터를 응용한 전자 사역(3세대)

이런 면에서 현재 코로나 확산으로 인한 교회의 온라인 영상예배의 증가는 어떤 면에서 제4세대의 대중전도 사역의 기회가 될 수 있을 것이다. 언젠가 코로나의 확산이 끝나고 새로운 일상으로 돌아가게 된다면, 다시 옛날로 돌아가 과거의 현장예배만을 고대하는 교회와 달리 변화된 기술과 새로운 미디어의 활용을 통해 미래의 복음 사역을 준비하며 대처하는 교회가 새로운 기회를 잡게 될지도 모르겠다.

2) 역발상 II: 젊은 층에 다가갈 수 있는 기회

현대 젊은이들은 기성 종교에 대한 거부감이 강한 것으로 알려져 있다. 그렇다고 해서 그들이 영적이지 않고 영적인 것에 관심이 없다는 얘기는 아니다. 단지 교회가 주는 기성 종교의 이미지와 종교적 형식에 얽매는 관습과 전통이 젊은이들과 소통을 어렵게 하고 있는 것이다. 코로나바이러스 확산의 위험 속에서 당국의 지침을 무시하고 강행하는 기성교회의 대규모 현장예배는 젊은 층들에게 교회가 더욱 거리감을 느끼게 하는 상황이 되고 있다.

이런 차원에서 코로나19 대유행으로 시작된 교회의 반강제적 변화는 사회에서 가장 보수적인 집단으로 인식되어 있던 교회가 젊은 세대와 소통할 수 있는 새로운 기회를 제공해 주고 있다. 문제는 교회가 현재의 기회를 단지 현장예배를 드릴 수 없어 어쩔 수 없이 온라인예배를 제공하고 있다고 생각하며, 현장예배의 연장선상에서 출석예배의 대체재 정도로 온라인예배를 활용하고 있다는 것이다. 어떤 교회에서는 백신도 접종했으니 온라인예배를 폐지하고 현장예배만 드려야 한다고 주장하는 사람들도 있다.

그러나 코로나 위기 때문에 젊은 층에게 다가갈 기회를 이렇게 허무하게 놓쳐 버리는 교회는 포스트 코로나 시대에 점점 살아남기 힘들어지리라 생각된다. 인터뷰에 응한 한 목사님의 경우, 현재의 코로나상황으로 일어난 변화를 교회 주도의 신앙생활에서 가정 주도의 신앙생활로 전환할 기회로 보았다.

특히, 이 기회를 가정에서 자녀양육과 다음세대 신앙교육을 할 기회로 보고, 매주 가정에서 부모가 자녀들과 성경을 공부할 자료를 제공하고 있다고 한다. 이런 발상의 전환은 현재 온라인예배를 도입한 상황에도 해당된다(코로나 시대의 자녀 교육에 대해서는 제8장을 참고하라).

온라인예배가 영상미디어와 인터넷의 네트워크를 통해 그동안 다가갈 수 없었던 개인과 그룹에 복음을 전하고 예배에 참여할 수 있게 하는 좋은 수단으로 계속 활용되어야 한다. 예전에는 병원이나 가정의 환자나 노약자, 수감자, 타지의 출장자들은 예배에 참석할 수 없는 사람이거나 대체적인 예배를 찾아야 했다. 그러나 이제는 온라인 방송예배로 이런 사람들을 예배에 포함해야 할 이유와 방법이 존재하게 되었다.

같은 이유로 교회 예배에 뜸하거나 멀리하는 "가나안 성도"를 비롯하여 젊은 층들을 향한 대안 마련이 코로나 시대에 이루어져야 한다. 그래서 코로나 이후 그들과 소통의 창구가 마련되어 있는 교회가 많아지기를 기대해 본다.

3) 역발상 III: 하나님과의 관계에 집중할 수 있는 기회

코로나의 위기는 아이러니하게도 우리의 바쁜 일상을 멈추게 하였고, 빡빡하게 차여 있던 일상생활에 숨 쉴 수 있는 공간과 여백을 마련해 주었다. 신앙생활에서도 마찬가지다. 많은 교인이 그동안 주의 날을 교회에서 예배, 봉사, 교제 등 바쁜 활동으로 채워 왔다. 그러나 코로나로 잠시 외적인 신앙생활에서 벗어나 영적 안식과 신앙의 본질에 집중할 수 있는 기회를 맞이하게 되었다.

어떤 교인은 코로나로 집에서 개인적으로 온라인예배에 참석하게 되면서 그동안 정신없이 살아오다 경험하지 못한 "이상한 자유함"을 느끼게 되었다고 고백한 적이 있다. 그동안 교회는 열심히 교회 모임에 참석하고 교회 안에서 봉사하는 바쁜 그리스도인을 성숙한 그리스도인으로 표상화하고 있었는지도 모른다.

다른 한편으로, 현장에서 다수와 함께 예배를 드리지 못하고 개인이 온라인에서 개별적으로 예배를 "보게" 되면서 많은 기독교인이 신앙적 침체와 나태에 빠지는 경향도 나타나고 있다. 어떤 목회자들은 이런 우려로 인해 코로나 위험을 무릅쓰고 더욱 열심히 교인들을 교회로 모아 현장예배를 드리려고 하고, 이를 방해하는 정부와 기관을 교회를 위협하는 악한 시도로 매도하기도 한다.

그러나 코로나 때문에 변화가 불가피한 시대에 기존의 관습을 그대로 유지하려는 시도는 재고되어야 한다. 어차피 코로나 때문에 물리적 거리 두기를 해야 하고 개별적인 예배를 드려야 하는 상황이 또다시 도래한다면, 이 상황에서 그동안 교회가 놓치고 있던 신앙의 또 다른 핵심을 강화할 수 있는 방법을 찾는 역발상적인 접근이 필요하다. 그동안 공동체적인 대면모임과 교회 안의 봉사를 주로 강조하여 왔던 교회들이 이번 기회에 하나님과 내면적인 교제를 강화하는 영성 훈련으로 변화시키거나 보완할 수 있는 좋은 기회로 삼아야 한다.

코로나는 성도들을 하나님 앞에서 단독자로 설 수 있는 기회를 제공해 주고 있다. 그러나 많은 목회자가 교인들에게 온라인예배라도 제공해 주지 않으면 우리 교인들이 영적으로 침체하거나 죽을 것처럼 여기고 있다. 환란과 핍박의 때에 함께 모일 수 없는 상황에서 자신의 신앙을 유지하고 하나님과 깊은 교제를 나눌 수 있는 성도들로 세우는 것이 교회의 마땅한 바일 것이다.

코로나 기간에 "불멍"이라는 신조어가 생겼다. 멍하니 타오르는 불을 바라보고 있는 것이다. 그저 아무 활동이나 생각 없이 지내는 시간이 현대인들에게 필요하다는 얘기다. 코로나19 대유행은 신앙에도 이런 잠잠히 하나님만 바라보는 시간, 깊은 개인 묵상의 시간, 자신만의 고요한 기도의 시간 등이 필요하다. 그러나 많은 교회와 목회자가 여전히 이런 때일수록 더 뜨겁게 기도하고 더 간절히 부르짖으라고만 가르친다. 오히려 지금은 이전에 하지 못했던 색다른 신앙의 도전을 할 때다.

리처드 포스터는 묵상을 말씀, 자연, 성화, 역사적 사건 등을 가지고도 할 수 있다고 제시했다.[7] 거리 두기로 한적해진 시간에 5분이라도 깊이 숨을 쉬며 우리 안에 있는 복잡한 상념을 내려놓고 하나님의 말씀에 집중하는 시간, 자꾸 자신이 말해야 하는 기도에서 하나님의 음성을 들으려는 기도, 일정한 공간에 갇혀 기도나 묵상을 하기보다 산책하며 자연과 함께 나누는 기도와 대화 등은 코로나 시대뿐만 아니라 포스트 코로나 시대에도 필요한 현대인의 신앙훈련이 될 것이다.

4) 역발상 IV: 보편적 교회에 대한 인식의 기회

앞에서 언급한 대로 니케아-콘스탄티노플 신조는 교회를 하나의, 거룩한, 보편적인, 사도적 교회로 고백했다. 그러나 이 정통신학적 고백의 교회

---

[7] 리처드 포스터, 『영적 훈련과 성장』, 권달천, 황을호 역 (서울: 생명의말씀사, 2003) 제2장 묵상의 훈련을 참고하라.

가 아직 지구상에 가시적으로 완벽히 실현된 적이 없다. 인간이 가지는 시간과 공간의 제약을 감안한다면 당연한 결론일 것이다. 그러나 이런 비가시적 교회의 인간적인 시도가 어쩌면 인터넷을 통한 네트워크로 인해 일정 정도 실현될 수 있을지도 모른다. 인터넷의 웹 망은 인간의 시간과 공간적 제약을 초월하여 이전에 이루지 못했던 새로운 공동체를 창조하고 있다.

김승환에 따르면, 드와이트 프리센(Dwight Friesen)은 "네트워크로서의 하나님 나라"를 상정하면서 지구상에서 하나님 나라의 비전이 가장 잘 구현되는 장이 온라인이라고 주장한다.[8] 프리센의 주장에 전적으로 동의할 수는 없으나, 온라인에서는 독립된 객체들이 하나의 관계망 네트워크를 구축하고 있다. 이는 전 세계에 흩어져 있는 교회가 어떻게 하나의 보편적인 교회로 그리스도 안에서 영적으로 연결되어 있는지를 가시적으로 보여 주는 비유로 사용될 수 있을 것이다.

저자가 가르친 센트럴신학대학원 졸업생 중에 교회음악 사역을 담당하는 한 전도사는 코로나로 인해 성가대가 모일 수 없게 되자 성가대원 각자의 영상 찬양을 매주 하나로 편집하여 성가대 찬양을 드리게 되었다. 이 사역이 주변에 알려지자 다른 교회의 다양한 인종이 함께 참여하여 각자의 언어로 찬양하는 모습을 모아 영상으로 편집한 아름다운 찬양대를 만들기도 하였다. 코로나 때문에 물리적 제한으로 영상예배를 드리게 되었지만, 이것이 오히려 평소에 할 수 없던 새로운 예배와 찬양을 만들어 내게 한 것이다.

이런 의미에서 온라인 네트워크를 미디어로 활용하여 교회가 예배와 교육과 친교에 활용할 수 있는 기회와 능력을 코로나로 인해 단기간에 갖게 된 것은 어쩌면 축복일 수 있다. 최근 한 교파가 연차 총회를 온라인으로 열고 전 세계 교회가 함께 참여하는 집회를 여러 날 행하는 영상이 온라인 상에 올라온 것을 보고 놀란 적이 있다.

---

8 김승환, "온라인교회와 디지털 신앙", 「기독교사상」 9 (2020), 40-50.

만약 한 교단이 전 세계에 흩어진 교인들과 같은 시간에 온라인으로 예배를 드린다면, 비록 지리적으로 다른 공간에 있지만 모든 교인이 같은 시간 함께 온라인으로 모여 예배 드리게 될 것이다. 여전히 제한적이지만, 이런 예배의 경험은 교회가 하나임을 가시적으로 보여 줄 수 있는 특별한 경험이 될 수 있을 것이다.

또한, 이런 경험을 단지 한 교단이 아니라 전 세계에 흩어진 21억의 모든 기독교인이 함께 예배 드리려고 시도한다면, 이는 인터넷을 통한 온라인영상예배로 가능할 것이고, 기술적으로는 이것이 가능한 수준에 이미 도달해 있다. 교단과 종파와 강조점의 차이로 인해 나누어져 있던 교회가 하나의 보편적 교회임을 보여 줄 수 있는 엄청난 신앙적 경험이 될 것이다.

그리고 만약 교회가 이렇게 전 세계의 시간적, 공간적, 물리적 한계를 극복할 뿐만 아니라 문화적, 언어적, 인종적, 국가적, 교파적 차이를 넘어서는 교회의 공동체적 예배를 함께 드릴 수 있다면, 이는 인류에 엄청난 메시지를 전달할 수 있게 될 것이다.

세상이 인종적, 문화적, 계급적, 경제적, 사회적 차이로 인해 갈등하고 있을 때 교회가 하나 되어 함께 공동체의 예배를 드린다면, 갈라져 있는 세상에 평화와 화합의 메시지를 웅변적으로 전달하게 될 것이다.

누구도 알 수 없는 걸어 보지 못한 길을 정확하게 예측하는 것은 인간으로서는 불가능할 것이다. 최윤식에 따르면, 미래를 예측하는 방법은 변하는 것과 변하지 않는 것을 구분하고, 그 둘 간의 상관관계를 연구하는 것이라고 한다.[9] 보통은 변하지 않는 것 80-90퍼센트와 변하는 것 10-20퍼센트로 구성되지만, 그 정도의 작은 변화가 변하지 않는 것과 상호작용할 때 그것은 완전히 다른 세상을 만들어 낼 수 있다고 한다.

---

9 최윤식, 『2020-2040 한국 교회 미래지도』(서울: 생명의말씀사, 2013).

어쩌면 코로나19로 인한 변화도 마찬가지일 것이다. 많은 것이 바뀐 것 같지만, 우리 일상의 80-90퍼센트는 이전의 것을 계속 이어 가고 있다. 그러나 나머지 10-20퍼센트의 변화(격리, 온라인예배 등)가 변하지 않은 것과 역동 작용할 때 그 변화는 새로운 미래를 만들어 가게 될 것이다.

마지막으로 우리가 포스트 코로나의 변화하는 미래를 대비하여 목회를 할 때 반드시 잊지 말아야 할 것이 있다. 미래의 변화가 두려움과 염려를 일으키지만, 우리가 가는 길은 해 아래 새것이 없다는 솔로몬의 고백처럼 예전에 있었던 일이다. 또한, 우리는 그 변화를 극복할 창의성을 하나님으로부터 받았다. 무엇보다도 포스트 코로나도 여전히 하나님의 손안에 있다. 솔로몬 왕은 하나님의 행사를 살펴보고 다음과 같이 고백한다.

> 이 모든 것을 내가 마음에 두고 이 모든 것을 살펴본즉 의인들이나 지혜자들이나 그들의 행위나 모두 다 하나님의 손안에 있으니 사랑을 받을는지 미움을 받을는지 사람이 알지 못하는 것은 모두 그들의 미래의 일들임이니라(전9:1).

우리가 미래의 변화를 알 수는 없으나 우리가 미래에 대해 분명히 확신하는 하나가 있다면 그것은 이 모든 변화가 하나님의 손안에 있다는 것이다. 모든 것이 변화하는 중에 변하지 않는 하나님의 주권이 있기에 포스트 코로나 시대에 우리 목회는 하나님의 손이 어디를 가리키는지 주목하는 것에서부터 시작해야 할 것이다.

제4장

포스트 코로나 시대 효과적인 디지털 설교에 대한 전망과 제안[1]

✝ 정 재 웅 박사
서울신학대학교 설교학 조교수

2020년부터 시작하여 2년 넘게 지속되고 있는 코로나19 대유행은 우리의 일상을 완전히 바꾸어 놓았고, 이는 교회라고 다르지 않았다. 가정으로 찾아가 심방할 수 없게 된 목회자들은 전화나 화상통화를 통해 심방하거나 혹은 드라이브-인 심방을 하고, 줌(Zoom)이나 구글 미팅(Google Meeting)과 같은 온라인 화상회의 프로그램을 통해 성경공부나 구역예배 같은 소그룹 모임들을 시행했다. 가장 급진적인 변화는 온라인예배가 현장예배를 대치하게 된 것이다.

주일성수와 성전 중심의 신앙생활을 강조해 온 한국 교회에 있어서 현장예배는 신앙인의 일상을 구성하는 핵심 축이었으나 코로나 유행 상황에서 바이러스를 확산하는 온상으로서 지적받으며 정부의 질병예방지침에 따라 비대면예배, 곧 온라인예배로 전환할 수밖에 없었다. 따라서 온라인예배의 신학적 타당성에 관한 논쟁이 더러 있었음에도 온라인예배는 바이러스 확

---

[1] 이 글은 필자가 발표한 다음 논문을 일부 수정보완한 것임을 밝힌다. 정재웅, "디지털 미디어 특성에 따른 효과적인 온라인설교: 포스트 코로나 시대 설교에 대한 전망과 제안", 「신학과 실천」 76 (2021), 115-50.

산을 방지하기 위한 불가피한 현실이 되었다.[2]

처음에는 온라인예배를 낯설게 느끼거나 불편해하는 이들도 많았지만, 막상 온라인예배를 경험한 이후 상당수는 집 안에서 TV나 스마트폰, 태블릿을 통해 드리는 온라인예배에 만족감을 표시했다. 이에 따라 코로나19 확산 이후 온라인예배에 익숙해지면서 코로나가 진정이 된다고 할지라도 온라인예배만 드리거나 현장예배와 온라인예배를 병행하겠다는 이들이 상당수라는 조사결과가 발표되었는데, 이는 대면예배로 복귀가 이루어진 현재 시점에서 현실화된 것을 보게 된다.[3]

청년들과 30-40대 청장년 교인들은 대면예배를 드릴 수 있음에도 복귀하지 않고 있으며, 각 교회의 온라인예배 조회수는 이전과 큰 차이를 보이지 않고 있다. 즉, 온라인예배는 포스트 코로나 시대 목회에서 선택사항이 아닌 필수적 사역이 된 것이다.

설교를 중심으로 구성되는 한국 개신교회 예배의 특성상 온라인예배의 일상화는 온라인설교의 일상화를 의미한다. 실제 코로나19가 유행하는 상황 중에 도시의 대형 교회에서부터 중소형 교회들, 심지어는 농어촌의 작은 교회들까지 다양한 디지털 미디어들을 통해 온라인예배를 드리고 있는

---

[2] 박해정, "코로나19 사태에 다른 온라인예배에 관한 고찰", 「신학과 세계」 98 (2020), 175-216; 민장배·김병석, "포스트 코로나19 뉴노멀 시대, 예배의 시공간성에 관한 연구", 「신학과 실천」 73 (2021), 67.

[3] 전국 성인남녀 1000명 대상으로 한 설문조사를 분석한 목회데이터연구소의 "2021년 상반기 한국 교회 코로나19 추적 조사 보고"에 따르면, 현장예배와 온라인예배를 번갈아 드리거나(15퍼센트) 온라인예배 위주로 드리겠다(5퍼센트)고 응답했지만, 78퍼센트의 응답자들은 예전처럼 현장예배를 드리겠다고 응답하여 기대감을 주었다. 그러나 대면예배 복귀가 시작된 시점에서 해당 연구소의 조사결과는 현장예배 복귀는 예상보다 저조하고, 온라인예배 참석율은 예상보다 높은 것을 보여 준다.
2022년 4월 15일부터 4월 25일까지 전국 성인남녀 1500명을 대상으로 한 설문조사를 분석한 2022년 5월 31일 목회데이터연구소의 '한국 교회 코로나 추적조사(4차) 결과'에 따르면, 온라인예배 혹은 방송예배를 드린 비율이 30퍼센트에 이른다. 여기에 관해서는 다음 자료들을 참조하라. 목회데이터연구소, "코로나19가 신앙생활에 미친 영향", 「주간리포트」 42 (2020.4.10); 목회데이터연구소, "2021년 상반기 한국 교회 코로나19 추적 조사 보고", 「주간리포트」 108 (2021.8.20); 목회데이터연구소, "한국 교회 코로나추적 조사 (4차) 결과", 「넘버즈」 146 (2022.5.31).

데, 이들의 예배는 곧 설교 중심의 예배를 실시간으로 중계하는 경우가 대부분이다.

또한, 모이는 인원의 제한이 있다 보니 성가대나 찬양팀의 역할이 축소될 수밖에 없었고, 이는 예배에서 설교의 비중이 더 커지는 결과를 가져왔다. 특별히 지역 교회를 섬기던 많은 신자가 코로나19 대유행 동안 온라인예배에 익숙해지면서 소속감이 약해지고 일종의 종교적 유동층으로 전이되어 자신의 소속교회만이 아닌 다른 교회들의 예배, 특별히 설교를 온라인으로 접하는 상황은 코로나 이후 목회에 있어서 온라인설교가 갖는 중요성을 시사한다.[4]

이전부터 "가나안교인"이라고 불리는 교회이탈자들 혹은 일반교인들도 기독교TV나 유튜브를 통해 유명 설교자들의 온라인설교를 시청한다는 것이 공공연한 사실이었지만, 코로나 이전에 이러한 일들이 일부 그룹에서 임시적으로 일어나는 일로 여겨졌던 반면 이제는 지속적으로 그리고 보편적으로 일어날 수 있는 일로 받아들이게 되었다.

그러므로 포스트 코로나 시대 목회의 향배는 얼마나 양질의 온라인설교를 제공할 수 있는지 혹은 어떻게 온라인 청중에게 설교를 통해 살아 있는 복음의 소리를 전달할 수 있는가에 달려 있다고 할 수 있다.

이에 따라 몇몇 교회가 설교와 예배에 있어서 새로운 시도를 하고 있음에도 불구하고,[5] 대부분의 교회는 여전히 디지털 미디어의 특성을 충분히 반영하지 못한 채 이전과 유사하게 현장예배를 중계 및 송출하는 것에 머

---

[4] 다음의 기사들을 보면, 온라인예배 중에 교회들이 디지털 노마드 청중의 유입에 따라 새로운 변화를 겪고 있음을 보여 준다. 최승현, "온라인예배 시대, 더 '커진' 대형 교회들", 「뉴스앤조이」 (2021.8.20), https://www.newsnjoy.or.kr/news/articleView.html?idxno=303218.; 최승현, "다른 교회 목사 설교 듣는 교인들", 「뉴스앤조이」 (2021.8.20), https://www.newsnjoy.or.kr/news/articleView.html?idxno=303219.

[5] 대표적으로 만나교회, 선한목자교회, 중앙성결교회 등에서 온라인미디어 교회를 만들고 이를 통해 다양한 설교 콘텐츠를 재가공하여 공급하거나 설교 자체에 있어서도 새로운 시도를 보여 주고 있다. 참조: 김병삼 외, 『올라인교회:이제 우리는 올라인(All Line)으로 간다』 (서울: 두란노, 2021).

무르고 있다. 대부분의 설교자들은 이전에 설교하던 것과 마찬가지로 준비한 원고를 읽거나 구술하는 정도에 그치고 있으며, 영상을 통해 전달되는 설교도 이와 다를 바가 없는 것이다.

즉, 디지털 미디어 시대가 도래했음에도 설교자들은 여전히 인쇄 매체 시대의 방식으로 설교하고 있다. 여러 커뮤니케이션 학자들이 지적하는 바와 같이 메시지와 미디어가 잘 결합될 때에 효과적 커뮤니케이션을 이룰 수 있음을 생각할 때에 과거의 방식으로 현재 뉴미디어 세계에서 소통하는 것은 자칫 설교에서 효과적인 커뮤니케이션을 저해하는 요소가 될 수 있다.

이러한 문제의식을 가지고 그동안 여러 설교학자들이 포스트 코로나 시대 온라인설교의 상황에 관한 분석과 효과적인 온라인설교를 위한 제언들을 제시해 왔음에도 불구하고,[6] 여전히 디지털 미디어의 특성들을 깊이 통찰하고 이에 따른 새로운 설교 방법에 대한 연구가 아직 미흡한 것이 사실이다.

그러므로 4차 산업혁명의 과정에 있는 디지털 미디어가 이전의 미디어들과는 어떻게 다르며, 이것이 청중의 문화와 커뮤니케이션 방식에 어떠한 영향을 미치는지, 이에 따라 미래 설교는 어떻게 대응해야 할지에 관한 논의가 더욱 필요하다.

이러한 문제의식을 가지고 필자는 본고를 통해 과거의 인쇄 매체 및 아날로그 미디어와 구분되는 디지털 미디어의 특성을 하퍼텍스트성(hypertextuality), 상호작용성(interaction), 상호연결성(interconnectivity)의 관점에서 고찰하고, 이러한 디지털 미디어를 통해 소통하는 청중이 창조성(creativity), 능동성(proactivity), 혼종성(hybridity)의 문화를 가지고 있으며, 이에 따라 창조적, 청중 참여적이며, 선교적 설교가 필요함을 논의하고자 한다.

---

[6] 정인교, "POST-COVID시대 설교", 「신학과 실천」 71 (2020), 147-74; 손동식, "코로나 19 시대와 효과적인 온라인설교에 관한 연구", 「대학과 선교」 45 (2020), 33-36; 김대혁, "포스트 코로나 시대 속 온라인 영상설교의 한계점 인식과 설교학적 함의", 「신학지남」 88/1 (2021), 151-79.

1. 미디어 발전에 따른 설교의 변화

설교는 미디어를 통해 메시지를 전달하는 커뮤니케이션 사건이다. 설교의 메시지는 목소리, 문자 등 언어적 매체뿐만 아니라 몸짓, 표정 등 다양한 비언어적 매체를 통해서 전달된다. 기술의 발전에 따라 설교자들은 이러한 전통적 매체 외에 라디오, 텔레비전, 인터넷 등 다양한 뉴미디어를 활용하여 메시지를 청중과 소통해 왔다.

현재 코로나19 대유행을 지나며 경험하는 디지털 미디어 환경에서 어떻게 효과적으로 설교할 수 있을지를 살펴보기 위해서 먼저 역사적으로 커뮤니케이션을 위한 미디어가 어떻게 발전해 왔고, 이에 따라 설교가 어떻게 변화되어 왔는지를 살펴보는 것이 선행해야 할 것이다.

1) 인쇄 매체와 문자 시대의 설교

말씀의 선포에서 설교자들이 사용한 최초의 매체는 다름 아닌 설교자 자신의 몸이었다. 구약의 예언자들이 하나님으로부터 말씀을 받았을 때에 그리고 사도들과 제자들을 포함한 초기 그리스도인들이 예수 사건을 목격했을 때, 이들은 이를 입으로 몸짓으로 다른 이들에게 직접 전달했다.

그러나 이러한 구두 전승은 이내 기록 전승으로 발전했다. 사건이 일어난 후 얼마간 사건에 대한 증언은 구두로 전승되었지만, 이러한 방식은 그 사건에 참여하지 않았던 공동체의 다른 구성원들과 그 후대에게 구전으로 사건을 전달하는 데에는 한계가 있었기 때문에 구두 전승을 양피지와 파피루스들과 같은 기록 매체를 통해 전달하게 되었다.

그러나 양피지나 파피루스 등 기록물들은 부피가 커서 이동과 보관이 어려울 뿐만 아니라 값도 비싸서 대량으로 필사할 수도 없었기 때문에 널리 대중화되지는 못했다.

본격적인 기록 매체의 확산은 15세기에 구텐베르그의 인쇄술이 발명되면서부터이다. 마르틴 루터와 종교개혁 시대의 설교자들은 이러한 인쇄술의 발달에 힘입어 자신들의 설교를 소책자(tracts) 형태로 저렴한 비용에 인쇄하여 온 유럽에 배포할 수 있었다.

구텐베르그 이전에도 설교집들(homilaries)이 출판되어 유통되었지만 일부 고위 성직자들이나 수도원들 정도만 보관할 수 있었던데 반해, 구텐베르그 인쇄술은 출판에 대한 장벽을 낮춰 이전과는 비교할 수 없이 많은 양의 설교집들과 교리서들의 출판을 가능하게 했다.

이러한 인쇄 매체의 확산에 따른 구두 문화에서 문자 문화로의 전이가 설교에 미친 영향은 단지 설교문의 대량 유통을 가능하게 한 데 그치지 않고 청중의 이해 방식과 그로 인한 설교 방식의 변화를 가져오게 되었다. 마이클 로그니스(Michael Rogness)는 인쇄술이 설교에 미친 영향을 다음과 같이 기술한다.

> 책의 인쇄 때문에 커뮤니케이션의 스타일이 말로 하던 이야기꾼들의 커뮤니케이션 스타일과는 완전히 다르게 변화되었다. 인쇄된 글이 자세하고 연속적이며 논리적인 사고의 전개에 적합했기 때문에 시적이고 맛깔스러운 언어가 서술적이고 논리적인 언어에 자리를 내주었다. 기억을 돕기 위한 비유적인 말은 이미 한 번 말한 낱말이나 생각을 두 번 다시 반복할 필요가 없는 경제적이며 정확한 산문에 그 자리를 양보했다. …(중략)…
> 자연히 인쇄의 세계는 설교에 영향을 주기 시작하였다. 설교는 주의 깊게 원고로 준비되었으며, 논리 정연한 사고를 보여 주었다. 한 가지 사상이 확대되어 여러 가지 서로 다른 관점에서 생각될 수도 있었다. 설교자들은 부지런히 설교 원고를 준비하여 강단에서 읽었고, 사람들은 장황한 주석설교에 익숙하게 되었다.[7]

---

[7] 주승중 편역, 『영상세대를 향해 이렇게 설교하라』 (서울: 예배와설교아카데미, 2004), 122-23. Cf. Michael Rogness, *Preaching to a TV Generation* (Lima, Ohio: CSS Publishing,

즉, 오늘날 보편화된 논리적, 분석적이며, 선형적인 형태의 설교를 대중화한 동인은 인쇄 매체의 등장이라는 것이다. 책 없이 기억에 의존해 설교해야 하는 구술 언어는 선형적이기보다는 비선형적이다. 한 가지 주제로 긴 시간 동안 맥을 놓치지 않고 논리적으로 이야기하는 것은 기억이 뛰어나고 수사학적인 훈련이 잘 되어 있는 사람이 아니라면 매우 어려운 일이다.

그러므로 대부분의 구술 담화는 연속적 형태의 선형성을 띠기보다는 분절된 형태의 선형성, 혹은 다시 돌아가거나 반복하는 형태, 혹은 이야기가 가지치기를 하는 식의 비선형적 형태를 띠게 된다.[8] 그러나 문자 시대의 설교자들은 기록된 성경의 내용을 분석하고 그 결과 얻은 주제 혹은 사상을 첫 문장에서부터 마지막 문장까지 논리적 연속성을 가지고 원고를 작성하고, 이러한 설교에 익숙해진 청중 역시 그러한 논리적, 분석적, 선형적 형태의 설교에 익숙해졌다.[9]

설교자와 청중 모두 같은 텍스트를 읽고 이해하려는 목표를 가지고 설교에 접근하기 때문에, 삐에르 바뱅(Pierre Babin)이 말한 바와 같이 균일한 지식을 가지고 균일한 실천을 하는 문자 이전 시대와는 "다른 종류의 그리스도인"을 태어나게 했다.[10]

2) 전자 영상 매체와 문자 이후 시대의 설교

이러한 인쇄 매체의 영향력은 전기전자 미디어의 등장과 함께 전환점을 맞이하게 된다. 1837년 전기 전신(electrical telegraph) 실험에 성공한 이래 전

1994).
8 최인식, 『미래 교회와 미래신학』 (서울: 대한기독교서회, 1996), 136-37.
9 최인식은 인쇄 매체 시대 설교의 형태는 서론부터 결론으로 이어지는 직선적 형태로서 단락이 반복적이지 않고 상호대체적이지 않으며, 청중이 설교자의 논리적 흐름에 거부할 수 없도록 진행된다고 묘사한다. Ibid., 137-38.
10 삐에르 바뱅, 『종교 커뮤니케이션의 새시대』, 유영난 역 (왜관: 분도출판사, 1993), 51-52.

신, 전화, 라디오 등 전기적 신호를 이용한 다양한 전기전자 오디오 매체들이 등장했다. 에이미 맥퍼슨(Amiee Semple McPherson)과 찰스 풀러(Charles Edward Fuller)와 같은 설교자들은 당시 뉴미디어였던 라디오의 활용을 극대화하여 미디어를 통한 대중전도에 큰 성과를 거뒀다.[11]

한국에 라디오기독교방송이 1954년이라는 이른 시기에 미국 복음주의자들의 후원에 힘입어 시작된 것도 이러한 미디어의 영향력을 인식했기 때문이라 볼 수 있다.[12] 그러나 무엇보다 텔레비전이라는 전자 영상 매체의 등장은 이전의 미디어들과는 매우 다른 방식으로 설교 사역에 지대한 영향을 미치게 되었다.

텔레비전의 가장 큰 특징은 시청각적 경험을 제공하는 영상 매체였다는 것이다. 이전에도 사진이나 영화와 같은 시각적 경험을 제공하는 매체가 있었지만, 사진은 음성 없이 이미지만 제공한다는 점에서 영화는 제한된 시간 내에만 경험할 수 있는 매체라는 점에서 텔레비전과는 달랐다. 더 나아가 1960년대 미국에서부터 실제 신체적 경험에 근접한 경험을 주는 컬러 텔레비전이 대중화되기 시작함에 따라 텔레비전의 영향력은 더욱 커졌다. 텔레비전 설교자들의 등장은 교회가 이 새로운 매체를 복음전도를 위해 활용한 자연스러운 결과였다.

빌리 그레이엄과 같은 유명 설교가들은 라디오에서 TV로 주요 활동 무대를 옮기게 되었다. 제리 팔웰(Jerry Falwell), 오랄 로버츠(Oral Roberts), 팻 로버트슨(Pate Robertson), 지미 스웨거트(Jimmy Swaggert)와 같은 텔레비전 전도자들(televangelist)이 등장한 것도 컬러 텔레비전이 등장한 이후부터이다.[13] 대개 텔레비전 설교는 예배 실황을 중계하는 방식이었지만, 팻 로버트슨이

---

[11] Quentin J. Schultze, "Evangelical Radio and the Rise of the Electronic Church, 1921-1948," *Journal of Broadcasting and Electronic Media* 32/3 (1988): 294-301.
[12] 이성민, "한국의 초기 라디오 방송 문화 형성과 기독교 방송의 위치", 「언론정보연구」 56/4 (2019), 128.
[13] Gregor T. Goethals and Phillip Charles Lucas, "Religious Broadcasting," Encyclopedia.com, accessed August 24, 2021., https://www.encyclopedia.com/environment/encyclopedias-almanacs-transcripts-and-maps/religious-broadcasting.

나 짐 베이커 같은 설교자들은 교회가 아닌 잘 꾸며 놓은 스튜디오에서 부흥회식 설교 스타일을 동원해 음악을 활용하거나 화면 너머 익명의 청중에게 호소하는 듯한 설교를 해서 영향력을 얻었다.

텔레비전은 방송 영상설교의 확산만이 아니라 지역 교회들의 설교 방식에도 변화를 가져왔다. 영상 매체인 텔레비전에 익숙해진 청중은 이전의 논리적이고 분석적인 에세이 형식의 원고를 낭독하는 방식의 설교를 지루해 했다.[14] 동적인 시청각 영상을 제공하는 텔레비전에서 설교자 혼자서 똑같은 음성으로 서론부터 결론까지 원고를 읽어 나가는 설교를 듣는 것은 영상 매체 시대 청중에게 견디기 힘든 일이 되었다.

최인식 교수가 지적한 바와 같이 설교자가 원고를 읽어 내리는 동안 청중은 설교의 직선적 논리에 따라 계속 집중하기보다는 머릿속으로는 이리저리 헤매는 경우가 많았던 것이다.[15]

영상 시대 청중은 설교가 더 이상 "읽는 행위"가 아닌 보고, 듣고, 말하고, 느끼고, 움직이며, 참여하는 행위가 되길 원했다. 그러므로 영상 시대의 설교는 하나님에 관한 정보 혹은 지식을 전달하고 이해를 추구하는 설교를 넘어서 하나님과 하나님의 말씀을 체험하는 설교가 되어야 했고, 설교자들은 "그리스도의 메시지를 시청각적으로 표현"해야 하는 과제를 갖게 된 것이다.[16]

즉, 이제 설교자의 과업은 하나님에 관한 글을 쓰고 읽는 것을 넘어 어떻게 하나님의 말씀을 표현하고 청중을 말씀 경험으로 초대할 수 있을 지하는 것이 되었다. 이런 점에서 영상 시대에 "듣는 설교"에서 "보는 설교"로 전환되었다는 정인교 교수의 지적은 적절하다.[17]

---

14 마이클 로그니스는 영상 매체 시대에 "건전한 신학과 논리를 갖춘, 주의 깊게 쓰인 에세이"로서 설교문을 강단에서 읽는 것은 더 이상 바람직하지 않은 것이 되었다고 주장한다. 주승중, 『영상세대를 향해 이렇게 설교하라』, 133.
15 최인식, 『미래 교회와 미래신학』, 140.
16 삐에르 바뱅, 『종교커뮤니케이션의 새시대』, 57.
17 정인교, 『정보화 시대 목회자들을 위한 설교 살리기』 (서울: 생명의말씀사, 2000), 197.

그렇다면 듣는 설교가 아닌 보는 설교는 어떻게 달라졌을까?

설교학자들은 크게 두 가지 점에서 보는 설교를 위한 방법론을 제안했다. 하나는 실제 육체적 감각기관인 눈으로 보는 설교를 위한 것이고, 다른 하나는 상상력을 통해 마음속에 그려 보는 설교를 위한 것이었다. 존 킬링거(John Killinger)의 『실험적 설교』(Experimental Preaching)에 제시된 대화식 설교, 연극식 설교, 실물설교 등 다양한 설교 방법들은 실제 육체를 통해 경험하는 시청각 경험을 제시하는 방법들이었다.[18]

또한, 퍼포먼스 설교학자들은 설교자들이 표정과 음성, 몸짓, 움직임 등을 다양하게 표현 함으로서 정물적 읽기(static reading)로서의 설교가 아닌 동적이며 연행적인 설교(active performance)를 통해 살아 있는 말씀 사건을 수행할 수 있도록 제안했다.[19]

이렇게 육체적 감각기관을 통해 보는 설교와 함께 상상력을 통해 보는 설교를 위한 방법론들도 제시되었다. 프레드 크래독을 비롯하여 찰스 라이스, 유진 라우리, 데이비드 버트릭 등 새로운 설교학운동을 열어 간 설교학자들은 이야기와 상징, 이미지 등을 설교에서 적극적으로 활용하고 이를 플롯과 같은 설교의 이야기 구조 혹은 흐름(movement)로 구체화하여 청중이 상상력을 발휘하여 마음속으로 설교자가 말하는 장면들을 그려 내면서 설교에 참여할 수 있도록 해야 한다고 주장했다.[20]

이를 위해서 귀납적 설교나 내러티브 설교 등 비선형적 구조를 가진 설교로의 변화뿐만 아니라 개념적이고 분석적인 언어보다 시적이고 은유적

---

18 John Killinger(ed.), *Experimental Preaching* (Nashville and New York: Abingdon, 1973).
19 정재웅, "설교에서 하나님 현존의 체화된 경험", 「신학과 실천」 73 (2021), 164-71.
20 프레드 크래독이 『권위 없는 자처럼』에서 1960년대 미국 교회가 겪은 설교의 위기의 원인 중 하나로 TV의 등장으로 영상 시대가 도래했음을 적시한 바와 같이 새로운 설교학운동의 등장은 시청각 경험을 제공하는 영상 매체의 등장과 무관하지 않다. 크래독을 필두로 한 새로운 설교학이 시작될 무렵이 미국에서 컬러TV의 대중화 시기와 겹친다는 것은 이들 설교학자들의 고민이 영상 매체의 대중화와 연관되어 있음을 보여 준다. 프레드 B. 크래독, 『권위 없는 자처럼』, 김운용 역 (서울: 예배와설교아카데미, 2003), 42-45.

인 그림 언어들, 상상력을 일으키는 환기적 언어(evocative language)들로 설교할 것을 장려했다. 새로운 설교학운동은 문자 시대(Literacy culture)에서 문자 이후 시대(Post-literate Age)로 전환에 따라 설교의 패러다임이 전환되었음을 보여 준다.

즉, 텍스트의 정확한 이해를 추구하는 문자 문화에서 요구되던 정확한 개념의 이해, 연역법으로 대표되는 논리적 연속성, 명료한 언어, 분석적 사고 등의 전통적 덕목에 따른 설교에서 유동적이며 체험적이고 비선형적 해석학적 경험을 재현하는 것을 목표로 상상력, 상징, 이미지, 이야기 등을 활용한 설교로 패러다임이 전환된 것이다.

여기서 주의할 점은 문자 이후 시대가 문자 폐기 시대를 의미하지 않는다는 점이다. 문자가 존재하지 않던 문자 이전 시대와는 달리, 문자 이후 시대의 인류는 수천 년간 발전해 온 문자 시대의 문법에 익숙해져 있다. 여전히 문자 시대의 덕목인 논리적 연속성과 개념적 추론, 분석적 사고 등은 영상 매체에 익숙한 현 세대의 사유방식에도 작동하고 있다.

그러므로 개연성이 없는 이야기, 지나치게 비약이 심한 연설, 사태나 텍스트에 대한 분석이 미흡하거나 결여된 담론 등은 여전히 환영받지 못한다. 오히려 이미지와 상징이 풍부하여 청중이 상상력을 발휘할 여지를 주면서도 논리적 개연성을 잃지 않는 서사적 논리를 갖춘 이야기를 보고 싶어 한다.

예를 들어, 영화 〈기생충〉과 같은 작품은 영화 속 잘 짜인 서사 구조 속에 다양한 미장센과 공간 배치 등을 통해 전달되는 상징들과 이미지들을 잘 녹여 내 전개함으로써 영화가 전달하고자 하는 이야기가 완결성과 개방성을 갖기 때문에 환영을 받는 데 반해, 어떤 작품들은 많은 상징과 이미지들을 배치해서 화려한 영상을 보여 주지만 논리가 엉성하고 개연성이 부족한 서사 때문에 외면받기도 한다.

그러므로 영상 시대의 청중은 일방적이고 건조한 주장만을 펴는 산문식 전개에 대해서 견디지 못해 하지만 동시에 이해할 수 없는 이미지만을 나열하는 전개 혹은 서사적 흐름을 파괴하는 난삽한 전개에 대해서도 견디지 못해 한다. 그러므로 문자 이후 시대의 설교는 문자 시대의 논리성과 영상 시대의 이미지와 상상력이 풍부한 표현력 모두를 가지고 메시지를 전달할 수 있어야 하는 것이다.

3) 디지털 미디어의 등장과 설교에서의 활용 실태

이러한 전자 영상 매체의 영향력은 현재까지 지속되고 있지만, 20세기말부터 시작되어 이제는 4차 산업혁명으로 일컬어지는 디지털 혁명의 물결 속에서 이전의 전자 매체와는 다른 다양한 디지털 뉴미디어들이 등장하게 되었다.

전자 미디어는 정보를 어떤 방식으로 처리하느냐에 따라 아날로그 미디어와 디지털 미디어로 구분할 수 있다. 텍스트, 그래픽, 이미지, 오디오, 비디오 등 개별 미디어들이 아날로그 신호로 처리된 것을 아날로그 미디어라고 부르고, 디지털 신호로 처리된 것 혹은 디지털화한 것을 디지털 미디어라고 부른다.

예를 들어, 전자 미디어 중에서도 전파나 전자기적 신호 등 아날로그 신호로 정보를 처리하는 전화, 전신, 팩스, 축음기, 라디오, 녹음기, 필름, 비디오 테이프, 아날로그 텔레비전 등을 아날로그 미디어라고 한다면, 0 또는 1의 이진 코드로 구성되는 비트(bit) 혹은 디지트(digits)를 통해 수리적으로 표현되는 디지털 신호로 정보를 처리하는 컴퓨터, 인터넷 전화, PDA, MP3, CD, DVD, 디지털 카메라, 디지털 텔레비전, 스마트폰 등을 디지털 미디어라고 할 수 있다.

디지털 미디어는 이진법적 디지털 신호를 사용하는 컴퓨터의 발달과 함께 시작되었는데, 현대 과학 기술의 급격한 발달에 따라 컴퓨터의 정보 처리 속도, 저장 능력과 네트워크 전송 속도가 고도화되면서 이런 디지털 신호들로 구성된 데이터들을 대용량으로 쉽고 빠르게 처리할 수 있게 되었다.

특히, 개별 컴퓨터들을 연결하여 정보를 전송하는 네트워크 시스템으로 계발된 인터넷이 전 세계적인 연결망으로 발전한 월드와이드웹(WWW-World Wide Web)이 1989년 등장하고 정보 통신 기술의 발전에 힘입어 초고속으로 대용량 디지털 데이터들을 전송할 수 있게 되면서 디지털 혁명이 가능하게 되었다.[21] 즉, 개별 지역이나 국가의 벽을 넘어 전 세계가 네트워크로 연결되어 어디서나 접속이 가능한 글로벌 콘텐츠 유통망이 형성된 것이다.

또한, 이러한 기술적 토대 위에 이후 가속화한 디지털 혁명은 개인들이 경제적으로 큰 비용을 들이지 않고 복잡한 기술적 지식을 가지지 않고도 텍스트, 이미지, 동영상 등을 개별혹은 통합적으로 생산, 공유 및 유통할 수 있는 디지털 디바이스와 미디어 플랫폼들의 등장을 가능하게 했다.

아이폰의 등장과 함께 전 세계적으로 대중화된 스마트폰이 그러한 디지털 디바이스의 대표주자라면, 스마트폰이나 컴퓨터를 통해 활용하는 트위터, 페이스북, 블로그, 유튜브, 카카오톡, 네이버밴드 등 다양한 소셜미디어가 21세기 디지털 혁명 시대의 미디어 플랫폼이라고 할 수 있다.

이러한 디지털 미디어의 발달은 콘텐츠의 생산 및 유통 환경을 근본적으로 변화시켜서 방송이나 신문과 같은 거대 미디어 기업들이 콘텐츠를 독점적으로 생산 및 유통하는 방식의 매스미디어 시대를 넘어 개인 및 소규모 단체가 콘텐츠를 생산하고 접근 및 유통이 용이한 미디어 환경을 창출했다.

즉, 이전의 아날로그 방송 시대에는 방송영상 장비가 매우 고가였고 기술적인 장벽 역시 높았기 때문에 영상으로 콘텐츠를 제작하고 송출하는 것은 방송국과 같이 거대한 자본과 기술을 가진 집단에서만 가능한 일이었다. 그러나 디지털 미디어가 대중화되면서 개인이나 소규모 단체들은 스마트폰과 디지털 카메라, 컴퓨터 등을 활용해 매우 저렴한 비용에 기술적으로도 간편하게 콘텐츠들을 생산하고 소셜 미디어들을 통해 대중과 공유할 수

---

21 국내의 경우 1986년 데이콤이 천리안 서비스를 시작하면서 PC통신이 보급되기 시작했고, 1997년 초고속 인터넷이 도입되면서 급속하게 정보화 사회로 진입하게 되었다.

있게 되었다. 유튜버, BJ, 크리에이터, 블로거와 같은 1인 미디어 창작자가 기존의 방송국이나 신문, 잡지와 같은 거대 미디어 기업들과 공존하며 활동할 수 있는 새로운 미디어 환경이 만들어진 것이다.

그렇다면 한국 교회는 이러한 디지털 혁명의 흐름에 얼마나 효과적으로 대응해 왔을까?

안타깝게도 필자가 볼 때에 한국 교회의 대응은 조금씩 늦어 왔으며 교회의 규모와 환경 및 기술에 대한 신앙적 접근 방식에 따라 디지털 기술에서 소외되고 고립된 교회들도 많은 것이 현실이다.

국내에서 케이블TV인허가가 시작된 1990년대 중 후반부터 2000년대 초반까지 C3TV, CTS, CBS, CGNTV 등 기독교TV 방송사들이 설립되면서 케이블과 인터넷 등을 통해 대형 교회들의 예배 실황을 방영하고 다양한 기독교 영상 콘텐츠들을 제작해 왔다. 그러나 국내에서 컬러 텔레비전 방송이 전면 시행된 것이 1980년임을 생각할 때, 교회의 뉴미디어 환경 진입은 15년 이상 지체됐다고 할 수 있다.

이는 라디오 방송이 1954년이라는 비교적 이른 시기에 시작되었다는 사실과 비교되는 지점이다. 지역 교회들의 경우 1990년대 후반부터 멀티미디어 예배가 확산되면서 빔 프로젝터와 스크린이 예배당에 설치되고 방송실에 영상 조작을 위한 장비들이 들어오기 시작했다. 동 시기에 초고속인터넷이 발달함에 따라 많은 교회가 홈페이지를 개설하고 설교 녹화영상을 올려 공유하기 시작했고 이러한 모습은 이제는 어느 정도 보편화된 상황이다.

이러한 변화는 미국 등 다른 세계 교회들과 비교해도 비교적 빠른 시기에 시작되었지만, 이러한 변화 속에서 시작된 영상설교는 올드미디어인 인쇄 미디어의 문법으로 뉴미디어를 사용하는 데 그치는 경우가 많았다.

넓은 의미에서 영상설교를 설교 실황을 중계하거나 녹화하여 설교 영상을 보여 주는 것이라고 본다면, 좁은 의미에서 영상설교는 이미지나 영상을 설교 안에 접목하여 설교의 일부분으로서 활용하는 방식이라고 할 수 있다.

정인교 교수는 영상설교란 "음성, 그림, 문자 등이 종합된 영상정보를 멀티미디어를 통해 설교와 결합함으로 '설교내용의 전달'을 극대화하려는 설교"로 정의하는데, 이는 좁은 의미에서의 영상설교를 뜻한다고 할 수 있다.[22] 넓은 의미에서의 영상설교는 앞서 언급한 바와 같이 기독교TV방송을 통해서, 유튜브 등 동영상 플랫폼들을 통해서, 그리고 현장예배를 드릴 때 예배당과 부속 건물 혹은 지성전에 설치된 스크린이나 화면을 통해 송출됨으로 활용되었다.

이러한 경우 대부분 영상 매체의 특성은 거의 반영되지 않고, 기존의 원고 낭독형 설교나 구술 형식의 설교를 하는 경우가 대부분이었다. 즉, 앞서 언급한 바와 같이 영상 매체라는 뉴미디어를 통해 설교를 함에도 불구하고 인쇄 매체의 문법으로 설교를 하는 경우들이 많았다는 것이다.

또한, 설교에 이미지, 문자, 영상들을 포함시켜 실행하는 영상설교에서도 뉴미디어의 특성을 제대로 반영하지 못하고 올드미디어의 방식으로 설교하는 경우들이 많았다. 즉, 많은 설교자가 영화나 드라마, 광고에서 잘라낸 영상이나 혹은 이미지들을 설교의 시작 전이나 중간, 마무리 부분에 활용할 때에 설교의 메시지와 역상을 조화롭게 통합하여 활용하지 못하고 단편적인 예화로 활용하는 경우가 많았다. 이러한 영상을 설교에 활용하는 방식은 문자 시대의 원고 설교에서 예화를 활용하는 방식과 크게 다르지 않다.

그러므로 영상의 이미지가 메시지를 압도하여 메시지는 사라지고 이미지만 남거나, 반대로 영상을 설교에서 활용함에도 불구하고 텍스트의 분석에 치중한 나머지 영상과 설교가 분리되는 문제를 낳게 된다.

더 나아가 디지털 기술이 보다 발전한 현재, 실시간 쌍방향 소통을 가능하게 하는 디지털 미디어는 단지 설교 영상의 송수신을 위한 플랫폼 이상의 기능을 감당할 수 있음에도 이러한 디지털 미디어의 특성을 반영한 영

---

22   정인교, 『특수 설교』(서울: 두란노, 2007), 108, 107-11.

상설교 혹은 디지털 설교의 예들을 찾기가 매운 드문 상황이다.

즉, 기존의 아날로그 전자 영상 매체나 초기 디지털 영상 매체들이 기술의 한계로 인해 일방적이고 선형적인 매스커뮤니케이션 방식을 취할 수밖에 없었던 것과는 달리, 현재 디지털 미디어들은 하이퍼링크로 연결된 네트워크를 통해 디지털 콘텐츠 수신자들이 콘텐츠 생산자들과 동시적, 비동시적으로 상호작용을 할 수 있게 해 주며, 선형적 텍스트 경험을 넘은 비선형적 하이퍼텍스트 경험을 제공할 수 있게 해 줌에도 불구하고,[23] 이러한 디지털 미디어의 특성이 디지털 영상설교에 반영이 제대로 되지 않고 있다는 것이다.

또한, 교회 내에 디지털 문화에 익숙하지 않은 디지털 이주민(Digital Immigrants) 청중이 다수이고 디지털 문화에 익숙한 디지털 원주민(Digital Natives) 청중이 소수이다 보니 설교자는 디지털 이주민에게 보다 초점을 맞춰 소통하고 이는 디지털 원주민과 소통을 방해하는 요소가 되고 있다.[24]

즉, 하이디 캠벨(Heidi Campbell)이 지적하는 바와 같이, 미디어는 기술과 사람이 상호작용하면서 기술적 층위와 함께 문화적 층위를 구성하고 있기에[25] 단순히 디지털 미디어를 기술적으로 활용하는 것을 넘어서 디지털 미디어가 창출하는 디지털 문화의 특성을 설교에서 반영해야 함에도 불구하고 이러한 시도들이 미흡하다는 것이다. 그러므로 포스트 코로나 시대 효과적인 온라인설교를 위해서는 디지털 미디어의 특성과 디지털 시대 청중의 문화에 대한 깊은 이해가 필요하다.

---

23 실례로 전자책(E-Book), 웹페이지, 유튜브 영상에서 외부 콘텐츠로 연결시키 주는 하이퍼링크가 삽입되어 있는 경우들을 많이 볼 수 있다. 심지어 종이책이나 각종 인쇄물에 QR코드가 삽입되어 있는데, 독자들은 스마트폰으로 해당 QR코드를 찍으면 하이퍼링크로 연결된 웹페이지 등 온라인 콘텐츠로 접속하게 된다.
24 마크 프렌스키(Marc Prensky)가 처음 사용한 "디지털 원주민"(Digital Native)이라는 용어는 현재를 살아가는 젊은 세대들이 디지털 언어를 원어민(native speaker)과 같이 사용하고 있다는 의미로 사용되었다. 계재광, "4차 산업혁명 시대 디지털 네이티브(Digital Natives) 세대에 적합한 리더십을 위한 연구", 「신학과 실천」 62 (2018), 587.
25 Heidi A. Campbell, *When Religion Meets New Media* (London and New York: Routledge, 2010), 10.

2. 디지털 미디어와 디지털 문화 그리고 디지털 설교

디지털 기술은 디지털 미디어를 만들어 내고, 디지털 미디어는 디지털 문화를 형성한다. 그러므로 현시대 청중이 내면화한 디지털 문화의 특징들은 디지털 미디어의 특성과 불가분의 관계라고 할 수 있다. 즉, 디지털 미디어의 특성을 이해하는 것은 디지털 문화를 이해하고, 더 나아가 디지털 시대 청중을 이해하는 데 도움이 될 수 있다.

디지털 미디어의 특성은 여러 가지로 기술될 수 있지만, 가장 두드러진 특징으로 하이퍼텍스트성(hypertextuality), 상호작용성(interaction), 상호연결성(interconnectivity)을 들 수 있다. 필자는 이에 상응하는 디지털 문화의 특징들을 창의성, 능동적 참여, 혼종적 정체성의 관점에서 접근하고자 한다.

1) 하이퍼텍스트성(Hypertextuality)과 창조성(Creativity)

하이퍼텍스트성은 대표적인 디지털 텍스트인 하이퍼텍스트의 특징을 이르는 말로, 하이퍼텍스트의 비선형적 문학적 특성과 다양한 정보를 통합하여 접근할 수 있게 해 주는 특성을 이른다. "하이퍼텍스트"라는 말은 "너머서"(over 혹은 beyond)를 의미하는 그리스 접두어 "ὑπερ-"에서 온 영어 접두사 hyper라는 말과 본문을 의미하는 text의 결합어이다.[26]

뉴미디어 학자인 이재현은 하이퍼텍스트(hypertext)란 "개별 정보들을 링크를 이용해 유기적으로 연결시킴으로써 비연속적, 비선형적 체계로 구성해 낸 전자전 텍스트 또는 정보조직 구조"로 정의한다.[27] 이재현의 정의는 기술적인 관점과 문학적 관점에서 하이퍼텍스트의 특징을 나타내 준다.

---

26 여기에서 텍스트는 활자로 인쇄된 텍스트만을 의미하지 않고, 의미를 전달하는 단위를 지칭한다.
27 이재현, 『멀티미디어와 디지털 세계: 뉴미디어란 무엇인가?』 (서울: 커뮤니케이션북스, 2004), 117.

먼저 기술적인 관점에서는 텍스트, 그래픽, 사운드 등 정보를 담고 있는 단위들인 노드(node)들이 다른 정보단위로의 이동을 나타내는 링크(link)를 통해 상호연계되어 구성된 텍스트 혹은 정보조직 구조이다.[28] 이는 하이퍼텍스트가 링크를 통해 다양한 정보를 통합하는 기능을 할 수 있음을 보여 준다. 즉, 인터넷 신문이나 블로그 혹은 전자책에서 보듯이 한 웹페이지 안에서 하나의 텍스트는 하이퍼링크를 통해 다른 텍스트로 연결될 수 있을 뿐만 아니라 텍스트와 관련된 이미지와 영상, 사운드, 그래픽 등을 통합적으로 접근할 수 있도록 해 주는 것이다.

즉, 하이퍼텍스트의 연결성이 인쇄물과 같은 전통적 텍스트에서는 불가능했던 멀티미디어로서의 텍스트, 그리고 다른 정보들과 상호연계된 네트워크화된 텍스트를 구성할 수 있도록 해 주는 것이다.

이러한 기술적인 특징은 더 나아가 텍스트의 문학적 특성도 바꾸어 놓는다. 1965년 하이퍼텍스트라는 용어를 처음 고안한 시어도어 넬슨(Theodor H. Nelson)은 하이퍼텍스트의 문학성에 관해 다음과 같이 말한다.

> 하이퍼텍스트는 비선형적 글쓰기-분기 구조를 갖고 있어서 독자에게 선택의 기회를 주고 상호작용적 스크린에서 가장 잘 읽힐 수 있는 그런 텍스트를 의미한다. 주지하는 바와 같이 이것은 일련의 텍스트 덩어리로서 독자에게 다양한 길을 제공하는 링크들에 의해 연결된다.[29]

여기에서 넬슨은 하이퍼텍스트의 연결성이 비연속성 및 비선형성이라는 고유한 문학적 특성을 만들어 냄을 적시하고 있다.

즉, 전통적인 텍스트는 선형적 연속체 구조를 갖고 있기 때문에 앞선 단락에서 이어지는 단락으로, 1페이지에서 2페이지로, 1장에서 2장의 순으로

---

28 Ibid., 118.
29 Ibid. 118. 재인용: Theodor H. Nelson, *Literary Machines* (Sausalito, California: Mindful Press, 1980), 2.

이어지는 선형적인 텍스트 독서 구조를 가지고 있는데 반해, 하이퍼텍스트는 그 구조가 비연속적이어서 텍스트를 앞에서 뒤로 읽어 나가는 것만이 아니라 네트워크를 따라 옮겨 다니거나 연결된 텍스트로 이동했다가 돌아올 수 있다. 그러므로 하이퍼텍스트 이용은 독서(reading)라기보다는 브라우징(browsing) 혹은 항해(navigating)로 표현된다.[30]

물론, 전통적 텍스트에서도 각주나 관주를 통해 다른 텍스트들과 연결될 수 있지만 텍스트의 기반 위에 정보가 확장된다는 점에서 텍스트의 독서 과정이 나무(tree) 구조로 묘사되는데 반해, 하이퍼텍스트는 동등한 입장에서 텍스트들을 연결한다는 점에서 하이퍼텍스트의 이용 방식은 뿌리 줄기 혹은 리좀(rhizome)으로 묘사된다. 즉, 아래 도표에서 보듯이 전통적 텍스트의 독서는 선형적인데 반해, 하이퍼텍스트의 독서는 비선형적이라는 것이다.

〈그림 4.1〉 선형적 커뮤니케이션　　　〈그림 4.2〉 비선형적 커뮤니케이션

이러한 비선형적 하이퍼텍스트의 특징은 앞서 언급한 바와 같이 콘텐츠에 접근할 때에 처음부터 끝까지 순차적으로 볼 필요 없이 원하는 부분들을 스크롤을 내리면서 관심 있는 부분만 살펴본다든지 혹은 텍스트에 연결된 링크를 통해 관련된 다른 텍스트나 정보로 이동했다가 다시 돌아오는 식의 접근을 할 수 있게 한다.

예를 들어, 유튜브 영상을 본다고 할 때에 처음부터 끝까지 보기보다는 재생바를 이동하면서 관심있는 분야를 먼저 본 이후에 관심이 생기면 처음부터 끝까지 본다든지, 영상에 첨부된 링크를 클릭해서 다른 영상을 보고

30　Ibid., 119.

돌아온다든지 하는 방식의 시청이 가능한 것이다.

또한, 유튜브 영상 자체도 하나의 테이크로 계속 진행되기보다는 여러 컷으로 찍은 영상들과 관련된 이미지와 문자, 그래픽들을 다양하게 조합함으로써 앞뒤 내용이 비연속적이며 비선형적인 형태의 콘텐츠를 만들 수 있게 한다. 이러한 특징은 기존의 매체들보다 훨씬 다양한 양식의 정보들을 통합적으로 경험할 수 있게 해 준다. 즉, 하나의 웹페이지나 단일한 영상에서 문자, 이미지, 영상, 음악 등 다양한 미디어들을 통합적으로 경험할 수 있게 해 준다.

이러한 비선형적이며 통합적인 하이퍼텍스트는 디지털 시대의 창조성을 강조하는 문화의 토양이 된다. 디지털 세대는 늘 새로운 것을 경험하기 원한다. 익숙하고 구태의연한 콘텐츠는 외면받을 수밖에 없다. 이전의 세대와는 다른 문화, 다른 경험을 하기를 원한다.

그러나 이들이 이전의 문화와 완전히 분리된 새로운 것 혹은 무에서 유를 창조하는 식의 창조성을 요구하는 것은 아니다. 오히려 디지털 미디어 시대의 창조성은 콜라주나 팝아트와 같이 이전에 있던 것들을 조합하거나 재맥락화하여 새로운 것을 만들어 내는 것 혹은 기존의 대상을 보는 새로운 시각을 제공하는 방식으로서 창조성이다.

예를 들어, 유명한 그래피티 아티스트 뱅크시(Banksy)의 경우 그림 그 자체는 누구나 만들 수 있는 평범한 것이지만 이것을 새로운 맥락 안에 놓음으로써 새로운 이미지를 창출한다. 그의 작품 〈풍선을 든 소녀〉(Girl with Balloon)는 빨간 하트 모양의 풍선을 막 놓친 소녀의 이미지를 런던의 거리에 그려 놓은 것이다. 이러한 이미지는 어디에나 놓일 수 있지만, 삭막한 콘크리트 벽에 그것이 들어가면서 이 공간의 의미를 바꾸어 놓고 동시에 보는 이들에게 다양한 해석을 할 수 있는 여지를 열어 준다.[31]

---

31 후에 같은 그림을 캔버스에 인쇄하여 〈사랑은 쓰레기통 속에 있다〉(Love is in the Bin)라는 이름으로 소더비 경매에 내놓았다. 그런데 놀랍게도 전시 중 이 작품에 설치된 문쇄기가 작동하여 반쯤 파쇄가 되었다. 그런데 이것이 오히려 더욱 뱅크시다운 작품이라고

이러한 의미에서 작품은 창조성을 갖게 된다. 즉, 디지털 미디어 시대의 창조성은 기존에 없던 새로운 것을 만드는 것보다는 기존의 것을 비틀고 새로운 맥락 안에 놓음으로써 새로운 의미를 갖게 하는 것임을 이 작품은 보여 준다.

즉, 풍선을 든 소녀의 이미지라는 텍스트가 특정 컨텍스트에 고정되어 있지 않고 새로운 맥락 안에 놓일 수 있고 그렇게 함으로써 텍스트가 새로운 메시지를 전달하는 텍스트의 개방성(Openness), 다성성(Multivocality), 상호텍스트성(Intertextuality)의 특징을 보여 준다. 이는 텍스트를 다른 무엇과 연결함으로써 새로운 경험을 할 수 있게 해 주는, 전통적인 텍스트와는 구분되는 하이퍼텍스트의 독특한 특징이다.[32]

그렇다면 이러한 하이퍼텍스트의 특성은 설교에서 어떻게 적용될 수 있을까?

하이퍼텍스트의 이러한 특성을 불편해하고 불안해하는 이들이 있을 수 있겠지만, 필자는 이것이 창조적인 설교를 위한 도구가 될 수 있다고 생각한다. 예를 들어, 정인교 교수는 포스트 코로나 시대에 다양한 창의적인 설교 방식들이 실행되어야 함을 역설하면서 찬송설교, 영상설교, 연극설교, 판토마임설교, 판소리설교, 사람을 동원하는 2인 대화설교, 질의식 대화설교, 역할설교, 소그룹 대화설교, 매체를 활용하는 편지설교, 실물설교 등을 가능한 예로 제시한다.[33]

기존의 1인 설교자가 원고를 읽는 방식의 설교에 익숙한 이들은 이런 특수 설교들이 왜 필요한가라는 의문을 던질 수도 있고, 하나님 말씀으로서 권위를 손상시키지 않을까 걱정할 수도 있다.

하여 작품은 104만 파운드라는 높은 경매가로 팔리게 되었다. "Love in the Bin," Wikepedia, accessed August 26, 2021., https://en.wikipedia.org/wiki/Love_is_in_the_Bin.

32 George P. Landow, *Hypertext 3.0: Critical Theory and New Media in an Era of Globalization* (Johns Hopkins Univ, Press, 2006), 53-58.

33 정인교, "Post-COVID시대 설교", 166-68.

그러나 하이퍼텍스트의 세계를 살아가는 디지털 청중에게는 이러한 하이퍼텍스트 방식의 설교가 오히려 적합할 수 있다. 즉, 정인교 교수가 제시하는 특수 설교들은 성경이라는 텍스트와 찬송, 영상, 연극, 인터뷰 같은 다른 형태의 텍스트를 연결하는 방식이라는 점에서 하이퍼텍스트 설교라고 할 수 있다.

실제 설교의 실행도 선형적이라기보다는 비선형적 방식으로 진행된다. 설교를 하다가 찬송을 듣고, 다시 성경 본문으로 돌아와 이야기하고, 다시 영상을 보고, 다시 돌아오는 식의 설교를 한다. 기존의 선형적 텍스트성을 내면화한 청중이라면 이런 식의 설교를 통일성이 없이 왔다 갔다 하는 식이라고 불평할 것이다. 그러나 비선형적이며, 개방적이고, 다성적인 하이퍼텍스트에 익숙한 디지털 시대의 청중은 이러한 방식을 불편해하지 않고 오히려 긍정적으로 받아들일 수 있다.

일례로 만나교회 김병삼 목사는 2021년 6월 13일 주일부터 12주간 〈성령님과 함께〉라는 시리즈 설교를 실행하면서 다양한 형태의 특수 설교를 실행했다.[34] 먼저 부교역자들과 성도들이 스킷 드라마나 인터뷰, 토론, 소그룹 대화 등 다양한 방식을 통해 문제를 제기하면, 설교자가 이에 대해 대답하는 방식으로 설교를 한다. 문제 제기는 5분 이내로 짧지만 생생한 요즘 시대의 이야기와 고민들을 너무 심각하지 않고 웃으며 볼 수 있게 담고 있다.

설교자는 이러한 현 세대의 고민을 성경에 충실하게 기대어 응답한다. 전체적으로 설교가 청중과 설교자 간의 대화 형식을 띤다고 볼 수 있다. 설교를 보면 앞부분의 문제제기와 뒷부분의 구두 설교가 매끄럽게 잘 연결되어 있다. 12주 시리즈 설교를 위해 미리 주제와 퍼포먼스 방법들을 치밀하게 준비한 흔적이 보인다. 대형 교회이기 때문에 이런 새로운 방식으로 설교할 수 있다고 할 수도 있지만, 중소형 교회에서도 조금 더 수고한다면 영

---

34 김병삼 외, 『올라인교회』, 48-49.

상의 형식적인 질은 대형 교회의 영상에는 미치지 못하더라도 내용상에서는 충분히 창조적인 설교를 할 수 있다.

일례로 정인교 교수가 시무를 하는 강남성결교회의 경우 명화설교, 찬송설교, 영상설교 등을 시도했다. 2021년 8월 22일에 〈큰 길을 가는 통행료〉라는 제목의 설교의 경우 렘브란트(Rembrandt)의 〈사울 왕을 위해 비파를 연주하는 다윗〉이라는 그림을 사무엘상 10:10-24 본문과 결합하여 설교한다.[35] 인터넷에서 쉽게 구할 수 있는 그림이지만, 이를 활용하여 전달하는 설교의 내용은 깊이가 있고 짜임새가 있다.

앞서 영상설교에 관해 언급한 바와 같이 많은 한국 교회 설교자들이 이미지나 영상을 활용할 때에 단순한 예화 정도로만 활용하고 정작 설교가 시작되면 다른 내용으로 가는 경우가 많은 데 반해, 정인교 교수의 설교는 이미지와 성경 본문을 매우 긴밀하게 결합시키고 있다.

성경의 사건을 가지고 그린 그림이지만, 문자로서 성경 텍스트 행간에 감춰진 인물들 간의 심리와 갈등을 이미지를 통해 풍성하게 살려 내고 있는 것이다. 김병삼 목사의 설교가 전반부에 특수 설교적 내용을 배치하고 이후 설교자의 구술 설교가 이어지는 방식으로 다소 선형적인데 반해, 정인교 교수는 설교 내내 본문과 이미지를 왔다 갔다 하며 비선형적 방식으로 말씀에 대한 새로운 이미지를 빚어 낸다.

이와 같이 성경 본문에 대한 깊은 이해를 가지고 그림, 음악, 드라마, 인터뷰와 같은 다양한 형태의 인문학적 텍스트들과 조화롭게 연결시킬 수 있다면 많은 설교자가 하이퍼텍스트적인 창조적 설교를 할 수 있을 것이다.

---

35 정인교, 〈큰 길을 가는 통행료〉, 강남성결교회 (2021.8.22), https://www.youtube.com/watch?v=MsGXur9FF8U.

2) 상호작용성(Interactivity)과 능동적 참여(Active Participation)

디지털 미디어의 또 하나의 특징은 상호작용성이다. 인쇄 매체는 물론이고 라디오나 텔레비전 같은 전자매체들은 일방적 커뮤니케이션 방식을 가지고 있다. 글을 읽은 독자가 저자에게 자신이 느낀 것을 나눌 수 있는 기회는 독자가 직접 저자를 만나든지 편지나 전화 등을 통해 의사를 표시하는 방법밖에 없었다. 물론, 일반 독자가 저자를 만나거나 전화와 편지로 연락을 할 수 있는 경우는 극히 드물다.

또 독자가 저자에게 글에 대한 자신의 생각을 나눈다고 해도, 이미 쓰여진 글은 바뀌지 않는다. 라디오나 텔레비전과 같은 매스미디어의 경우도 마찬가지이다. 라디오 프로그램들 중 애청자 사연을 올려 주는 경우들이 있지만, 사연이 당첨되서 진행자들과 소통할 수 있는 이들은 극히 일부이다.

텔레비전 시청자들의 경우에는 각 방송사의 게시판에 의견을 달거나 전화와 문자 메시지로 의견을 표명하는 정도 외에 다른 상호소통의 채널은 거의 없다. 즉, 기존의 미디어들은 저자와 독자, 송신자와 수신자, 제작자와 사용자, 생산자와 소비자의 구분이 비교적 명확하여 독자 혹은 시청자들은 저자나 제작자가 공급하는 콘텐츠를 수동적으로 받아들일 수밖에 없었다.

반면, 디지털 미디어는 이들 간의 역할 구분이 모호해지고 동시적, 비동시적으로 상호작용할 수 있도록 해 준다. 유튜버들의 방송을 보면 실시간으로 수많은 댓글이 쏟아진다. 이에 대해 유튜버들은 누구 누구님이 이렇게 말씀해 주셨는데 하면서 즉각적인 피드백을 해 준다.

또한, 콘텐츠 제작자와 사용자 간의 상호작용만이 아니라, 사용자들 사이에서의 상호작용이 일어나기도 한다. 라이브 방송 중에 어떤 참여자가 댓글 창에 어떤 반응을 보이거나 질문을 하면, 진행자만 대답하는 것이 아니라 다른 참여자들도 댓글을 달아주면서 이들과 상호작용을 하는 것이다.

즉, 이전의 미디어에서 독자 혹은 청중이 수동적으로 콘텐츠를 수용할 수밖에 없었던 것과 달리, 디지털 미디어에는 독자와 청중이 능동적으로 적극적으로 반응하고 참여할 수 있게 된 것이다. 동시에 디지털 시대에 저자와 독자, 제작자와 사용자들 사이에 그리고 미디어 사용자 간 서로 쌍방향적으로 상호작용을 하는 다차원적 상호작용이 일어나는 것이다.

더 나아가 디지털 시대의 청중은 제작과정에 직접 참여할 수도 있다. 예를 들어, 어떤 유튜브 제작자가 특정 프로젝트를 진행할 때에 구독자들에게 이와 관련한 좋은 아이디어를 구할 수도 있고 이들의 의견을 반영할 수도 있다. 길거리에 나가서 일반인들과 인터뷰를 하는 방식으로 그들의 목소리가 콘텐츠가 되기도 한다.

각본에 따라 움직이기보다는 짜여진 틀 밖에서 날 것의 생생한 목소리가 들릴 때 구독자들은 더욱 긍정적인 반응을 보인다. 이러한 특징으로 인해 디지털 시대 청중을 프로슈머(prosumer) 혹은 모디슈머(modisumer)라고 부르기도 한다. 즉, 콘텐츠를 생산하기도 하고 고치기도 하는 청중이라는 것이다. 이는 디지털 미디어가 가진 상호작용성이 독자 혹은 청중의 능동적 참여를 강화하고 긍정하는 문화를 형성하고 있음을 보여 준다.

이제는 아무리 저자가 유능하고 유명하더라도 청중과 독자를 무시하고 일방적인 커뮤니케이션을 한다면 환영을 받지 못하는 시대가 되었다. 또한, 사용자의 참여를 강제할 수도 없다. 사용자가 본인의 의사에 의하여 자율적이며 능동적으로 참여하는 것은 보장되고 장려되지만, 제작자가 사용자에게 무엇인가를 하라고 하는 것은 폭력이 된다.

이러한 디지털 시대의 능동적 참여 문화를 설교에 어떻게 녹여 낼 수 있을까?

필자는 디지털 상호작용성을 반영한 설교자와 청중의 관계에 관한 탈권위적 이해에 기반한 대화적 설교 혹은 대화식 설교을 제안한다. 먼저 디지털 미디어의 상호작용성을 인정하는 설교자는 더 이상 청중에 대해 우월적 권위를 가지고 접근할 수 없다. 활자 문화에서는 저자의 권위(authority)가

강력했다. 앞서 언급한 바와 같이 독자는 저자에게 응답할 수 없었다. 응답을 한다고 해도 매우 제한적인 방식으로 저자의 필요에 따라 행해졌다. 그러나 디지털 미디어 시대에는 콘텐츠 사용자는 제작자와 평등한 입장이다. 어쩌면 소비자 선택권이라는 점에서 제작자보다 우월적 지위를 가진 것처럼 보일 수도 있다.

그러나 본질적으로 콘텐츠가 여전히 제작자에게서 나온다는 점에서 소비자가 우월적 지위를 가지고 있다고 볼 수는 없다. 이를 설교의 관점에서 보자면 크래독이 일찍이 이야기한 것처럼 설교의 공동창작자로서 청중이 등장했다고 볼 수 있다. 디지털 미디어의 상호작용성은 청중이 공동창작자로서 기능할 수 있는 공간을 열어 준다.

김병삼 목사의 〈성령과 함께〉 시리즈 설교에서 보듯이 부교역자들과 성도들이 설교의 청중이면서 동시에 공동창작자의 역할을 수행할 수 있다. 이러한 협력적 설교는 설교자가 자신의 배타적 지위와 독점적 권한을 주장하면 불가능하다. 혹자는 이러한 협력적인 설교가 말씀과 설교자의 권위를 훼손하지 않을까 우려하기도 한다. 그러나 청중도 역시 신앙을 가지고 말씀에 접근하고 있기에 이는 지나친 우려라고 본다. 오히려 설교자와 회중이 공동 작업한 설교를 통해서 회중은 더 깊이 말씀에 몰입할 수 있으며, 설교의 권위와 진정성을 인정할 수 있다.

현시대는 권위가 사라진 시대가 아니라 권위 인정 방식이 바뀌었을 뿐이다. 이전에는 지위에 의해 권위를 인정받았다면, 지금은 효능에 의해 권위를 인정받는 시대이다. 크리스틴 스미스의 말대로 설교를 진정한 하나님의 말씀으로 체험할 때에 설교자의 권위도 인정받을 수 있는 것이다.[36]

대화는 화자와 청자가 동등한 지위를 가지고 상호작용을 하는 방식이다. 대화에서도 설득이 일어나고 논쟁과 논박이 일어난다. 다만 대화를 통해서 일어나는 소통 방식과 결과는 기존의 일방향적 커뮤니케이션 모델과는 조

---

36 Christine M. Smith, *Weaving the Sermon: Preaching in a Feminist Perspective* (Louisville: Westminster John Knox, 1989), 47.

금 다르다. 권위를 주장하며 논리적으로 상대를 설득하려는 설교는 일종의 전투 혹은 씨름과 같다. 설복이라는 말과 같이 말로 상대를 굴복시키는 것을 목적으로 할 수 있다.

그러나 대화의 목적은 설복이 아니다. 대화는 이해와 합의를 목적으로 한다. 그러므로 설교자는 청중에 귀 기울이고 그들의 목소리를 존중하며, 자신의 메시지를 절대적 진리로 내세우지 않고 상대방이 진지하게 고려할 만한 잠정적 제안으로 제시한다.[37]

이렇게 설교자와 청중 관계에 관한 탈권위적 이해에 기반한 대화적 설교는 디지털 시대의 상호작용성의 문화, 청중 참여의 문화와 일치한다.[38]

더 나아가 설교자는 실제로 온라인설교 중에 대화식으로 설교할 수도 있다. 1인 방송 진행자들이 눈앞에는 보이지 않지만 화면 너머에 있는 청중을 향해 말을 걸고 대화하듯이 설교할 수 있는 것이다. 미국의 시카고 트리니티그리스도연합교회(Trinity United Church of Christ)의 오티스 모스 3세(Otis Moss III) 목사가 온라인설교를 하는 방식을 보면, 화면을 똑바로 쳐다보고 마치 화면 너머의 청중과 대화하듯이 말한다.[39] 권위가 느껴지지만 권위적이지 않으며, 청중과 상호작용을 하고자 함이 느껴진다. 앞서 언급한 바와 같이, 설교자가 이러한 말씀에 응답하는 청중에 반응해 주어야 한다.

한국의 여러 설교자들도 교회 게시판이나 이메일을 통해서 설교자에게 자신의 생각을 나누는 청중과 강단 위에서 그리고 아래에서 목회자의 마음을 가지고 소통해 왔다. 근래에 반기독교 세력과 이단사이비 종교들의 댓

---

37 Lucy A. Rose, *Sharing the Word: Preaching in the Roundtable Church* (Louisville: Westminster John Knox Press, 1997), 100.
38 이머징교회운동의 설교자로 알려진 덕 패짓(Doug Paggit)이나 대표적인 사이버교회인 라이프교회(LifeChurch.tv)의 크레이그 그로쉘(Craig Groschel)이 대화적 설교를 강조한다는 사실은 탈권위적 대화설교가 새로운 세대와 소통하기 위한 설교 전략으로 이미 활용되고 있음을 보여 준다. 박현신, 『미셔널 프리칭』 (서울: 예영 커뮤니케이션, 2012), 125-28, 290.
39 Otis Moss III, "The Truth About The Church," Trinity United Church of Christ Chicago, 1 July 2021., accessed August 27, 2021., https://www.youtube.com/watch?v=Ng-8beTbDn8M.

글 테러로 인해 유튜브 댓글 창을 사용하지 못하게 하는 대형 교회들이 많지만, 청중이 단지 콘텐츠 소비자가 아닌 진정한 말씀의 동역자로서 섬긴다면 댓글 창도 복음이 나누어지는 선하고 아름다운 공간이 될 수 있을 것이다.[40]

즉, 디지털 미디어가 청중의 참여를 가능하게 해 주는 이점을 십분 활용하여, 실제 능동적이고 적극적인 청중의 참여가 일어날 때에 상호작용적인 말씀의 나눔이 풍성하게 일어날 수 있을 것이다.

3) 상호연결성(Interconnectivity)과 혼종적 정체성(Hybrid Identity)

마지막으로 디지털 미디어의 세 번째 특성인 상호연결성에 관해 숙고해 보고자 한다. 아날로그 미디어와 디지털 미디어의 가장 큰 차이는 바로 이 상호연결성이다. 디지털 미디어는 유무선 통신망을 통해 다른 커뮤니케이션 매체들과 연결되고, 시간과 지역의 물리적 장벽을 넘어 지구상 어디에서든 다른 사용자들과 연결시켜 준다.

스마트폰이나 태블릿에서 검색한 영상이나 이미지, 문자, 음성 정보를 디지털 TV나 컴퓨터 등 다른 매체와 쉽게 연결해서 볼 수 있고, 이것을 트위터나 페이스북, 카카오톡 등 소셜미디어를 통해 멀리 떨어져 있는 이들과 실시간으로 공유할 수 있다. 또 이러한 정보를 공유한 이들은 이와 관련된 자료를 공유함으로써 정보에 관한 이해를 확장시키는 데 기여하고, 자신의 생각을 나누기도 한다. 디지털 네트워크를 따라 전 세계인들이 실시간으로 소통할 수 있는 길이 열린 것이다.

---

40 김학중 목사가 담임하는 꿈의교회의 경우, 온라인예배 중 성도들이 실시간으로 댓글로 예배에 참여하고 있음을 알리고, 예배 및 설교에 대한 피드백을 남기기도 하고, 기도제목을 올리기도 한다. 이때 부교역자와 온라인시역팀이 댓글들을 모니터링하고 성도들의 댓글에 답글을 달아 주는 방식으로 실시간 쌍방향 소통을 하는 것을 볼 수 있다. 목회와 신학과 인터뷰한 영상에서 꿈의교회 예배디렉터는 김학중 목사가 이전 예배 중 올라온 기도제목을 확인하여 다음 예배 시간에 그중 일부를 가지고 기도해 주는 방식으로 쌍방향 커뮤니케이션을 한다고 말한다. https://www.youtube.com/watch?v=Ow1ffK-qTHo.

그런데 이런 디지털 미디어의 상호연결성이 가져오는 뜻밖의 효과가 있는데, 바로 다중정체성(multiple identities)의 문제이다.[41]

영화 〈아바타〉(Avatar)에서 제이크 설리는 현실 세계에서는 하반신장애를 입은 전직 해병대원이다. 그러나 제이크가 아바타의 신체에 접속하게 될 때에, 다시 말해 상호연결될 때에, 그는 판도라 원주민인 나비족의 모습을 한 또다른 자아를 가지게 된다. 현실 세계에서 그는 휠체어 없이는 이동할 수 없지만, 아바타에 연결되었을 때에는 맘껏 뛰어다닐 수 있다.

이는 영화 속 현실이기는 하지만, 실제 유튜브나 사이버 공간에서 활동하는 이들은 제 2, 제3의 정체성을 가지고 활동하는 것과 유사하다고 볼 수 있다.

유튜버들은 자신의 본명이 아닌 유튜브에서 통용되는 이름을 가지고 활동한다. 유튜브에 댓글을 다는 사용자들도 본명을 사용하는 이들은 극히 드물고 대부분 유튜브 활동명, 닉네임 혹은 ID를 가지고 참여한다. 그러므로 쉐리 터클(Sherry Turkle)이 말한 바와 같이, 인터넷 문화에서는 누구나 자연스럽게 다중적 정체성을 가지고 살아간다.[42]

사이버 공간에서 다른 정체성을 가지고 활동하는 것은 현실 세계에서의 본래 정체를 숨기고 익명성을 가지고 활동하기 위해서인 경우가 많다. 그러므로 현실 세계의 정체성과 사이버 공간에서의 정체성이 분리된 경우가 많다. 예를 들어, 현실 세계에서는 굉장히 상냥하고 친절한 사람인데, 사이버 공간에서는 폭력적이고 무례한 사람인 경우와 같은 것들이다.

그런데 페이스북이나 트위터, 카카오톡과 같은 소셜미디어의 경우에는 이런 익명성 대신 현실 세계에서의 정체성을 가지고 접근할 수밖에 없다. 즉, 사이버 공간에서의 정체성과 현실 세계에서의 정체성이 완전히 분리되지 않고 연결된 현상이 나타난 것이다.

---

41 이재헌, 『멀티미디어와 디지털 세계』, 181.
42 Sherry Turkle, *Life on the Screen: Identity in the Age of the Internet* (New York: Simon and Schuster Paperbacks, 1995), 255-56.

이는 양쪽 세계에서의 정체성 모두가 진정한 자아임을 의미하는 혼종적 정체성(hybrid identity)이 형성됨을 의미한다. 혼종성(hybridity)이라는 말은 탈식민주의 이론에서 나온 것인데, 식민화된 시민들이 피식민지 주민으로서의 삶을 살아가면서도 식민지 지배자들의 의식과 가치관을 내면화함으로 말미암아 이중적 의식과 문화를 가지고 살아가는 것을 뜻한다.[43]

오늘날 디지털 시대를 살아가는 사람들도 오프라인 문화와 온라인 문화라는 비동질적 문화(heterogeneous culture)를 통합적으로 내면화하고 의식화를 했다는 점에서 혼종적 정체성을 가진 사람들로 볼 수 있을 것이다. 요즘 세대가 즐겨 사용하는 말 중에 "유교걸"(儒敎Girl)이라는 말이 있다. 이효리의 〈You go girl〉이라는 노래를 비틀어서 요즘 시대에도 전통적인 사고방식을 가진 여성을 지칭할 때 사용하는 유행어이다.

필자는 "유교걸"이라는 말이 21세기 한국인들의 혼종적 정체성을 보여 준다고 생각한다. 한편으로는 미국 등 서구 문화에 익숙하지만 여전히 유교 등 전통적 가치관이 내면에 살아 있는 혼종적 정체성을 가지고 있는 것이다.

이를 디지털 시대에 대입해 볼 때도 비슷한 현상을 볼 수 있다. 디지털 문화에 익숙한 젊은 세대라고 해서 무조건 요즘 시대의 가치관과 논리를 따르기만 하는 것이 아니다. 오히려 아날로그 감성을 그리워하고 전통적인 가치관과 문화를 존중하는 이들도 많이 있다. 교회의 청중석에 앉아 있는 이들은 균일한(homogeneous) 집단이 아니라 혼종적 집단으로 바라봐야 한다. 역사적, 문화적, 정치적으로 다른 시대를 살아가며 상이한 가치관을 내면화한 다양한 그룹들이 회중이라는 이름으로 모여 있기 때문이다.

디지털 문화에 관해서도 나이와 관계없이 디지털 문화에 익숙한 디지털 원주민과 그렇지 않은 디지털 이주민들이 뒤섞여 있다. 디지털 기술에는 익숙하더라도 디지털 문화는 수용하기를 거부한 이들도 있고, 디지털 문화

---

43 Homi K. Bhabha, *The Location of Culture* (London, UK: Routeledge, 1994), 114.

의 방식으로 살아가지만 디지털 기술에는 서투른 이들도 있다. 온라인예배에 접속한 이들도 실상은 오프라인의 현실에 뿌리내리고 살아가는 사람들이다.

그러므로 설교자는 혼종적 정체성을 가진 회중을 향해 설교한다는 인식을 가져야 한다. 설교자가 지역에서 섬기는 교회의 성도들이 주된 청중이 겠지만, 온라인을 통해 들어오는 교회이탈자들, 종교적 유동층, 불신자들, 심지어는 반기독교적인 사람들까지 염두에 두고 설교를 준비해야 한다. 기존에 코로나 이전의 현장예배에서 기존 교인들을 대상으로 한 설교를 해왔다면, 이제는 온라인으로 연결된 교회 밖의 청중을 염두에 두고 설교해야 한다.

그러므로 포스트 코로나 시대 설교는 "선교적"이어야 한다.[44] 개인에게 복음을 전하고 개종을 목표로 한다는 의미에서의 전도 설교도 선교적 설교의 하나가 될 수 있겠지만, 필자가 말하는 선교적 설교는 선교사들이 타문화권에 가서 사역하는 방식과 같이 선교지의 문화를 배우고 선교지의 주민들과 더불어 살아가면서 그들이 알아들을 수 있는 언어로 복음을 전함으로써 청중의 세계관과 문화를 변화시키는 설교를 의미한다.[45]

선교적 설교자는 일방적으로 본인이 준비한 메시지를 공포하고 떠나버리는 것이 아니라, 청중의 상황 속으로 들어가 청중의 언어와 문화를 육화하여 메시지를 듣게 해야 한다. 더불어 그렇게 선포한 복음이 사회 곳곳에 스며들어 구습을 혁파하고 기독교적 가치와 문화가 배어 있는 새로운 시대정신을 가진 사회로 변화시킬 것을 추구한다. 그러므로 선교적 설교는 동일시를 통한 변혁을 추구한다.[46] 즉, 청중의 언어와 문화를 육화하는 동일시의 목적은 동화(assimilation)가 아닌 변혁(transformation)인 것이다.

---

44 정인교 교수가 주장하는 "국민설교"란 일종의 선교적 설교로 이해할 수 있을 것이다. 정인교, "POST-COVID시대 설교", 160-61.
45 진희근, "선교적 설교의 한 모델-한국 무교를 배경으로", 「선교와 신학」 1 (1998), 190.
46 박현신, 『미셔널 프리칭』, 337.

필자가 볼 때에, 안타깝게도 현재 한국의 많은 설교자가 선교적 설교보다는 목회적 설교에 집중하고 있는 것으로 보인다. 즉, 교회 밖의 불신자들보다는 교회 내부의 신자들을 향한 설교가 대부분이라는 것이다. 그러므로 많은 설교자가 설교를 교회 내부의 종교적 담화로 접근한다.

신앙생활을 오래한 교회 내부인들이 주로 알아들을 수 있는 용어로 설교하고, 교회 내부인들이 관심 갖는 주제를 다루고, 교회 내부의 논리로 설득하고, 세상의 언어와 논리로 소통이 되지 않는 설교를 하는 경우들이 많은 것이다.

대부분의 설교는 지역 교회 내부에서 유통된다고 가정하기 때문에, 설교자들은 이렇게 목회적 설교에 집중하기 마련이다. 그러나 온라인을 통해 유통되는 설교는 지역 교회의 울타리를 넘어 다른 교회에 속한 기독교인들 및 비신자들을 포함하는 혼종적 청중에게까지 들려진다.

이는 교회에 새로운 선교적 공간이 열렸음을 의미한다. 그러므로 포스트 코로나 시대 한국 교회가 생존을 걱정하는 것을 넘어서 진정으로 선교적 사명을 감당하기 위해서는 교회 내부를 향한 설교에서 선교적 설교로 전환해야 한다. 비기독교 인구가 70퍼센트 정도로 기독교 세계(Christendom)라기보다는 선교지와 같은 상황에서 복음을 전해야 하는 한국 교회 설교자들은 기독교 세계 안의 구심점의 역할보다도 교회와 비기독교를 연결하는 가교의 역할을 해야 한다.

선교적 설교를 하는 방법 중 하나는 일상적이고 보편적인 고민을 설교 주제로 담아내는 것이다. 미국의 대표적인 온라인교회로 꼽히는 트랜스포메이션교회(Transformation Church)나 엘레베이션교회(Elevation Church)의 온라인설교들 중 가장 조회수가 많은 설교를 살펴보면, 일상적이고 보편적인 고민을 설교 주제로 담아내고 있음을 알 수 있다.

예를 들어, 트랜스포메이션교회(Transformation Church)의 온라인설교들 중 관계 목표들(Relationship Goals)에 관한 연속 설교들은 〈사람 앞에서〉(Before the Person), 〈혼자지만 외롭지 않아요〉(Single, not Alone), 〈데이트의 신화〉

(Myth of Date), 〈결혼 생활의 핵심들〉(Major Keys to Marriage) 등의 제목 설교가 200만에서 800만 뷰 이상의 조회수를 기록하고 있다.[47]

또 다른 온라인교회인 엘레베이션교회(Elevation Church)의 온라인설교들도 유사하다. 스티븐 퍼트릭(Steven Furtrick)의 설교들 중 〈전쟁이 당신을 선택할 때〉(When the Battles Choose You), 〈불안이 엄습할 때〉(When the Anxiety Attacks You), 〈당신의 초점을 고정하세요〉(Fix Your Focus), 〈떠나보내며 배우는 것〉(A Lesson in Letting Go) 등 3백만 이상의 조회수를 기록한 설교들은 일상적인 고민을 설교의 제목으로 담아내고 있다.[48]

물론, 토니 에반스나 존 파이퍼처럼 기독교의 전통적인 주제들을 다룬 설교들도 많은 조회수를 기록하기도 하지만, 교회이탈자들이나 비기독교인들을 대상으로 한 선교를 목표로 하는 온라인교회들이 보편적이고 일상적인 고민들을 설교 제목으로 다루는 것을 주목할 필요가 있다.

미국의 온라인교회들이 설교를 통해 다룬 결혼 생활에서의 문제들이나 삶의 불안 같은 주제들을 한국 유튜브에서 검색해 볼 때에 1천 뷰 이상의 설교를 거의 볼 수 없고 세속적인 콘텐츠들이 상위를 장식하고 있다는 것은 한국 교회가 온라인설교를 통해 선교할 길을 놓치고 있지 않은 지 고민하게 한다.

다음으로 선교적 설교를 하는 방법은 청중과 가장 효과적으로 소통할 수 있는 언어와 문화로 설교하는 것이다. 트랜스포메이션교회의 온라인설교들 중 가장 많은 조회수를 기록한 〈사람 앞에서〉라는 설교를 보자.[49]

설교자인 마이클 토드(Michael Todd)는 1시간이 넘는 설교를 함에도 불구하고 청중은 끊임없이 반응하고 설교에 몰입해 있다. 940만 명이 넘는 조

---

47 트랜스-포메이션교회(Transformation Church)의 온라인설교. Transformation Church TV, accessed August 26, 2021. https://www.youtube.com/user/TransformChurchTV/videos.

48 엘레베이션교회(Elevation Church)의 온라인설교. Elevation Church Online, accessed August 26, 2021. https://www.youtube.com/c/ElevationChurchOnline/videos.

49 Michael Todd, "Before the Person," Transformation Church, 8 August 2017, accessed August 26, 2021, https://www.youtube.com/watch?v=H7h5BHax06c.

회수가 보여 주듯이 거대한 온라인 청중이 이 설교를 시청했고, 설교 영상에 달린 8100개가 넘는 댓글에서 볼 수 있듯이 온라인 청중은 적극적으로 자신들의 반응을 기록하고 있다.

그렇다면, 이 설교가 그렇게 많은 청중에게 공감을 받는 이유는 무엇일까?

물론, 기존 교회의 규모 등 여러 가지 외부요인이 있겠지만, 설교 자체만 놓고 보았을 때에는 이 설교가 구현하는 문화적 언어적 소통 방식을 주목할 필요가 있다.

첫째, 설교자는 편안한 옷차림으로 관계에서 힘들어하는 현대인의 문제를 경험 많은 아버지나 전문가가 정답을 제시하듯이 설교하기보다는 마치 친구가 상담해 주듯이 이야기하고 있다.

옷차림은 어떤 집단의 고유한 문화를 대표하는 지표이다. 모슬렘은 모슬렘의 복장을 입고, 아프리카나 동남아시아, 남아메리카의 사람들은 그들의 전통 문양과 디자인이 들어간 옷을 입는다. 선교사들도 마찬가지로 선교지에 가면 현지화를 해야 한다.

그런 점에서 마이클 토드 목사는 성공적인 현지화를 한 상태로 설교한다고 말할 수 있다. 그는 수평적이고 민주적인 미국의 문화에 적합한 방식으로 설교하고 있는 것이다.

둘째, 설교자는 청중과 가장 효과적으로 소통할 수 있는 언어로 설교한다.

토드 목사의 회중은 주로 흑인들이지만 히스패닉과 백인들도 상당히 섞여 있다. 토드 목사의 영어 억양은 흑인 억양이지만 전형적인 억센 흑인의 억양은 아니다. 평이한 단어들을 주로 사용함으로써 교육 수준이 높지 않은 대중들도 쉽게 알아들을 수 있는 영어로 설교한다. 복잡한 에세이식 문장을 나열하기보다는 청중의 일상 언어로 설교한다.

셋째, 더 나아가 설교자는 설교에서 다양한 감각적 요소를 활용한다.

설교의 서두에서 시리즈 설교의 주제인 관계 목표를 설명하기 위해 과녁에 활을 쏘는 짤막한 영상을 삽입(5분 38초~6분 30초)한 점도 인상적이지만, 더 핵심적인 것은 41분 55초부터 시작되는 실물설교이다.

투명한 플라스크 안에 오렌지색 탁구공들을 인간관계에서 겪는 여러 가지 문제들을 상징하는 것으로 제시하면서 집어넣는다(42분 10초부터).

> "사람들이 우리에게 얘기하는 것들 … 청바지에 관한 이야기들"
> "성공하기 위해서 … 우리가 19살까지 20살까지 해야 할 일들"
> "우리는 인스타그램이나 페이스북을 봐요"

이렇게 사람들을 의식함으로 인해서 발생하는 다양한 삶의 고민들을 오렌지색 탁구공으로 상정하여 시각화하여 전한다. 그리고 그 탁구공을 담은 투명한 그릇이 청중 자신이라고 제시한다. 청중의 내면이 자기 자신의 고민이 아닌 다른 사람들 때문에 생기는 수많은 고민으로 가득 차 있음을 시각화하여 보여 주는 것이다.

그리고 베드로후서 1:3을 제시하며, 청중의 내면에 가득 찬 다른 사람들 때문에 생긴 오렌지 탁구공 모양의 고민들을 어떻게 꺼낼 방법이 그 구절이 말씀하는 바와 같이 하나님을 아는 것이라고 설교한다.

그리고 다시 실물설교를 시작하는데, 하나님이 우리 인생에 개입하는 것을 물을 붓는 행위로 보여 준다(47분 18초부터). 즉, 하나님이 우리 인생에 들어오실 때(물을 붓는다), 우리가 고민하는 다른 사람들 때문에 생기는 수많은 고민은 우리 삶에서 사라지고 하나님으로 충만하게 된다(물은 그릇 안에 남고 오렌지색 볼들은 그릇 밖으로 사라진다).

즉, 청중이 고민하는 사람들과 관계의 문제는 우리 인생이 하나님으로 가득 찰 때에 자연스럽게 해결된다는 메시지를 아주 쉽게 오래도록 기억에 남을 방식으로 시각화하여 보여 주는 것이다. 이러한 마이클 토드의 설교는 혼종적 정체성을 가진 디지털 시대 청중에게 어떻게 설교해야 할지에 관한 좋은 예라고 할 수 있을 것이다.

2020년부터 시작되어 지금까지 지속되고 있는 코로나19 바이러스의 세계적 대유행은 이전의 전염병 대유행과는 달리 교회의 실천의 양상에 큰 변화를 일으켰다. 이는 코로나19 대유행이 디지털 4차 산업혁명의 한복판에 일어난 까닭이다.

디지털 미디어는 과거의 아날로그 영상미디어와 시청각적 경험을 가능하게 한다는 점에서 공통점이 있지만, 글로벌 초고속 네트워크를 통해 대용량 데이터의 신속한 송수신을 가능하게 하고, 이는 이전에는 겪지 못했던 하이퍼텍스트의 능률성과 상호작용성, 상호연결성의 특징을 보여 준다. 이러한 특징은 디지털 문화가 이전의 아날로그 전자 문화와는 다른 양상으로 발전하는 토대가 된다.

이전의 아날로그 문화가 어느 정도 저자의 권위에 근거한 일방향적 소통 방식을 수용한 데 반해, 디지털 문화는 보다 동등한 입장에서 콘텐츠 제작자와 사용자가 상호작용할 수 있도록 이끌어 새로운 맥락에서 의미를 창출하는 창조성과, 사용자의 능동적 참여를 이끌어 낸다. 더 나아가 디지털로 상호 연결된 삶을 살아가는 디지털 원주민들은 오프라인과 온라인의 이중 정체성을 공유하는 혼종적 정체성을 가지고 살아가는 특징을 가지고 있다.

이러한 새로운 디지털 문화를 고려하여 설교자들은 다양한 형태의 창조적 방식으로 설교하기를 두려워하지 말고, 회중을 설교 사역에 공동창작자로 초대하여 말씀 사역의 동역자로 삼을 필요가 있음을 필자는 주장했다. 더 나아가 혼종적 정체성을 가지고 살아가는 디지털 시민들을 향하여 손을 뻗어 마치 선교사가 선교지에 더불어 살아가며 그들의 언어로 소통하듯이 교회 내 문화와 언어가 아닌 교회 밖의 디지털 원주민들과 함께 호흡하고 소통하는 선교적 설교가 필요함을 주장했다.

여러 설교학자가 지적한 바와 같이, 미디어는 긍정적인 영향만 끼치는 것이 아니라 성경적 신앙을 뒤흔들 수 있는 위험요소도 가지고 있다.[50] 그러나 그러한 위험이 두려워 과거의 방식에 안주하고 있다면 급속하게 변화하는 시대 속에서 복음을 전할 수 있는 기회를 잃어버릴 수 있다. 그러므로 필자는 포스트 코로나 시대가 전개할 새로운 디지털 뉴미디어 사회에 담대하게 뛰어들어 그 안에서 소통하고 복음을 전하는 설교를 주장한다.

---

50 정인교, 『정보화 시대 목회자를 위한 설교 살리기』, 199-202; 권호, "현대 매스 미디어의 도전과 설교학적 대응", 「복음과 실천신학」 27 (2013), 275-300; "폭로, 경계 소멸의 미디어 사회 속 설교학적 전망", 「복음과 실천신학」 36 (2015), 9-40; 이승진, "미디어 생태계의 변화에 따른 설교 생태계의 변화", 「복음과 실천신학」 27 (2013), 301-34; 김대혁, "포스트 코로나 시대 속 온라인 영상설교의 한계점 인식과 설교학적 함의", 「신학지남」 88/1 (2021), 151-79.

제5장

제자 재생산
(역병[코로나19]이 기회가 되다!)

✜ 박 인 화 박사
센트럴신학대학원 설교/예배학 강사

보디빌딩(Bodybuilding) 운동을 하는 한 사람이 아프리카 깊은 밀림에 위치한 마을을 방문했다. 미국에 사는 사람이 마을을 방문했다는 말을 듣고 호기심을 가진 원주민, 부족사람들이 모여들었다.

미국에서 온 방문자는 보디빌딩으로 단련되어 온 몸이 근육으로 뒤덮여 있었는데, 그는 부족 사람들 앞에서 웃통을 벗고 보디빌딩 대회에서나 볼 수 있는 각종 포즈를 취했다. 그곳에 모인 부족 사람들은 멋진 근육으로 다져진 그 방문자의 몸을 보면서 "아! 우! 와!…" 등으로 끊이지 않는 감탄을 연발했다. 어떤 사람은 근육으로 단련된 그의 몸을 만지기도 했다. 아프리카 밀림 깊은 곳에 사는 원주민들의 눈에는 그야말로 신기한 모습이었기 때문이다.

부족 사람들이 각각 집으로 돌아간 후, 추장이 통역을 통해 물었다.

"그렇게 놀랍게 다져진 몸을 당신은 주로 어디에 사용합니까?"

보디빌딩 몸을 단련한 그 사람은 대답했다.

"글쎄요. 사람들에게 보이는 것 외에는 특별히 몸을 사용하는 곳은 없습니다."

그 말을 들은 부족의 추장은 통역하는 사람의 귀에 다음과 같이 속삭였다.

"엄청난 시간 낭비군요….".(What a waste….)

만왕의 왕이신 예수님은 제자들에게 분부하셨다.

> 너희는 가서 모든 민족을 제자로 삼아 …(마 28:19).

교회는 모든 민족을 제자로 삼기 위해 성경과 기도라는 무기를 가지고 있다. 지상의 모든 교회는 어느 교회를 막론하고 성경통독, 성경공부, 말씀 묵상과 나눔(QT) 등을 통해서 영적 근육을 만들고 있는 것이다.

그렇다면 교회는 단단한 영적인 근육으로 과연 예수님의 지상명령인 제자 재생산을 감당하고 있을까?

1. 상고마(Sangoma) 재생산

필자가 섬기는 달라스 뉴송교회는 남아프리카공화국의 요하네스버그(Johannesburg) 인근의 많은 종족 중 미전도종족인 페디 종족(Pedi)을 입양했다. 페디 종족이 있는 곳은 요하네스버그에서 동쪽으로 차량으로 운전해서 약 5시간 떨어진 곳에 위치해 있다. 달라스와의 거리는 약 25시간 정도 떨어진 먼 거리이다.

뉴송교회는 많은 선교지 중에서 한 곳을 정하고 그곳을 집중적으로 선교하는 전략으로 선교한다. 그와 같은 전략으로 매년 네 차례 같은 지역, 같은 사람들에게 복음을 전하고 훈련하기 위해 선교를 간다. 이동거리가 멀다 보니, 달라스를 출발해서 남아공의 페디 종족이 사는 목적지에 도착하고 나면 말 그대로 파김치가 된다. 선교지까지는 그야말로 멀고 먼 길이다.

페디 종족을 대상으로 지난 5년 이상을 선교했으니, 지금까지 선교를 목적으로 방문한 횟수만도 20여 차례 이상이나 된다. 한번은 같은 지역의 셀라니(Selane)라는 시골에서 점을 치는 무당을 만난 적이 있다. 그들을 "상고마"(상고마의 뜻은 '춤추는 사람들')라고 불리는데, 줄루족(Zulu)의 후예들로 잘 알려져 있다. 이렇게 점을 치는 상고마는 남아공 전역에 약 2십만 명이나 존재한다. 점을 치는 상고마들은 무당의 역할도 한다. 육체와 마음 그리고 영혼의 병이 낫도록 하는 일이 상고마의 주업이다. 그뿐만 아니라, 그들은 때로는 소를 잃으면, 대신해서 소를 찾아 주는 일도 한다. 그리고 별을 보고 미래를 예언하는 점성가 역할을 하기도 한다.

코로나19가 세계적으로 확산되기 전, 2019년 3월 페디 종족이 사는 마을, 셀라니에 거주하는 "루끼"라는 20대 초반의 한 청년에게 복음을 전했고, 그가 예수를 구세주로 믿게 되었다. 후에 루끼의 할머니가 마을의 상고마라는 사실을 알게 되었는데, 루끼는 우리 선교팀이 미국으로 돌아가기 전에 할머니를 방문해서 복음을 전해 달라고 강청했다.

우리 일행은 루끼의 강청을 뿌리치지 못하고 깊은 밤, 앞이 보이지 않는 꼬불꼬불한 길을 루끼의 안내를 받아 상고마인 할머니의 집에 도착했다. 루끼가 영어를 할 수 있었기 때문에, 루끼의 통역으로 상고마인 그의 할머니에게 복음을 전할 수 있었다

그때, 루끼의 할머니 옆에 체구가 큰 젊은 자매가 앉아 있었는데, "그 자매가 누구냐"고 물었더니 루끼의 할머니는 본인의 상고마 제자라고 답했다. 지난 일년 간 함께 먹고 자고, 같이 생활하면서 "상고마 훈련"을 받고 있는 본인의 제자라고 했다. 그러면서 방금 본인에게 전한 내용을 "제자 상고마에게는 전하지 말라"고 경고 비슷한 말을 했다. 사진을 찍으려 하자 젊은 상고마는 고개를 돌렸다.

제자 상고마와 함께 생활하는 루끼의 할머니를 보며 예수님께서 가르쳐 주신 제자 재생산에 대해서 생각해 보았다.

만왕의 왕이신 예수님이 제자를 재생산하라고 명령하신 대위임명령은 오늘날의 교회에서 어떤 모습으로 나타나고 있을까?

다른 목회자들과 마찬가지로 필자에게도 설교 사역은 사역의 많은 비중을 차지한다. 코로나19 이전에는 매주일 3번(한 달에 한 번 담당하는 청년설교까지 하면 총 네 번)의 설교를 해야 하는 주일은 여간 바쁜 날이 아니다. 예배

와 예배 사이에 먹는 점심식사는 코로 들어가는지 입으로 들어가는지 모를 정도로 급하게 해결해야만 했다. 그래서인지 지금도 음식을 빨리 먹는다는 지적을 받곤 한다. 주일에는 설교 사역만 하는 것이 아니다. 각종 회의 참석은 물론이고, 일정에 따라서 심방도 감당해야 한다. 그러다 보니, 주일에는 해가 떨어진 후에 파김치가 되어 집으로 돌아오는 것이 일상이었다.

그러던 와중에 코로나19 전염병이 확산되었고, 정부의 행정명령에 따라, 많은 사람이 모이는 대부분의 시설에 대해 폐쇄 및 집회금지(lockdown) 명령이 내려졌다. 마치 달팽이가 단단한 껍질 안에 숨듯, 온 세상이 집 안에 갇히게 된 것이다. 비대면 주일 예배를 영상으로 촬영하기 위해 소수의 관계자들(10명 미만)만 교회에 나와야 했다.

일주일에 세 번 설교하던 주일 일정에서 한 번으로 일정이 변경된 후, 사막의 셀 수 없는 모래와 같은 시간적 여유를 갖게 되었다. 늘 재정이 부족한 사람에게 갑자기 재정적 여유가 생기게 되면 그것을 어떻게 관리해야 할지 고민하게 되는 것과 마찬가지의 상황을 만나게 되었다.

처음에는 시간의 부자가 된 마음에 내심 "좋다…"는 감탄을 했다. 심방을 갈 일도 없었고, 심방을 와 달라는 요청도 없었다. 꿈에도 상상하지 못했던 시간의 억만장자가 된 것이다.

그런데 점차 시간이 지나면서 이런 생각이 들었다.

'과연, 이래도 되는건가?'
'나는 지금 주어진 시간을 바르게 사용하고 있는 것인가?'
'모든 사람이 아무것도 할 수 없다고 말하는 이 상황에서 찾아야 할 기회는 무엇일까?'

사실 기회가 기회의 얼굴로 나타나는 경우는 드물다. 땅속에 숨긴 보화를 찾듯 하나님을 향해 기회를 발견할 수 있는 지혜를 구하며 기도했다. 코로나19의 위기는 교회의 놀라운 역전을 가져오는 계기가 되었다. 당시 필자는 "극단의 결단"을 했다. "극단"이라고 하면 "무모한 시도" 또는 "상식을 벗어난 과격함"을 생각할지도 모른다.

미국 남침례(Southern Baptist Convention)교단 출신의 유명한 저자를 통해 『래디컬』이란 책이 많은 그리스도인에게 읽혔다.

이때 "래디컬"(Radical)의 뜻은 무엇인가?

extreme(극단적인), fanatical(열광적인)으로 이해할 수 있다. 그래서 평범을 벗어난 과격을 추구하는 것을 래디컬로 정의하는 경향이 있다. 그런데 Radical은 라틴어 "radic-: root"에서 온 단어이다. 따라서 래디컬의 본래 의미는 "뿌리로부터"(from the roots) 또는 "본래 갖추어져 있는", "선천적인"(inherent)의 의미로 이해하는 것이 더 좋다.[1] 이때의 유의어는 "본질적인"(essential)이 된다.

"래디컬하다"는 말은 다른 사람이 주저하는 것을 용감하게 접근하거나 평범에서 벗어나는 것이 아니다. "래디컬"은 "근본으로" 또는 "뿌리로" 돌아가는 것이다. 따라서, 교회가 래디컬 해지는 것은 예수님께서 교회에 주신 명령, 즉 대사명, 제자 재생산으로 돌아가는 것이다.

Radical:
fanatical (광신), extreme (극단)

라틴어 radicalus: "from the roots"

〈그림 5.1〉 Radical의 사전적 의미

---

[1] "극단"(Radical)은 14세기에 사용되던 고전 라틴어에서 유래했다. "극단"이란 라틴어 *radic-*에서 유래했는데, 그 의미는 뿌리(root) 또는 본질이며, 나중(late Latin)에는 "*radicalis*"로 쓰였고, 지금은 영어의 "radical"로 사용되고 있다. 극단(radical)이란 원어적인 뜻은 "뿌리를 형성한다", "뿌리로 돌아간다"는 뜻이다. 참조, https://www.merriam-webster.com/words-at-play/radical-word-history.

그렇다면 모든 교회는 "래디컬"해야 한다. 뿌리로 돌아가면 뿌리에서 상상을 초월하는 열매를 얻기 때문이다. 열매가 부실하다면 열매의 책임이 아니다. 뿌리를 돌보면 나무는 저절로 열매를 맺는다.

코로나19 기간 필자는 교회가 "뿌리"(radical)와 "근본"으로 돌아갈 수 있는 기회를 붙잡았다. 그때부터 예수님께서 말씀하신 교회의 근본, 즉 제자를 재생산하는 뿌리에 관심과 에너지를 쏟기 시작했다. 무당이며 점쟁이인 상고마가 악의 영향을 받아 제자를 재생산하는데, 하물며 하나님 나라를 대표하는 이 시대의 교회가 정신을 차리지 않으면 안되겠다는 생각을 했다.

2. 제자 재생산을 시작하다

마태복음 25장에는 달란트의 비유가 기록되어 있다. 어떤 사람이 먼 타국으로 여행을 떠나며 세 종을 불렀다.

그들의 재능대로 금 다섯, 둘, 한 달란트를 맡기고 떠났다.

오랜 후에 주인이 돌아와 종들과 결산하게 되었을 때에, 주인에게 달란트를 받았던 종들은 주인에게 어떤 말을 들었을까?

"잘 계획했구나!"(Well planned!)
"잘 생각했구나!"(Well thought!)
"잘 배웠구나!"(Well learned!)
"잘했다!"(Well done!)

계획, 생각, 배움 등 모두 중요하고 필요하다. 하지만 주인은 종들이 장사하기를 원하셨다.

다섯 달란트 받은 자는 바로 가서 그것으로 장사하여 또 다섯 달란트를 남기고 (마 25:16).

"장사"란 일하다(work), 노동하다(labor), 이행하다(perform), 사업하다(do business), 해내다(make happen)의 뜻이다.

달란트를 받아 관리하는 종으로서 기도하며 계획하고 생각하자!
읽고 연구하며 배운 말씀을 되새김질하는 소처럼 반추하자!
그리고 Do business(장사하여)!

결국은 나가서 제자를 재생산해야 한다.

초대 교회가 원자탄과 같은 영향력을 발한 것은 교회의 건물, 성도 숫자, 넉넉한 재정 때문이 아니었다. 그들은 예수님과 함께 하며 배우고 보고 들은 것을 담대히 전했다. 초대 교회의 영향력은 "너희는 가서 모든 민족을 제자로 삼으라"(마 28:19)는 왕의 말씀에 순종한 결과이다.

제자 재생산은 다음과 같은 과정을 거쳐서 이루어진다. 복음을 듣고 구원을 받으면 영적 아이로 태어난다. 이것을 "구원의 은혜"(엡 2:8-9)라고 한다. 이제 막 출생한 아이의 특징은 누군가를 의존하는 것이다. 먹여 주고, 입혀 주고, 데려가고, 데려오고, 보호하는 이와 같은 의존적 시기는 누구나 지난다.

그러나 의존이라는 주소지에서 이사하지 않고 계속 머물게 되면 자신과 이웃, 교회, 나아가 사회의 에너지를 뺏앗아 가는 주인공이 된다. 교회는 말씀과 기도라는 무기를 가진 공동체이다. 그러나 미숙한 어린아이로만 가득한 탁아소(nursery)로는 세상에 아무런 영향을 줄 수 없다.

필자는 제자 재생산훈련을 하면서 구원받은 이후 성도들의 영적 현주소를 아래와 같이 구분했다.

미숙이 – 성숙이 – 소명이 – 생산이 – 확산이[2]

---

[2] 제자 재생산에 대한 구체적인 원리와 사례 그리고 방법론에 대한 책은 『제자 재생산 비타민』(요단, 2022)을 참고해 주시기 바란다. 본고에서는 제자 재생산의 원리와 방법론 중에서 성숙이와 생산이에게 초점을 맞추어 소개하도록 하겠다.

교회에는 다양한 직분과 사역이 있다. 에베소 교회에는 사도, 선지자, 복음 전하는 자, 목사와 교사가 있었다. 21세기에는 교회, 신학교, 다양한 파라처치(para-church)가 있다.

그렇다면 위에 열거한 다양한 직분과 사역이 존재하는 궁극적인 목적은 무엇일까?

성경은 성도를 온전케 하여 봉사의 일을 하게 하는 것이라고 한다 (엡 4:11-12). 성도를 열매로 비유하여 생각해 보자.

열매는 다음의 네 가지 특징이 있다.

첫째, 열매는 뿌리(씨앗)의 특성을 반영한다.

예를 들면, 사과나무는 사과를 열매로 맺는다. 수박 씨를 뿌리면 수박을 열매로 거둔다.

둘째, 열매는 가시적이다.

눈에 보이지 않는 투명한 열매를 보았는가?

마찬가지로 제자를 재생산하면 제자가 보인다. 예수님의 열두 제자는 눈에 보이는 가시적 열매였다. 마찬가지로 바울의 제자 디모데, 디모, 오네시모 모두 가시적으로 눈에 보이는 사람들이었다.

셋째, 열매는 다른 사람이 먹는다.

사과나무가 사과나무의 열매를 먹지 않는다. 열매는 다른 사람을 위한 것이다. 다른 사람이 사과를 먹고 사과의 영양분을 통해 유익을 얻는다. 마찬가지로 교회가 열매를 맺으면 가정, 일터, 사회 속에서 그리스도인으로서 의와 공의를 행한다. 그리고 열매로서 사람들에게 유익을 주게 된다.

넷째, 열매 안에는 씨앗이 있다.

열매 안에는 씨앗이 있다. 그래서 열매를 열면 작은 씨앗들이 보인다. 그 씨를 뿌리면 또 다른 열매를 확산하게 되는 것이다.

역대상을 읽다가 솔로몬 성전의 기둥에 대해 생각하게 되었다. 두로 출신 히람은 놋을 만지는 사람이었지만, 자신의 분야에 최선을 다했다. 당시는 금으로 방패를 만들고 은을 귀하게 여기지 아니한 때(왕상 10:21)였다. 사람들이 크게 가치를 부여하지 않았지만 놋으로 솔로몬 성전의 두 기둥 꼭대기에 석류 이백 개를 줄줄이 붙였다. 석류는 씨앗이 많은 과일이다. 필자는 석류가 교회의 재생산을 의미한다고 생각한다.

교회의 사명은 예수님의 부활을 전함과 동시에 석류 안의 많은 씨앗처럼 재생산을 하라는 메시지가 아닐까?

제자 재생산을 위해 영적 지도자들은 성도들이 그들을 의존하게 해서는 안 된다.

> 이는 성도를 온전하게 하여 … (엡 4:12).

의존이 아닌 온전케 함이 영적 지도자가 하는 일이다.
그렇다면 "온전"과 "의존"의 차이는 무엇일까?

〈표 5.1〉 의존과 온전의 차이

의존	온전
안다	한다
배웠다	가르칠 수 있다
오라	간다
보았다	보여 준다
자신 없다	해 보겠다

뉴송교회에는 "나는 평신도니까…"라는 유리천장(glass ceiling)의 한계를 깬 성도들이 매우 많다. 노년, 장년, 청장년, 청년, 청소년, 유년 등 나이와 직분의 한계를 깬 사람들이 얼마나 많은지 모른다. 유년부터 노년에 이르기까지 새벽 경건회 말씀 인도, 훈련 인도, 선교지 주일 설교와 섬김을 통해 "그리스도의 몸을 세우려 하심이라"(엡 4:13b)를 체험하고 있다.

목회자 입장에서 성도들이 자신을 의존하는 것은 싫지 않다. 누군가에게 필요한 사람이 되는 것은 스스로 중요한 사람이라는 가치를 부여하기 때문이다. 그러나 생각해 보자. 의존하는 사람이 많지 않을 때는 감당할 수 있지만 만일 그 수가 백단위로 늘어난다면 탈진의 구덩이에 빠지는 것은 시간 문제이다. 목회자를 의존케 할 것인가, 아니면 에베소서 4장의 말씀대로 성도를 온전케 할 것인가는 영적 지도자가 선택해야 할 몫이다.

3. 미숙이가 성숙이가 되려면 교육하라

교육이란 무엇인가?

한 때는 교육을 "cram in"(지식, 정보, 내용을 벼락치기로 머릿속에 주입하는 것)으로 생각하려는 경향이 있었다. 이는 매우 잘못된 생각이다. "교육"(educate)의 라틴어 어원에 따르면, "draw out"(이끌어 낸다, 찾아 낸다)이라는 뜻이다. 이 정의에 따르면, 내용을 강의하고 들려주며 토의하도록 하는 것은 교육의 한 부분에 불과하다. 이러한 교육은 학생이 선생님으로부터 배운 내용을 오래 혹은 정확히 기억하지 못하는 한계가 있다.

나머지는 배운 내용을 직접 해 보게 함으로써 이해했는가를 확인하는 것이다. 이것이 교육이다. 듣게 하고, 보여 주며, 해 보게 하는 것이 교육의 목적이며 성취이다.

이와 같은 교육의 목적과 성취를 다음과 같이 표현할 수 있다.

- Tell me(말해 주세요) – I will forget(잊을 것입니다)
- Show me(보여 주세요) – I will remember(기억할 것입니다)
- Involve me(참여시켜 주세요) – I will understand(이해할 것입니다)[3]

---

3   박인화, 『하나님의 방법은 사람: 평신도를 세우는 재생산 목회』 (서울: 요단출판사, 2019).

마태복음 25장 달란트의 비유에서 칭찬받을 받은 종(servant)은 어떤 종이었는지 기억하는가?

주인이 칭찬한 종은 나가서 장사한 종(servant)이었다.

칭찬받은 종은 자신에게 기회가 주어졌을 때 주인에게 보고 배운 대로 행한 사람이다.

올림픽이나 운동경기의 중계방송을 보다가, 절호의 순간에 패배하는 모습을 보면 얼마나 답답한지 모른다. 그것이 경기를 관람하는 관객의 마음이며 군중이 가진 심리이다. 입장을 바꾸어 선수로 뛰어 보면 상황은 달라진다. 득점을 올리고, 랩타임의 1초를 줄이는 것이 얼마나 어려운지 불가능에 가까운 일이라는 사실을 깨닫게 된다. 경기를 관람하는 관객에게는 쉽게 보이지만, 정작 선수가 되면 어렵다. 그래서 해 보는 것이 중요하다.

제자 재생산의 한 부분으로 새벽 경건회를 인도한 성도들은 예외 없이 고백한다.

"설교가 이렇게 힘든 줄 몰랐습니다."

예수님의 직접 보여 주신 제자훈련 방법은 "학원식 공부방식"이 아니다. 인도자가 보여 주고 함께할 때, 미숙이는 성숙하게 되고 조금씩 성장하게 된다. 이렇게 할 때에 비로소, 성도는 의존이 아닌 온전으로 나아가게 되고, 봉사의 일을 하며, 그리스도의 몸을 세우게 되는 것이다.

> 그가 어떤 사람은 사도로, 어떤 사람은 선지자로, 어떤 사람은 복음 전하는 자로, 어떤 사람은 목사와 교사로 삼으셨으니 이는 성도를 온전하게 하여 봉사의 일을 하게 하며 그리스도의 몸을 세우려 하심이라(엡 4:11-12).

4. 생산이

나라이든지 교회이든지 인구 감소 문제를 푸는 열쇠는 어렵지 않다. 자녀를 낳으면 된다. 그리고 그 자녀가 또 자녀를 낳는 재생산이 일어나면 인구 감소, 그리스도인 감소를 막을 수 있다. 제자 재생산을 가장 원하시는 분은 예수님이시다. 재생산을 목표하고 전심을 다하면 음부의 권세가 감당하지 못한다.

제자를 재생산하는 교회는 어떤 모습일까?

얼마전에 청년부에서 싱글로 있다가 결혼해서 자녀 둘을 낳은 한 자매가 주일 대표기도를 인도했다. 마음으로 얼마나 대견하고 기뻤는지 모른다. 청년부에 속해 있던 자매들은 결혼 전까지 최고의 멋쟁이들이다. 그러다가 좋은 형제를 만나 연애를 하다가 결혼을 한다. 그리고 얼마의 시간이 지나면 자녀를 낳은 엄마가 된다.

그런데 결혼 전에는 멋진 싱글이었던 자매가 자녀를 낳으면 변하는 것이 있다. 바로 "아가씨"에서 "엄마"가 되는 것이다. 자녀를 낳기 전에는 "나" 중심으로 살던 자매들이 출산 후에는 자녀를 위해 모든 것을 희생한다. 자매들의 모성애가 확실히 나타나는 것이다.

자녀를 낳는 여성에 관련하여 2020년 5월 5일 「뉴욕타임즈」(*New York Times*)에서 아래 제목으로 기사가 실렸다.

> This is your brain on Motherhood:
> How pregnancy and parenthood kick neurological development into high gear.[4]
> (어머니가 되면 나타나는 뇌의 특징 : 임신과 육아를 통해 신경 발달이 활발해진다)

---

[4] Jenni Gritters, "This Is Your Brain on Motherhood: How Pregnancy and Parenthood Kick Neurological Development into High Gear," *New York Times* (May 5, 2020), 1-3. 참조, https://www.nytimes.com/2020/05/05/parenting/mommy-brain-science.html.

여성이 임신을 하면 몸에 동시다발적인 신체 변화와 함께 두뇌에도 변화가 생긴다. 임신과 함께 무드(mood)에도 변화가 찾아온다. 2002년 임페리얼칼리지런던(Imperial College London)의 연구 결과에 의하면 임신 전, 중, 후에 두뇌에 변화가 찾아온다. 그 두뇌의 변화를 "마미 브레인"(mommy brain)이라고 하는데, 이는 다른 누군가가 원하고 필요로 하는 것을 두뇌가 인지하는 것이다. 이를 통해 엄마와 아기 사이에는 유대감(mother-baby bonding)이 형성된다.

사람의 두뇌는 돌처럼 딱딱해서 변형이 불가능한 것이 아니다. 뇌는 유연(plasticity)하다. 뇌는 스스로 구조를 재편성할 수 있는 능력을 가지고 있다(The brain's ability to reorganize itself). 이와 같은 뇌의 변화는 나중 손주를 보거나 누군가를 돌봐주는 역할(assume other caretaking roles)을 충분히 감당하는 것이다.[5]

예수님이 가르쳐 주신 재생산은 영적인 제자를 낳는 것이다. 영적으로 자녀를 낳은 생산이가 되면 자녀를 낳는 것도 쉽지 않지만, 키우는 것이 얼마나 어려운지를 더욱 절감하게 된다.

제자 재생산은 생각대로 되지 않는다. 제자 재생산을 비판하는 사람은 실제적으로 그 위치에 들어가 보지 않았기 때문이다.

아직 자녀를 낳아 본 경험이 없는 미혼의 성인들은 "왜 자녀를 저렇게 밖에 키우지 못하는가?" 하고 버릇없는 자녀들을 잘 지도하지 못하는 것처럼 보이는 부모들을 쉽게 비판하는 경향이 있다. 그러나 막상 본인이 자녀를 낳아 키워 보면, 모든 어머니가 위대해 보이고, 자녀를 낳아 양육하는 것이 결코 쉬운 일이 아니라는 사실을 깨닫게 된다. 똑같은 어머니의 역할이 이렇게 달라 보이는 이유는 본인이 직접 낳아 보았기 때문이다.

성경을 읽으며 이런 의문을 가져 본 적이 있다.

'예수님은 왜 열두 명의 제자만 남기셨을까?'

---

5   Ibid., 1-2.

그러나 제자 재생산을 시작한 이후, 예수님이 얼마나 위대하신 분인지 깨닫는다. 열두 명의 자녀를 낳고 키우는 어머니를 생각하면 쉽게 이해될 것이다. 예수님의 열두 제자는 자살한 가룟 유다와 자연사한 요한을 제외하고 모두 순교했다. 예수님께서 얼마나 제자들을 잘 키우셨는지 알 수 있다.

예수님은 제자 재생산의 모델이시며 위대하신 분이다!

예수님의 제자 재생산에 초점을 맞추면 일회적 기쁨이 아니라 지속적인 기쁨을 맛보게 된다.

'아, 왜 진작 제자 재생산을 하지 않았던가!'

나는 예수님의 제자로 그리스도의 몸을 세우는 성도들을 보면 얼마나 자랑스러운지 모른다.

동시에 아쉬움도 남는다.

'왜 좀 더 일찍 시작하지 못했을까?'

5. 영향을 막는 세력

제자 재생산은 예수님으로부터 시작되었고, 예수님이 뿌리시며, 근본(radical)이다. 교회가 건강하며 사회에 영향을 주는 것은 하나님의 뜻이다. 하지만 하나님의 뜻을 방해하는 역사도 따른다.

모기를 좋아하는 사람은 없다. 말라리아(Malaria, 또는 학질)에 매년 2억 명의 사람들이 감염되고, 40만 명이 넘는 사람들이 말라리아로 인해 사망한다. 끝을 모르고 세력을 확장하던 징기스칸이 서유럽 점령을 포기했던 원인도 말라리아였고, 강력한 군대로 유럽을 휩쓸었던 나폴레옹의 군대가 이탈리아에서 패한 원인도 말라리아로 알려져 있다.

'빌 & 멜린다 게이츠(The Bill & Melinda Gate)재단'의 후원으로 어떻게 말라리아 모기를 퇴치할 수 있는지에 대한 연구가 진행되었다. 그것은 말라리아 모기(Anopheles mosquito)의 유전자를 변형시켜, 피를 흡입하는 주둥이 (mouth)의 모양을 바꾸는 것이었고, 실제 연구팀은 모기 주둥이를 기형으로 변형시키는 연구에 성공했다.[6]

　유전자 변형을 통해 말라리아 모기의 주둥이가 굽어지도록 만들었고, 동물이나 사람의 피부를 관통해서 피를 흡입하려 할 때, 피를 흡입하지 못하도록 하는 방법이 연구진이 내놓은 방법이다. 이를 통해서 모기의 재생산 구조(reproductive structure)의 한 부분을 기형으로 만들어 성충을 낳지 못하게 하고, 모기를 멸종할 수 있다는 것이다.

　과학자들이 모기의 입에 변형을 주는 것으로 모기의 재생산 기능을 마비시키듯 마귀는 그리스도인의 입을 마비시키는 것으로 복음을 전하지 못하도록 만든다. 이를 통해 마귀는 그리스도인들이 기형 그리스도인이 되게 한다. 영적 재생산을 막아 교회가 불임 환자로 가득하게 된다고 가정해 보자. 아직 결혼하지 않은 미혼 남녀들은 주된 관심사가 바로 자신이다. "나"와 "나"를 위한 교회, 즉 영적 소비자가 되는 것이다. 그러나 자녀를 낳으면 어떤 희생이든지 아깝지 않은 모성애/부성애를 가지게 된다. 제자 재생산은 예수님에게서 기인된 뿌리(radical)이며 교회를 살리는 하나님의 뜻이다.

　코로나19 기간에 시작된 제자 재생산훈련은 100퍼센트 확신으로 시작되지 않았다. 사실 95퍼센트는 확신이 없었다.

'될까?
안되면 어떻게 해야 할까?
디모데후서 2:2에 기록된 말씀처럼 다음세대, 그리고 또 다른 세대로 제자 재생산의 고리가 연결될 수 있을까?'

6　Rob Stein, "How An Altered Strand of DNA Can Cause Malaria-Spreading Mosquitoes To Self-Destruct," *NPR* (July 28, 2021). 참조, https://www.npr.org/sections/goatsandsoda/2021/07/28/1020932493/how-an-altered-strand-of-dna-can-cause-malaria-spreading-mosquitoes-to-self-dest.

의심과 확신이 교차되는 마음으로 시작했지만, 35년 목회에서 가장 잘한 도전이라 믿고, 지금도 감사하다. 행복하다. 아시시의 성 프란시스의 격언과 함께 목회자와 신학생, 하나님 나라 확장을 열망하는 모든 이들에게 "제자 재생산"을 권하고 싶다.

> Start by doing what's necessary, then do what's possible and suddenly you are doing the impossible.[7] (정말 필요한 것을 시작하라. 그리고 할 수 있는 것을 하라 그러면 어느덧 불가능한 일을 하고 있을 것이다.)
>
> St. Francis of Assisi

6. 제자 재생산을 위한 제언

1) 담임목사가 선두주자가 되라

목회자가 빠지는 함정은 성도들에게는 "기도하라, 말씀 읽고 묵상하고 순종하라" "제자를 재생산하라"고 말하면서 정작 자신은 제외시키는 것이다. 오늘날의 성도들은 원하기만 하면 어떤 정보라도 쉽게 손에 쥘 수 있다. 그래서 아는 것이 많다. 내용과 정보로 사람이 바뀌는 것은 한계가 있다. 성도들은 목회자의 설교와 가르침을 들으면서 동시에 "과연 말씀을 전한 대로 살고 있는가?"를 지켜보는 매의 눈을 가지고 있다.

성도를 움직이는 열쇠는 목회자가 앞장서는 것이다. 성도가 제자 재생산에 참여하도록 하는 가장 최상의 효과는 목회자 자신이다.

목회자들이여, 제자 재생산의 선두에 서라!

그러면 성도들은 기쁨으로 따를 것이다.

---

[7] 참조, https://www.quotespedia.org/authors/f/francis-of-assisi/start-by-doing-whats-necessary-then-do-whats-possible-and-suddenly-you-are-doing-the-impossible-francis-of-assisi/.

2) 강단 사용(강하고 단단케 하는 설교)

우리는 하루에도 수만개의 정보와 광고를 만나는 시대에 살고 있다. 그야 말로 정보가 홍수와 같이 범람하는 시대이다. 단 한 번의 망치질로 나무에 못을 박는 것은 쉽지 않다. 나무가 단단할수록 더욱 어렵다. 재생산이 예수님의 뜻이고, 교회가 반드시 해야 할 사명이라면, 계속 반복하고 또 반복해서 망치질을 해야 한다.

제자 재생산이 확산되려면 매주일 설교 중에 언급하라!

한 번으로 머리에 각인되고 이해하는 사람은 극히 드물다.

필자는 6개월 이상 매주일 설교에서 제자 재생산훈련을 강조했다. 지금도 예외는 아니다. 나 자신이 예수님의 뿌리와 멀어지지 않으려고 서재 한쪽 벽을 유성페인트로 칠했다. 이유는 그때그때 떠오르는 중요한 내용을 메모하기 위함이다. 유성페인트(마커용)이기 때문에 지우고 다시 쓸 수 있는 벽이다. 벽에는 제자 재생산훈련 주차 별 제목과 내용이 빼곡하게 써 있다. 필자는 그것을 매일 수차례 읽는다.

(1) 간증(뉴송교회 K성도의 재생산훈련 간증)

한동안 선교와 전도에 많은 초점을 두던 우리 교회에서 얼마 전부터 선교와 전도에서 한걸음 더 나아가 제자 재생산이라는 용어를 심심치 않게 접하게 되었습니다. 그럼에도 불구하고 개인적으로는 아직도 제자 재생산이라는 용어가 익숙하지 않았던 저에게 이제는 이 용어가 마땅히 제가 순종하고 따라야 되는 예수님의 명령으로 다가와 버렸습니다.

우리 교회에서 413훈련(엡 4:13을 근간으로 한 재생산훈련, 이하 413훈련)은 꽤 오래 전부터 훈련된 내용이고 코로나19 이전 교회가 매년 활발하게 해외 단기 선교팀을 파송할 때 필수적으로 먼저 훈련을 받아야 하는 과정이었습니다. 선교부를 섬겼던 저는 자연스럽게 해외 단기선교팀으로 지원한 성도님들을 대상으로 몇 차례 413훈련을 그룹으로 진행했었지만 그때에도 413훈련은 그냥 해외선교를 나가시는 분들의 필수 과정일 뿐 제자 재생산이라는 측면에서의 훈련의 의미는 거의 없었습니다. 이번에 213훈련(요일 2:13을 근간으로 한 재생산훈련, 이하 213훈련) 과제 중 하나로 제자 재생산훈련이 포함되면서 저는 훈련 대상자를 찾을 수밖에 없었습니다.

하지만 이 과정에서 저의 마음가짐은 과제이기 때문에 하는 것보다는 이미 213훈련을 통해, 아니 이미 그 전에 담임 목사님의 반복적인 제자 재생산에 대한 열정과 말씀을 통해 제자 재생산은 복음의 빚진 내가 하나님의 자녀로서 마땅히 그리고 당연히 감당해야 하는 소명으로 바뀌어 있었습니다.

훈련 대상자를 찾는 일은 생각보다 쉬운 일은 아니었습니다. 왜냐하면, 제가 교회에서 친분이 조금이라도 있는 분들은 대부분 이미 413훈련을 받은 상태였기 때문입니다. 대상자 찾기가 막막했던 저는 훈련 대상자를 놓고 기도를 시작했고 기도하면서 제 마음에 떠오른 세 명에게 접근을 시도했습니다.

세 명 중 두 명은 지금 신앙생활을 하는 분들이 아니었으며 한 명은 우리 교회에 출석하고는 있지만 아직까지는 그렇게 나랑 친분이 있는 분은 아니었습니다. 예상했던 대로 세 명 모두 성경공부를 같이 해 보자는 제안에 쉽게 마음을 안 열었고 저는 세 명을 놓고 계속 기도할 수밖에 없었습니다. 훈련대상자를 제출해야 하는 날짜를 이틀 앞두고 기도해 왔던 세 명 중에 한 분인 저희 교회에 다니시는 성도님으로부터 성경공부를 한번 해 보겠다는 연락을 받았습니다. 처음에는 성경공부에 대해 상당히 미지근한 반응을 보여서 기대를 안 하고 있다가 받은 연락이라 참으로 반갑고 또한 하나님께 감사할 수밖에 없었습니다.

목사님은 자주 제자 재생산하는 일을 아기를 잉태하고 출산하는 일에 비유하십니다.

우리가 우리 자녀를 임신하고 낳을 때까지 얼마나 많은 기도를 하는가?

제자 재생산 역시 훈련 대상이 제 머릿속에 잉태되는 그 순간부터 기도하는 것이 얼마나 중요하고 반드시 필요한 일임을 새삼스럽게 깨달을 수 있었습니다.

글을 쓰는 오늘까지 413훈련 과정의 2과를 그 성도님과 끝마쳤습니다. 처음 1과를 시작하면서는 일 대 일 훈련을 저도 처음 해 보는지라 조금 어색한 부분도 많았지만 2과를 진행하면서 벌써 훈련을 진행하는 나 자신이나 훈련을 받는 분의 마음이 조금씩 열리고 있는 것을 느낄 수 있었습니다.

또한, 훈련의 과정이 진행되면서 하나님께서 왜 이분을 저의 첫 훈련 대상자로 붙여 주셨는지도 조금은 이해가 되었습니다. 이분은 신앙생활을 한 지는 꽤 오래되었고 한동안은 뜨겁게 사역도 감당하셨는데 코로나19를 지나면서 이런저런 이유로 예배생활도 많이 시들해지고 교회 사역과는 많이 멀어져 있으며 물론 구원의 확신은 아직도 있지만 그리스도인으로서 정체성이 예전보다는 많이 흔들리고 있는 상황임을 알 수 있었습니다.

이런 분에게 413훈련 내용이 얼마나 적합한 내용인가?

지금까지 413훈련의 2과까지밖에 진행되지 않았지만 저는 희망을 보았고 성령님께서 벌써 이분의 마음을 만지고 계심을 느낄 수 있었습니다. 그리고 아직은 미약하지만 저도 재생산을 할 수 있겠다는 가능성을 볼 수 있었습니다.

저의 '확산이 행전'은 지금 막 시작되었습니다. 이제는 제가 과제로서 하는 것이 아니라 제 삶의 일부로서 '확산이 행전'을 써 내려 가길 원합니다. 지금 훈련 중인 이분이 끝나면 저랑 413훈련을 새로 하실 분이 벌써 한 분 기다리고 계십니다. 다만 이제 저의 기도제목은 제 마음에 생긴 제자 재생산을 향한 작은 불씨가 쉽게 꺼지지 않고 불꽃으로 타올라 하나님의 나라를 확장하는 데 지속적으로 쓰임 받는 제가 될 수 있도록 바라고 기도할 뿐입니다.

(2) 간증(뉴송교회 H성도의 제자 재생산훈련 간증)

2021년 4월 4일 침례를 받고 시작된 처음 교회생활의 시작이 413훈련이었습니다.

재생산의 의미를 제대로 알지 못하면서, 훈련을 받기 시작했고, 그 훈련의 끝이, 다른 누군가를 훈련해야 된다는 그 다음 스텝처럼 여기지면서 당연시 받아들이고 훈련자로 훈련생을 재생산했던 저는 지금에 와서 돌아보면 그렇게 수업을 참여했던 것도 같습니다.

413훈련을 들었을 때는 신앙의 기초를 잡는 것 같아서 너무 좋았고, 그 훈련시간이 기다려지고, 즐거웠습니다. 수업이 끝나고 막상 훈련자로 훈련에 들어가니 누군가를 제자로 삼아 온전히 세운다는 것이 생각보다 마음이 많이 무거워지고, 어쩌면 내 욕심에, 내가 원하는 것처럼, 내가 그랬던 것처럼, 그런 수업이 이루어지기를 바랬는지도 모르겠습니다.

영적 어미가 된다는 것이, 내가 누군가를 안타깝게 생각하여 그를 예수님과 동행하는 삶을 살게 돕는다는 것이 생각처럼 쉬운 일만은 아니었던 것 같습니다.

그러던 중 213훈련을 받는 시간 속에, 미숙이에서 성숙이로 소명이에서 생산이로 …. 매시간 그 의미를 깨닫고 생산이로 가서 확산이가 되어야 한다는 깊은 깨달음은 있었지만, 어쩌면 저는 마음 한편에 미숙이에서 가지고 있는 **의존적인 마음**이 아직도 많이 있었는지도 모르겠습니다. 믿음생활이 얼마 안 됐다는 이유로 주변 사람들에게 더 의지하고 있었던 것도 같습니다.

그 수업을 준비하고 열심을 다하는 그 시간 외에는 훈련생과 함께하는 가치 있는 시간들은 바쁘다는 이유로 등한시한 건 아니었나 싶었습니다.

재생산을 위해서, 한 영혼을 세우기 위해서 쓰는 시간과 정성이 그냥 수업만 해서는 안 되었던 것이고, 저는 어쩌면 그 수업을 잘하고 싶었는지도 모르겠습니다.

'다 나를 드러내는 시간에 열심히 다하고 있었나?'

이런 생각이 들었습니다.

213훈련을 통해 한 명의 영혼을 온전히 세우기 위해 헌신하는 훈련자가 되어야함을 느끼면서 문득 옆에서 저의 영혼을, 온전히 설 수 있게 끊임없이 관심과 격려와 사랑과 헌신을 하고 계시던 분이 생각나게 하였습니다. '나는 이렇게 누군가의 의해 끊임없이 제자로 온전히 설수 있게 도움을 받고 있는데 정작 나는 훈련을 받는 그 사람이 스스로 일어나기를 바라고 있었던 건 아닌가' 싶었습니다.

나의 부족함이 무엇인지 절실히 느껴지는 시간들이었고 받는 사랑에만 익숙한 나는 구원의 기쁨을 나누는 방법에 있어 사랑을 나눌지 모르고, 베풀지 못하고, 복음의 지식만을 전하고 있었던 건 아니었나 싶었습니다.

그럼에도 하나님의 도움심으로 그 영혼을 세우실 것이라고 믿습니다. 내가 하는 일이 아니라 다 하나님이 일하실 것이고 그분의 시간에 그 방법으로 다 들어주실 것이라는 사실은 알지만, 나에게 주어진 사명 예수님의 제자가 되어 또 다른 제자를 삼는 일을 끊임없이 계속 하려면 많은 사람이 아니라, 한 명의 영혼을 위해 끊임없이 내가 할 수 있는 헌신의 시간을 가져 봐야 한다는 생각이 들었습니다.

그 한 명의 시작이 시간이 지나면 엄청난 수의 제자를 만들 수 있음을 배웠기에 413훈련을 인도하는 동안 부족한 저의 그 부분들을 같이 협력해 주신 목사님을 통해 저의 훈련생도 조금씩 마음이 열리게 됨을 느꼈고 하나님의 말씀 속에서 같이 매일을 조금씩 살아 내고 있습니다.

제 부족한 부분을 채울 수 있게 사람을 붙여 주시는 감사한 하나님, 재생산이란 시간을 통해 예수님의 사랑을 느낄 수 있는 소중한 시간이었던 것 같습니다.

제자 재생산훈련을 끝낸 후에는 어떻게 하는가?
참고가 되도록 제목과 간단한 내용을 나눈다.

- **필수참관**: 훈련 이후 몇 주간 더 훈련에 참관하는 것으로 훈련 기간에 놓였던 부분을 보완하고 정리하는 기회를 얻게 된다.
- **자원참관**: 훈련과 필수 참관 기간이 끝난 뒤, 재생산훈련을 하려는 훈련자가 내용이 기억이 안 나거나 부족하다고 느낄 시, 참관을 요청하여 훈련에 참여할 수 있고, 이를 통해서 반복적인 훈련의 기회를 갖게 된다.
- **담임목사와 간담회**: 재생산훈련을 진행하는 평신도 훈련자가 재생산훈련 중 예상하지 못했던 어려움을 느끼거나 함께 나누고 조언이 필요할 경우, 간담회를 통해서 해소한다.
- **클러스터(Cluster) 모임**: 클러스터는 포도나무의 포도송이를 일컫는 말로, 훈련을 하고 있는 성도들을 같은 그룹으로 편성해서 함께 기도하고, 훈련 중간 과정을 나누는 모임이다.

제자 재생산은 쉽지 않지만 그렇다고 반드시 어렵기만 한 것은 아니다. 교회에 프로그램이 많으면 목사는 바쁠지 모르지만 행복하지 않다. 교회의 모든 사역과 프로그램은 모두 잠재우고 순교시키라는 말이 아니다.

시간과 재정을 소모하고 있는데도 불구하고 여전히 미숙이가 성숙이가 되고 있는가?
성숙이는 하나님의 소명을 발견했는가?
소명이는 생산이로 영혼을 낳고 있는가?
생산이는 낳은 영혼을 확산이로 예수님의 대사명에 동참하고 있는가?
지금의 사역 현장에 의존이와 온전이 중 누가 더 많은가?

거리가 멀고 문화가 다른 페디 종족 선교는 자녀를 키우는 것과 다르지 않다. 감격적이고 행복한순간도 있지만 '우리가 지금 여기서 무엇을 하고 있나' 하는 회의의 늪에 빠질 때도 있다.

뉴송교회는 여러 선교지를 일년에 한 번 단기 선교팀을 파송하는 산발적인 선교를 하다가 전략을 바꾸어 선교지를 줄이고 1년에 4차례 단기선교팀을 보냈다. 사실 1년에 한 번 만나서 깊은 관계, 연속적인 관계를 맺기는 여간 힘들지 않다. 그렇게 해서 페디 선교지에 매년 4차례 선교팀을 보냈다. 작게는 3명, 많게는 5명, 한 곳을 집중했다. 일 년에 한 번 갈 때와는 달리 관계가 깊어지고 서로의 목적과 마음이 서로 점점 더 분명하게 통하게 되었다. 페디 종족 셀라니에 갈 때마다 예수님의 대사명, 제자 재생산을 외치고 외치고 외쳤다. 앞에서는 "이해했다. 제자를 재생산하겠다"고 하지만 돌아서면 잊어버리는 그들이었다.

앞서 말한 내용을 기억하는가?

- Tell me(말해 주세요) – I will forget(잊을 것입니다)
- Show me(보여 주세요) – I will remember(기억할 것입니다)
- Involve me(참여시켜 주세요) – I will understand(이해할 것입니다)

〈그림 5.2〉 보츠와나 지역 교회 성도들에게 두 손 전도법 시연/훈련

곰곰이 궁리하다가 페디 종족의 그리스도인들에게 예수님의 대사명에 참여하도록 도전하기로 했다.

남아공에서 약 5시간을 북쪽으로 운전해 올라가다 보면 보츠와나(Botswana)라는 나라가 나온다. 사전에 IMB(International Mission Board, SBC소속

국제선교부) 소속의 선교사와 연락을 취해 놓고, 뉴송선교팀 5명, 페디/쎌라니의 성도 5명이 함께 해외선교를 가기로 했다. 뉴송교회가 그들을 도와준 것은 여권 수속 비용과 교통(Gas) 비용이었다. 우리는 국제선교팀(international mission team)을 구성하여 보츠와나 사람들에게 노방전도를 하고, 지역 교회 성도들을 훈련하는 사역을 했다.

함께 보츠와나 선교에 참여했던 남아공의 아브라함(Abraham) 형제가 말했다. "뉴송교회가 그동안 먼 거리를 마다하지 않고 왜 선교를 왔는지, 왜 선교를 반복해서 강조했는지 이제야 알겠습니다. 감사하다. 당신들의 발걸음이 헛되지 않게 하겠습니다. 이번이 마지막이 아니라 또 선교를 가겠습니다."

아래의 편지는 남아공 요하네스버그(Johannesburg)에서 20년째 선교사역을 하고 있는 제임스(James)선교사가 보낸 이메일이다.

Date: Sun, Apr 7, 2019 at 3:51 PM
Subject: Re: Missions

Pastor,

I am so sad that I missed you while you were here! Please forgive me- I wish my schedule had cooperated. I am writing because I have been thinking about your church and their work in South Africa.

I am so thrilled to hear that Koreans in America have come to South Africa to lead Pedi peoples to go to Botswana to reach the Tswana peoples! God is so amazing! Who could have ever conceived this? Your partnership, leadership, friendship continue to bless me very deeply. I am so thankful for you and your church.

Every blessing!
James

목사님, 여기에 있는 동안 만나지 못해서 참 유감입니다. 스케줄만 허락했더라면 좋았을 텐데요.

이 글을 쓰는 이유는 뉴송교회와 성도들이 남아공에서 진행하는 사역에 대해 생각이 났기 때문입니다.

미국에 있는 한인들이 남아공까지 와서 페디 종족을 이끌고 보츠와나의 츠와나 종족에게 나갔다는 사실은 참으로 고무적입니다.

하나님은 정말 놀라운 분이십니다!

이런 일을 그 누가 상상이나 할 수 있겠습니까?

뉴송교회의 파트너십, 리더십, 그리고 우정은 나에게 큰 축복입니다. 뉴송교회에 큰 감사를 드립니다.

축복합니다!

제임스

교회마다 필요하다고 생각한 프로그램을 위해 예산과 시간을 사용한다. 그러나 정말 예수님께서 말씀하신 뿌리 되는 제자 재생산을 위해 얼마나 많은 시간과 예산을 쓰는지를 성찰할 필요가 있다. 선택 또는 결정의 영어 단어 decision 안에는 "-cis-"가 있는데, 이는 "잘라낸다"(cut off), "정리한다"는 뜻이다. 예수님께서 맡기신 대사명을 감당하기 위해서 교회는 본질에 집중해야 하는데, 이를 위해서 불필요한 것은 잘라 내는 과감한 결단과 실행이 필요하다.

"선택"(DECISION):
라틴어 어원 - cis 혹은 cid -
"잘라낸다" 혹은 "정리한다."

〈그림 5.3〉 Decision의 사전적 의미

미식축구를 직접 경기장에서 본 경험이 있는지 모르겠다. NFL 경기는 교회 예배보다 더 인기가 있다. 매년 결승전을 위해 상상을 초월하는 경비를 지출한다. 입장료도 천 불 이상 되는데, 사람들은 이를 과감하게 지출한다. 미식축구 전체 경기의 평균 소요시간은 약 3시간 12분이다. 「월스트리트 저널」(Wall Street Journal)의 분석에 의하면 미식축구경기장을 가는 데 왕복 1시간, 주차장을 찾고 경기장까지 걸어서 가는 시간, 경기 중 리플레이(Replay) 시간, 평균 20개의 광고 시간은 약 1시간이며 그 모든 비용은 천문학적이다.

올해(2021년) 결승전 경기에서 광고 30초당 5,600,000불을 지불했다.

그런데 실제 선수들이 경기하며, 공이 움직이는 시간은 고작 11분이다![8]

C. T. 스터드(C. T. Studd, 1860-1931)는 영국 사람으로 아프리카 내지에서 20년 이상 선교를 했다. 그는 당시 그리스도인들을 "초콜릿 크리스천"(The Chocolate Christian)이라고 명칭했다.[9] 초콜릿이 선물박스 안에 가지런히 들어가 있듯 이 시대 그리스도인의 모습이 그렇다는 것이다. 문제는 뜨거운 열을 가하면 초콜릿이 녹아 내리는 것과 마찬가지로, 스터드 선교사는 "인생의 위기가 오면 쉽게 사명이 녹는 그리스도인들"을 안타까워했다.

예수님을 왕으로 고백하고 경배하는 그리스도인은 감자칩(potato chip Christian)이 되어야 한다. 감자칩은 "하나를 먹으면 그 하나로 만족하지 않는다"는 것이 특징이다. 감지칩을 한 번 먹어 본 사람은 특유의 신비한 맛에 이끌리어 두 개, 세 개, 네 개 … 그리고 결국에는 봉지를 다 비우게 된다. 제자 재생산은 마치 감자칩을 먹는 것과 비슷하다. 한 번 시작하면 그 한 번으로 만족하지 못한다. 또 하게 되고 또 제자를 재생산하게 된다. 영

---

8   Daniel Ganninger, "How Much Playing Really Goes on in an NFL Game?" (November 3, 2020). 참조, https://medium.com/knowledge-stew/how-much-playing-really-goes-on-in-an-nfl-game-4d1db2731538.

9   C. T. Studd, "The Chocolate Soldier or Heroism—The Lost Chord of Christianity," in *Missionary Article and Notes*. 참조, https://www.wholesomewords.org/missions/msctserm.html.

적 자녀를 낳고 또 충성된 사람에게 부탁하고 다른 사람들을 가르치게 한다(딤후 2:2).

반복하여 이루어지는 제자 재생산은 그리스도인의 삶에 반드시 필요하다. 요즘 젊은 세대와 다음세대 자녀들에게 마블사에서 제작된 슈퍼히어로 영화와 에니메이션 시리즈는 아주 인기가 높고 팬덤이 끊이지 않는 컨텐츠들 중 하나이다. 재미있게도 사람들은 종종 경쟁할 수 없는 두 인물이 맞붙게 되면 누가 승리할지 궁금해했고, 이런 궁금증에 의해 슈퍼맨과 베트맨이 대결은 히어로물 팬들에게 심심치 않게 언급되곤 한다. 이렇게 만날 수 없는 두 슈퍼 히어로의 경쟁을 주제로 〈배트맨 대 슈퍼맨: 저스티스의 시작〉편이 영화로 제작되기도 했다.

그렇다면 슈퍼맨과 베트맨이 싸우면 누가 이길까?

만화 영화로 만들어지고 TV에서 방영된 에니메이션 〈베트맨 시즌5〉에서 슈퍼맨과 베트맨의 격돌이 그려지는데, 이 격돌의 승리자는 베트맨이다.

어떻게 인간 베트맨이 초인적 능력을 가지고 있는 슈퍼맨을 이길 수 있을까?

슈퍼맨은 혼자 일한다. 다시 말해서 초인적인 능력을 발휘하면서 혼자 모든 상황을 해결하는 것에 익숙한 인물이 슈퍼맨이다. 이는 다른 사람의 도움은 필요 없다는 의미이다. 그런데 베트맨에게 항상 조력자가 있다. 로빈이라는 인물이다. 물론, 초인적 힘을 가진 존재와 평범한 인간의 경쟁에서 초인적 능력을 가진 사람이 유리한 위치에 있는 것은 분명하다. 그러나 제작자들은 서로 연대하고 협력하는 로빈과 베트맨이 승리하는 것으로 작품을 해석하고 그려낸다. 협력한다면 불가능한 일도 가능해질 수 있다는 인간의 심리를 의도적으로 그려낸 것이라고 생각해 볼 수 있다.

구약성경 속 이야기에는 큰 힘을 가지고 있지만, 결코 슈퍼맨처럼 혼자 일하지 않는 인물이 한 명 등장한다. 바로 다윗이다. 다윗은 혼자 일할 수 있는 힘을 가지고 있다. 그러나 그는 혼자 일하지 않았다. 마치 베트맨이 로빈과 함께 협력하여 일하고, 로빈이 히어로의 반열에 오르도록 했던 것과 마찬가지로, 다윗은 용사를 모으고, 그들을 함께 일했다. 사무엘상 22장에는 다윗이 소외되고 억울한 일을 당한 사람들 돌보았고, 그렇게 모인 400여 명의 사람들을 모아 훈련하고, 이스라엘이라는 국가를 세워 가는 일에 동참하도록 했다고 기록한다.

> 압제를 받는 사람들과 빚에 시달리는 사람들과 원통하고 억울한 일을 당한 사람들도, 모두 다윗의 주변으로 몰려들었다. 이렇게 해서 다윗은 그들의 우두머리가 되었는데, 사백여 명이나 되는 사람들이 그를 따랐다(삼상 22:2, 표준새번역).

그뿐만 아니라, 다윗은 30인(37명)의 특별부대를 구성해서 세속국가를 상징하는 블레셋을 맞서 싸우는 사람들로 세우기도 했다(삼하 23장 참조).

제자 재생산이 왜 필요할까?

힘들고 어렵지만 그것을 꼭 감당해야 하는 이유는 무엇일까?

이유는 간단하다. 그것이 하나님의 교회에 주어진 최대의 과업이기 때문이다. 더불어 제자 재생산이야말로 하나님의 일을 감당할 수 있는 일꾼을 세우는 방법이며, 나아가 하나님의 교회를 건강하게 만들 수 있는 길이 되기 때문에 꼭 감당해야 한다. 제자를 재생산하는 데에는 분명히 시간이 걸린다. 희생과 헌신도 뒤따른다. 그러나 제자를 재생산하는 해야 할 분명한 이유가 있다. 이 글을 읽는 사역자들과 성도들이 재생산을 통해 기쁨을 얻고, 재생산을 통해 유익을 얻게 되기를 바란다.

코로나19 역병은 골리앗처럼 보이지만 실상은 하나님의 주권 아래에 있는 소품에 불과하다. 소품은 생산자(producer)의 목적을 위해 사용되는 도구일 뿐이다. 칠흑 같은 어둠을 물리치는 열쇠는 빛을 밝히는 것이다. 교회는 세상의 어둠을 물리치는 빛이다. 예수님은 교회에 제자 재생산 특권을 주셨다. 특권을 사용케 하신 하나님께 감사하다.

제6장

목회자에게 미래는 있는가?
(코로나가 던져 놓은 미래 목회를 이끌어 가야 할 신학교육)

✝ 방 승 호 박사

센트럴신학대학원 구약학 조교수

2021년 5월 방역 조치가 조금 완화되어 한국을 방문했을 때 서울 모 의대에 있는 지인을 만나게 되었다. 어느덧 배워야 하는 위치에서 다음세대를 가르치는 입장으로 바뀐 지인은 젊은 세대 의사 지망생들의 인성 개발 부족을 토로하며 이렇게 말했다.

"몇 년 후면 우리가 병상에 누워 있게 될 텐데. 요즘 애들이 진료하고 치료할 걸 생각하면 끔찍하다."

골자는 의술 지식 습득에 전념하기 위해 인문학을 등한시할 수밖에 없는 의대생들이 좀 더 좋은 의료인이 되기를 바라며 그들의 현실을 지적한 것이다. 전문 의술을 가르치는 의대 교수가 자기 학생의 인성 개발을 위해 인문학을 강조하고 있다는 것에 놀라지 않을 수 없었다.

세상은 빠르게 변하고 있다. 1985년 개봉해서 센세이션을 불러온〈백 투 더 퓨처〉(*Back to the Future*)의 두 번째 편에서 상상으로 바라본 먼 미래인 30년 후를 7년이나 넘은 지금, 영화에서 보는 모든 것이 현실화되지는 않았지만 더 많은 분야에서 그땐 상상조차 하지 못했던 것을 사용하고 개발하고 있다. 아직 시판되는 날아다니는 차는 없지만, 이미 전기 자동차가 각광을 받고 있고 곧 자율주행 자동차의 시대가 도래할 것을 전망해 본다. 특별히 인터넷에 의한 가상현실은 코로나19 때문에 우리 현실의 한 부분이 되며 새로운 기술의 도래를 급속히 앞당겼다.

의료계에는 의사를 대체할 AI를 제한적이기는 하지만 이미 실험적으로 가동하고 있고,[1] 이것은 〈프로메테우스〉(*Prometheus*), 〈엘리시움〉(*Elysium*) 또는 〈패신저〉(*Passenger*) 같은 공상과학 영화에서나 봤던 '메드팟'(MedPod)이 가까운 미래에 현실화될 것을 가리킨다(그림 6.1).

현실을 신랄하게 비판하는 말로, 많은 사람이 법원에서는 AI 판사와 스포츠에서는 AI 심판을 요구한다. 코로나 때문에 온라인 강의가 많아지면서 동일한 과목을 여러 명의 교수가 가르칠 명분 또한 사라진 시대인데 어차피 기초적인 지식을 전달할 과목을 굳이 사람이 해야 할 필요성 또한 없게 된 시대이다. 이런 변화의 요구는 비단 의료계, 법조계, 그리고 학교나 스포츠에만 국한되지 않는다. 사회 전반에 걸쳐 나타나는 일반적인 현상으로 교회와 목회의 현장도 이에 무관하지 않다.

〈그림 6.1〉 영화 〈엘리시움〉(2013)에 등장하는 메드팟(MedPod)

---

1 Amisha, et al., "Overview of Artificial Intelligence in Medicine," *Journal of Family Medicine and Primary Care* 8/7 (2019): 2328-31.

1. 미래의 목회는 어떤 모습으로 바뀔 것인가?

많은 목회자가 새로운 기술에 대한 얼리 어댑터이고 컴퓨터와 같은 테크놀로지에 가깝기는 하지만 의외로 교회와 종교 커뮤니티는 다가오는 미래에 관해 관심이 많지 않고 그렇기 때문에 신학적 그리고 목회적인 차원에서 적절히 준비하지 못하고 있다.

다시 말하면, 누군가에 의해 만들어진 새로운 제품에는 관심을 가지고 앞장서서 사용할지 모르지만 어떤 새로운 것을 준비하고 만들어 나가는 것은 소홀히 한다는 것이다. 이러한 것은 비단 목회 현장에서만 발견되는 것은 아니다.

필자는 2004년 목회학 석사 과정에 있을 때 여름 학기로 '생명의료윤리' 과목을 수강한 적이 있다. 학기말 에세이 주제로 교수가 낙태, 안락사 등 그 당시 유행하던 주제를 권고했지만 필자는 미래 지향적으로 사이보그의 권리에 대한 에세이를 제출했다(그림 6.2). 기말 에세이에 대한 점수를 별도로 받지는 않았지만, 학기말 최종 성적을 통해 교수가 사이보그 권리에 대한 기말 에세이를 좋게 보지 않았음을 알 수 있었다.

10년 후 그 학기말 에세이를 개정하고 내용의 질을 높여 미종교학회(The American Association of Religion) 지역 모임에서 발표하고 학술지에 기고하게 되었다.[2] 10년이면 강산도 변한다는데 10년 전 학기말 에세이를 개정하며 느낀 것은 여전히 이 분야에 대한 성서학/신학 자료를 찾기 힘들었다는 것이다. 공학(미국전기전자기술자학회, IEEE) 쪽에서는 이미 사이보그(augmented human)의 윤리와 권익에 대해 어느 정도 회자되고 있었는데 그것에 대한 종교계의 반응은 거의 전무에 가까웠다. 간혹 자료가 있었다면 기독교가 아닌 가톨릭의 기초적인 대응이었다.

---

2 Seung Ho Bang, "Thinking of Artificial Intelligence: Cyborgization with a Biblical Perspective (Anthropology of the Old Testament)." *European Journal of Science and Theology* 10/3 (2014): 15-26.

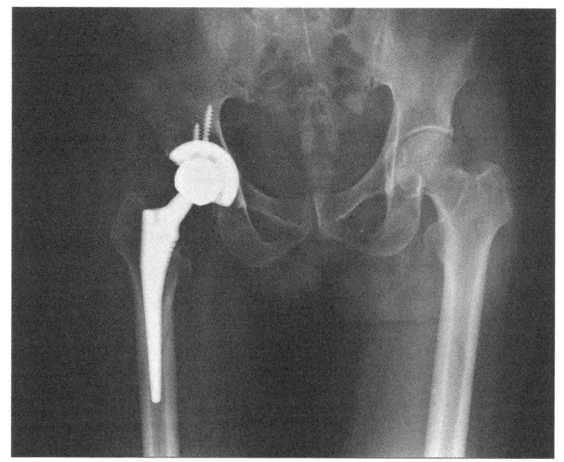
〈그림 6.2〉 인공관절 또는 인공기관도 사이보그의 한 형태로 볼 수 있다.
고관절 인공관절 치환술 엑스레이 이미지

그런데 이제는 아무것도 하지 않고 가만히 앉아 있을 수 없는 때가 되었다. AI와 로봇이 급속히 발달하고 있는 현시점에 코로나19는 물질적인 세상에 있던 목회와 교회를 인터넷이라는 가상의 공간에 강제적으로 넣어 버렸고 사회 전반에 걸쳐서 미래의 도래를 가속시켰기 때문이다.

코로나 대유행은 우리에게 "나"와 상관없어 보였던 동떨어진 가상의 세계라는 헤테로토피아(heterotopia)를[3] 현실 속에서 직면하게 하는 촉매가 되었고, 더 나아가 많은 기독교인에게 그동안 헤테로토피아였던 가상의 세계가 이제는 유토피아(utopia)가 되어 대유행이 끝나도 인터넷 예배를 선호하게 만들었다.

앞으로 인터넷, 증강현실, 그리고 가상현실이 급속도로 발전할 것이라 예측할 수 있다.

그렇다면 증강현실과 가상현실 속의 목회자 역할은 사람이 차지할까 아니면 AI의 몫이 될까?

---

3 Michel Foucault, "Des Espace Autres," *Architecture /Mouvement/ Continuité* 5 (1984): 46-49.

2. AI를 통한 설교자 또는 과거 유명 설교자의 부활

현재에도 많은 사람이 유튜브로 여러 목회자의 설교를 듣는다. 우리의 현실은 이미 설교자의 "영생"의 시대를 살고 있는 것이다. 2011년에 타계한 고 하용조 목사의 설교는 아직도 조회 수가 늘어나고 있다.[4] 가까운 미래에 증강현실과 가상현실이 발달해서 유튜브로 설교를 보고 듣는 것이 아니라 실제로 가상현실 속의 교회라는 곳에 다른 접속자와 함께 예배를 드리고 3D 홀로그램으로 만들어진 고 하용조 목사가 설교한다는 것은 비단 극단적인 상상은 아닐 것이다.

현재 할리우드는 배우의 과거 모습을 재현하거나(예: 〈블레이드 러너 2049〉[*Blade Runner 2049*]의 숀 영[Sean Young]) 타계한 배우를 디지털 캐릭터를 이용해서(예: 〈분노의 질주 7〉[*Fast & Furious 7*]의 폴 워커[Paul Walker] 그리고 〈스타워즈 에피소드 9편〉[*Star Wars: Episode IX*]의 캐리 피셔[Carrie Fisher]) 부활시키고 있기도 하다(그림 6.3). 딥페이크 기술이 발전하면 더 쉽게 이런 것을 재현할 수 있을 것이다.

〈그림 6.3〉 CGI 렌더링으로 숀 영의 20대를 재현한 〈블레이드 러너 2049〉

4　유튜브에 있는 CGNTV 하용조 목사 페이지는 그의 사후인 2013년 7월 18일에 개설되었다. 비디오를 관리하는 CGNTV는 자체적인 통계기록은 없지만 Social Blade를 보면 하목사의 페이지 구독자와 올려진 설교의 시청 숫자는 계속해서 증가되고 있음을 알 수 있다. Social Blade로 하용조 목사의 페이지를 조회한 2022년 4월 2일 총 7,605,189의 시청을 기록하고 있는데 현재 추세로는 5년 후에는 16,087,991의 시청을 기록하며 대략 47퍼센트의 증가율을 보일 것으로 예측하고 있다.

이런 생각을 하게 된 이유는 이민 1.5 또는 2세가 아닌 필자가 학생과 타인종 목회를 하며 경험한 부족함 또는 넘지 못할 벽 때문에 그렇다. 그래서 상상해 본 것이 만약 내 설교를 존 파이퍼(John Piper)나 팀 켈러(Tim Keller)가 전달하면 학생들이 어떻게 받아들일까, 반대로 내가 그들의 설교를 전달하면 어떤 반응을 보일까였다. 물론, 설교라는 것이 단순히 원고를 전달하는 것 이상으로 한 개인의 전인격체를 통해 메시지를 전달하는 것이라는 특성 때문에 큰 차이가 있는 것을 확인하게 될 것이다.

그렇다면 만약 존 파이퍼나 팀 켈러의 아바타를 이용해서 설교할 수 있게 된다면 어떨까?

아니면 온라인예배 때 팁 페이크 기술을 사용한다면 어떻게 될까?

하지만 여기서 더 나아가 딥러닝을 적용해 AI가 한 유명 설교자의 설교 원고나 설교 비디오를 분석해 본문 해석 경향을 파악하고 특정한 전달 방식을 양식화하는 알고리듬을 개발한다면 이미 타계한 목회자라도 그의 생전 설교만을 반복해서 들을 필요가 없고 그의 새로운 설교를 만들어 낼 수 있을 것이다.

쉽게 말해 고 하용조 목사의 설교 패턴을 AI가 분석해서 비록 하용조 목사는 10년 전에 타계했어도 그의 새로운 설교를 들을 수 있는 날이 곧 올 수 있다는 것이다. 이러한 것은 비단 고 하용조 목사에게만 적용할 수 있는 것은 아니다. 설교 원고를 남긴 유명한 세기의 설교자들, 존 웨슬리(John Wesley), 찰스 스펄전(Charles Spurgeon), 조나단 에드워즈(Jonathan Edwards), 심지어 마틴 루터(Martin Luther)와 존 칼빈(John Calvin), 더 나아가서 초대 라틴 교부의 새로운 설교도 들을 수 있게 될 것이다. 복음서에 "어록"(*Logia*)이 남겨진 예수 그리스도도 예외는 아닐 것이다.

이러한 것이 가능해지는 시대에 과연 목회자의 역할은 사람이 차지하게 될까 아니면 AI의 몫이 될까?

3. 우리는 모두 창조된 피조물

인쇄된 책을 읽었던 사람은 아직도 이북(ebook)보다는 인쇄된 책을 선호한다. 그 이유는 손맛이 없어서 그렇다고 볼 수 있다. 책은 많이 보면 자연스럽게 찾고자 하는 부분도 쉽게 찾게 되고 그렇지 않으면 넘기며 찾아보기도 쉽다. 전자문서는 키워드 검색이라는 기능이 있기는 하지만 키워드조차 모르면 아무런 쓸모 없는 기능이 될 수 있고, 때로는 너무 정확해서 대충 아는 것을 검색해내기 무척 힘들 수도 있다.[5]

하지만 이러한 문제는 아직 인쇄된 책 같은 이북이 나오지 않아 발생하는 문제라고 보아야 한다. 시간이 문제이지 불가능한 것은 아니라는 것이다.

가까운 미래에 영화 〈마이너리티 리포트〉(Minority Report)에서 나오는 것과 같은 기술이 적용된, 우리 손으로 직접 넘겨 가며 볼 수 있는 홀로그램 이북이 개발된다면 어떨까?

예를 들어, 처음 전자 피아노가 나왔을 때 어쿠스틱 피아노 같은 느낌(touch sensitivity)과 울림이 아니었다. 하지만 지금은 피아노 터치를 맛볼 수 있는 키보드가 시판되고 있다. 아직 완벽한 피아노 터치와 울림을 구현하지 못한다고 볼 수 있지만, 이것은 기술과 그것을 개발하는 시간의 문제일 뿐 넘지 못할 산은 아닌 것이다. 문제는 어쿠스틱 피아노가 낼 수 있는 모든 가능한 소리의 샘플링과 키보드를 어떻게 연결하느냐는 기술적, 그리고 이것을 구현하는 것이 가치 있는 일이냐는 문제일 것이다.

그런데 근본적으로 전자 피아노와 어쿠스틱 피아노의 차이점은 대부분 듣는 사람보다는 연주자의 손끝에서 느끼는 것은 아닐까?[6]

---

5 구약과 성서고고학을 연구하는 필자에게는 발음구별부호(diacritic)가 들어간 단어, 또는 히브리어 음역에 알레프와 아인, 또는 헤트와 같은 단어가 들어간 키워드를 가지고 검색하는 것은 불가능에 가깝다고 볼 수 있다. 예를 들어, 구약에서 금기시하는 울과 리넨이 섞인 직물을 šaʻaṭnēz라고 하는데 절반이 디아크래틱이 있는 글자여서 여러 종류의 문서에 이 단어를 정확히 찾아내는 것은 정말 힘든 일이다.

6 대략 10년 전 있었던 피아노가 만들어 내는 소리의 스펙트럼 분석은 디지털 키보드와 어쿠스틱 피아노 사이에 차이를 보여 준다. 하지만 분석가는 결론에서 이런 차이를 우리

미래에 상상하던 사이보그가 아니면 인간을 복제해서 만든 합성인간(synthetic humans)이 현실 속에서 함께 살아가며 흔히 말하는 육체적/정신적으로 힘든 일을 그들이 도맡는 날이 온다면 목회도 그들이 맡게 되는 직종이 될까?

"그래도 나는 사람과 사람 간의 따뜻한 교제가 더 좋다"라고 말하며 사람 목회자를 선호할 사람들도 많을 것이다. 그런데 문제는 위에서 언급한 전자 피아노와 어쿠스틱 피아노의 큰 차이점을 느끼는 사람이 듣는 사람이 아니고 연주자에게 있다는 점을 생각하면 다음과 같은 가정을 해 보게 된다. 겉으로 사람과 사이보그/안드로이드(android)를 구분하지 못할 날이 올 수 있는데, 그리고 우리와 똑같은 합성인간이 나올 수 있는 그때도 나는 사람과 사람 간의 따뜻한 교제 또는 교감이 좋다는 이유로 "목회는 사람이 해야 해"라고 말할 당위성을 가질 수 있느냐는 것이다.

이러한 것은 상상력이 부재한 또는 이런 것을 생각하는 것, 그리고 이런 영역을 터부시하는 종교계와는 달리 문학과 영화의 세계에서는 이미 오래전부터 언급되어 온 주제이다. 예를 들어, 2016년에 방영된 HBO 시리즈 〈웨스트월드〉(*Westworld*) 시즌 1 에피소드 2에 등장하는 장면이다. 사람들의 판타지에 대한 욕망을 채워 줄 수 있는 웨스트월드에 막 도착한 윌리엄(William)은 그를 안내하는 안젤라(Angela)라는 여성 호스트로부터 "묘한" 유혹을 받는다.

아무도 없는 드레스 룸에 도착한 윌리엄은 안젤라에게 질문을 던진다.

의 귀가 구별할 정도는 아니라고 한다. Ben Wooley, "Comparative Analysis of Acoustic/Electro-Mechanical Keyboard Instruments vs. Their Digitally Synthesized Counterparts. https://courses.physics.illinois.edu/phys406/sp2017/Student_Projects/Spring13/Ben_Wooley_P406_Final_Project_Report1_Sp13.pdf. 예를 들어, 2018년에 있었던 피아노 키 진동이 연주자에 미치는 영향을 분석할 때 연구자들은 어쿠스틱 피아노가 아닌 야마하 AvantGrand N3X 디지털 하이브리드 그랜드 피아노를 사용했다. 이 기종을 선정한 이유로 실제 피아노의 키 진동을 흉내 내고(simulate) 최상의 그랜드 피아노 소리를 낼 수 있는 알고리듬과 실제 피아노와 유사한 방식으로 작동하기 때문이라고 설명한다. Matthias Flückiger, Tobias Grosshauser, and Gerhard Tröster, "Influence of Piano Key Vibration Level on Players' Perception and Performance in Piano Playing," *Applied Sciences* 8 (2018): 1-11.

"당신은 진짜인가요?"(Are you real?)

처음 웨스트월드에 온 윌리엄이 이 여성 호스트가 정말 사람인지 아니면 안드로이드인지 모르기 때문에 던진 질문이다.

이때 여성 호스트는 되묻는다.

"그것을 말할 수 없다면 그게 문제가 되나요?"(If you can't tell, does it matter?).

실제와 허상의 차이는 그것을 보고 느끼고 대하는 쪽에서 구별하지 못하면 물을 필요조차 없는 것이라는 것이다.

예를 들어, 우리가 단백질로 만든 가짜 스테이크와 실제 쇠고기 스테이크를 구별하지 못한다면 어떨까?[7]

또는 자연적으로 태어난 소로 만들어진 스테이크와 품질이 좋은 소를 복제해 만든 스테이크를 구별할 수 없다면 실제와 가짜(허상)의 차이가 있을까?[8]

이런 장르의 원조인 1982년 작 〈블레이드 러너〉(Blade Runner)에서는 또 다른 고차원의 질문을 던진다. 영화는 그들의 제한된 수명을 연장할 방법을 찾아 인간 세상에 들어온 합성인간을 사냥하는 주인공의 이야기를 뼈대로 한다. 그런데 이 영화에서 던져 주는 주제는 죽음을 두려워해 수명을 연장하려는 합성인간과 이런 합성인간을 사냥하는 냉혈한 사람, 그리고 마지막에 죽음 직전으로 몰린 이런 인간을 살려 주는 합성인간의 모습을 통해 '인간보다 더 인간다운' 사람의 창조물을 보여 준다.

〈블레이드 러너〉는 필립 K. 딕(Philip K. Dick)의 1968년 소설 『안드로이드는 전자 양의 꿈을 꾸는가?』(Do Androids Dream of Electric Sheep?)를 바탕으로 한 것이고 〈웨스트월드〉는 『쥬라기 공원』(Jurassic Park)의 원작자로 유명한 마이클 크라이튼(Michael Crichton)이 1973년 쓰고 제작된 동명 영화를 바탕

---

7   Anahad O'Connor, "Fake Meat vs. Real Meat," *The New York Times*, (December 3, 2019). https://www.nytimes.com/2019/12/03/well/eat/fake-meat-vs-real-meat.html.

8   동물 클로닝에 대한 것은 미 FDA의 "A Primer on Cloning and Its Use in Livestock Operations"을 참조. https://www.fda.gov/animal-veterinary/animal-cloning/primer-cloning-and-its-use-livestock-operations.

으로 한 것이다. 21세기에 새롭게 태어난 이야기가 아니라는 것이다.

그런데 우리 목회 현장과 신학교에서는 이런 미래를 준비하기 위해 어떤 대화와 논의를 하고 있을까?

4. 현실 목회에 아바타 활용 그리고 AI 목회자

얼마 전 필자가 섬기는 교회 교인들이 있는 요양병원을 코로나 때문에 방문하지 못하게 된 적이 있었다.

이때 요양병원에 있는 아바타를 이용해 가족이나 교인을 심방할 수 있다면 어떨까?

이런 상상을 해 보게 되었다. 한 요양병원에 상주하는 로봇 아바타를 이용하면 심방을 가는 시간을 줄일 수 있고 타인의 도움이 필요한 분들을 장시간 심방하며 돕는 데도 효과적일 것이다.

〈그림 6.4〉 〈웨스트월드〉 시즌 1 에프소드 6(2016)에 나오는 대화트리

그리고 심방에 대한 발생 가능한 상황과 대화에 대처할 수 있는 경우를 텔레마케팅, 기술 지원팀, 또는 심지어 보이스피싱의 매뉴얼과 같이 또는 〈웨스트월드〉에 등장하는 대화트리(Dialogue Tree, 그림 6.4)와 같이 매뉴얼로

만들고 인공지능의 도움을 받으면 필요에 따라 한 목회자가 동시에 복수의 성도를 심방할 수도 있을 것이고 대면에서 오는 스트레스도 덜 받게 될 것이다. 그리고 모든 내용이 1인칭 시점으로 녹화되고(그림 6.5) 상담/임상 심리 패키지를 장착하면 특정 행동이나 단어를 사용하면 사용자에게 경보가 주어지게 할 수 있을 것이다.

음성인식·문자 변환(voice-to-text) 기능을 사용하면 상대방의 말을 모두 문자로 만들어 저장할 수 있을 것이다. 대화 도중 순간적으로 잃어버린 내용이 있거나 잘 이해하지 못한 부분이 있어 적절한 답변이나 대화를 이어가지 못 하면 사용자에게 경고가 주어지고 대면자의 이전 대화 내용의 요약을 사용자 화면에 보여 줄 수도 있을 것이다.

〈그림 6.5〉 〈아논〉(2018)에 나오는 미래의 1인칭 시점 녹화

목회자가 직접 대면하지 않기 때문에 정신적으로 덜 피로하고 문제가 있어도 덜 충격적일 수 있는 장점이 있고, 애초에 감정이입에 중립적일 수 있고 항상 가이드라인을 따라갈 수 있기 때문에 목회와 연루되어 파생될 수 있는 불필요한 문제의 발생이 현저히 줄어들거나 아니면 아예 발생하지 않을 수 있다.

다시 말해서, 목회자가 인간으로 가질 수 있는 인내심 부족, 논리적 사고력 부족, 인성 부족이 가려질 수 있다. 예를 들어, AI의 도움을 받는다면 교회 행정에서도 교단 교리를 숙지하지 못해 문제가 생길 가능성이 없다. 예배 예식과 예전 때문에 고생할 필요도 없다.

또한, 지역적 제한이 없기 때문에 정말 세계가 "나의 교구"가 될 수 있다. 얼마 전 대유행 기간에 한국에서 교회를 개척한 한 목회자를 만나게 되었다. 줌으로 예배하고 있는데 대유행이 종료되어 대면예배가 허용되어도 모든 성도가 한곳에 모여 예배드릴 수 있는 가능성은 없다고 한다. 성도들 모두가 다 다른 도시에 거주하기 때문이다.

현재는 대형 교회가 복수의 캠퍼스를 운영하거나 타지역에 지교회를 세우지만, 미래에는 한 목회자가 세계 어느 곳이든 인종과 언어, 문화의 차이 없이 여러 교회를 운영할 수 있는 세상이 될 것이다.

여기서도 실제인간을 대면하는 것과 아바타라는 매개체를 통한 만남은 본질적으로 틀리고 거리가 있다고 말할 수 있다. 당분간 이것이 우리의 현실일 수 있지만 어떤 특수한 경우는 이미 사람과 사람의 대면에도 이런 거리가 있다는 것을 알고 인정해야 한다.

예를 들어, 필자는 대유행 기간 호스피스에 심방을 다닌 적이 있는데 방역 조치로 인해서 방역복과 마스크, 그리고 안면 가리개를 착용해야 했다. 에어컨이 나오긴 했지만 더운 날씨에 마스크와 안면 가리개를 하고 나니 우주복을 입고 교인을 만나는 것 같은 느낌이 들었고, 성찬식을 할 때는 장갑까지 끼고 나니 땀이 나고 안경에는 습기가 차 잘 보이지도 않았다. 이런 상황이라면 원격으로 아바타를 통해 대면하는 것이 더 소통하기 편할 수도 있을 것이라는 생각이 든다.

또한, 요즘은 제한적이기는 하지만 가상인간이 실제인간의 일자리를 차지하고 있다고 한다. 화두는 "사고 안 치는 '가상인간' 모델"이다(그림 6.2).[9] 연예인은 각종 스캔들에 휩싸여 선전하는 상품의 가치를 떨어뜨릴 수 있는데 가상인간 모델은 그럴 가능성이 없기 때문이다.

---

9 구본권, "로지, 미켈라 … 사고 안 치는 '가상인간' 모델계 대세될까", 「한겨레」(2021.10.31). https://www.hani.co.kr/arti/science/future/1013721.html.

그러면 AI 가상인간 목회자가 나오게 되면 "사고 안 치는 목회자"로 환영을 받게 될 것인가?

사고 치지 않는 가상인간 모델과 같이 가상인간 목회자가 실제인간 목회자의 자리를 차지하게 될지는 모르겠지만, "사고 치는 목회자"가 있다는 사실은 이런 가상인간 목회자의 필요성을 방증해 준다고 볼 수 있다.

그런데 가상인간 모델 현상은 고용자가 원하는 대로 모델을 사용하기 원한다는 일방적인 욕망을 보여 주기도 한다. 그래서 AI 기반 안드로이드는 초보적인 단계에 있기는 하지만 일반 산업뿐만 아니라 성산업(sex industry)에서 먼저 사용되고 있기도 하다.

평신도와 목회자와의 관계에서도 일방적인 욕망이 드러나는 부분들이 있는데, 원하는 것을 모두 들어줄 수 있는 "나만을" 위한 목회자가 있다면 그것이 실제인간이건 가상인간이건 상관하지 않을 사람들도 있을 수 있진 않을까?

이런 AI 가상인간이 등장한다면 그들의 사고나 기능은 단순히 인간보다 나은 것이 아니라 자율사고를 하게 된다면 그들 자신이 인간과 비교해 "우리는 완벽한 존재다"라고 말할 것이다.

〈그림 6.6〉 롯데홈쇼핑에서 쇼호스트를 하고 있는 가상인간 모델 루시

5. 빅뱅 vs. 빅 크런치

이전에는 빅뱅 이론을 바탕으로 한 점에서 시작해서 무한으로 팽창하는 우주론이 대세였다. 이 반대의 경우가 다시 한 점(singularity)으로 모이는 것이다. 현대 사회는 기하급수적으로 발달하는 기술로 빅뱅 이론처럼 우리의 지경은 무한히 확장되고 있지만, 동시에 빅 크런치 이론과 같이 한 점으로 향해 가고 있다고 본다. 반도체 집적회로의 발달 또는 메모리 용량을 생각해 보자. 동 용량이 더 작은 사이즈로 또는 동 사이즈가 더 큰 용량으로 변화하고 있다.[10]

인터넷 스피드의 변화는 어떤가?

1990년 초 인터넷이 상용화되면서 PC통신이란 이름으로 전용 단말기를 사용하며 시작된 인터넷은 기하급수적으로 그 속도가 높아졌다. 필자가 기억하는 처음 사용한 전화 인터넷 모뎀 스피드가 14.4KB였는데 이제는 200MB 서비스를 받고 있다. 이러한 인터넷 통신 스피드는 현재 스마트 TV를 인터넷에 연결하면 안테나 케이블 TV 없이 많은 TV 채널을 IPTV(Internet Protocol television)를 통해 볼 수 있고 유료이기는 하지만 인터넷을 통해 최대 4K HDR의 화질과 돌비 아트모스(Dolby Atmos) 오디오 서비스를 받을 수 있다.

시공간이 점으로 응집되고 있다.

그렇다면 커뮤니케이션의 다음 도약은 무엇일까?

초초고속 인터넷 또는 인공위성을 통해 온 지구가 와이파이 망에 속하는 것일까?

아마도 사람과 사람 간의 무선통신이 아닐까 한다. 1995년에 공개된 오시이 마모루의 〈공각기동대〉(攻殼機動隊, *Ghost in the Shell*)를 보면 인간과 사이보그가 함께 사는 시대를 그리고 있는데 대부분의 인간도 사이버 브레

---

10 고든 무어의 법칙 참조. Gordon E. Moore, "Cramming More Components onto Integrated Circuits," *Electronics* 38/8 (1965).

인을 가지고 있다. 사이버 브레인을 가지고 있는 사람들은 음성을 통한 대화뿐만 아니라 무선으로 음성 없이도 대화가 가능하다. 우리가 머릿속으로 다른 사람과 대화할 수 있다는 상상이다.

사이버 브레인과 이를 통한 무선 통신은 애니메이션에서만 가능한 것은 아니다. 이미 오래전부터 BCI(Brain-Computer Interfaces)라고 불리는 장치를 통해 뇌의 신호를 기계 신호로 그리고 기계 신호를 다시 뇌 신호로 변화시켜 기계와 인간의 쌍방향 대화가 가능하게 하는 실험을 해 오고 있다.

이런 기술을 통해 로봇 팔과 다리 등을 장애인에게 시술할 수 있게 되었고 이미 18년 전 인터넷을 컴퓨터를 통하지 않고 인터넷 케이블을 사람에 직접 연결해서 뉴욕에서 영국에 있는 로봇 팔을 움직이고 로봇 팔에서 얻은 감각을 다시 전달받는 것에 성공하기도 했다.[11]

그뿐만 아니라 인간 뇌에 메모리를 부착해서 메모리 기능을 증가시키는 시대도 곧 도래할 것으로 보인다. 인간의 뇌에 BCI와 메모리, 그리고 무선 통신을 설치하면 학습도 학교에서 수업 시간을 통한 것이 아니라 필요한 패키지를 다운로드하기만 하면 될 것이다. 영화 〈메트릭스〉(*The Matrix*)에서 트리니티(Trinity)가 헬리콥터를 처음 비행해야 할 때 비행에 필요한 정보를 다운로드해서 실행한 것과 같다. 줌 미팅도 컴퓨터 앞에서 하는 것이 아니라 눈을 감고 머릿속으로 할 수 있을 것이다.

이러한 시대로 가는 과정 중 우리가 생각해 보아야 할 시나리오는 다음과 같은 것이다. 예배와 설교 등 종교적인 경험을 실제 삶이 아닌 디지털 생체정보로 변환시켜 주입하는 것이다. 이것을 좀 더 쉽게 설명하자면, 위에서 예로 든 이전 유명 설교자를 AI로 부활시키는 것을 넘어 우리가 실제로 유명 설교자의 설교를 직접 들었을 때 가질 수 있는 경험을 디지털화(digitize)해서 우리 머릿속에 생체정보로 직접 입력하는 것이다. 이것은 마치 우리가 꿈속에서 돌아가신 부모님을 만나 눈물을 흘리는 것과 같이 실

---

11 Kevin Warwick, et al, "Thought Comunication and Control: A First Step Using Radiotelegraphy," *IEE Proc.-Commun* 15/3 (2004): 186-88.

제와 같은 경험을 할 수 있게 된다는 것이다.

가까운 미래에는 공학자와 신학자가 협업해서 성경을 책 별로 경험 묶음(pack)으로 다운로드 받게 하는 서비스가 제공될 수 있을 것이고, 더 나아가서 예수 그리스도의 사역을 그의 제자가 옆에서 경험한 것과 동일할 것으로 추정되는 메모리를 가지는 것도 가능해질 수 있다는 것이다.

이런 기술이 개발되고 서비스가 제공된다면 과연 목회자가 필요하게 될 것인가?
이런 서비스가 제공된다면 마약과 각종 향정신성 약물을 통해 경험하는 환각과 어떻게 구분할 수 있을까?
과연 이런 서비스가 당위성을 갖게 될 것인가?

이런 서비스의 필요성은 미래에 구현될 가상 성지순례의 장점으로 가늠해 볼 수 있다.

실제 예루살렘을 성지순례로 가서 보는 것과 영상을 통해 보는 것을 비교했을 때 어떤 것이 더 효과적일까?

실제 예루살렘에 가게 되면 때에 따라 사람도 많고 무더우며 시야와 시간도 제한적이어서 자세히 볼 수 없다. 몇 해 전 예루살렘을 소개하는 아이맥스 영화가 상영되었는데 많은 부분에서 우리가 실제로 가서 볼 수 있는 것보다 더 많은 것을 더 자세하고 더 편한 상황에서 제공해 주었다고 본다. 현재는 힘들고 어려워도 실제 여행 가서 경험한 것이 화면으로 보는 것보다 좋고 진정한(authentic) 것이라 말할 수 있다.

그런데 앞에서 말한 가정은 이런 진정한 경험과 동일한 경험을 가상공간에서 할 수 있거나 더 편리하게 그 메모리를 주입할 수 있다면, 다시 말해서, 실제 여행에서 가질 수 있는 메모리를 임플란트했을 때, 그리고 그것을 거의 구분하지 못하게 된다면 어떨 것인가라는 것이다. 결국, 우리는 다시 TV 시리즈〈웨스트월드〉의 윌리엄과 안젤라의 대화로 돌아간다.

"'당신은 진짜인가요', '그것을 말할 수 없다면 그게 문제가 되나요?'"

6. 과연 미래에 영생의 키워드는 메모리가 될 것인가?

앞서 말한 것과 같이 현대 사회 그리고 미래는 빅뱅 이론과 같이 물리적 영역은 급속도로 확장되겠지만 반대로 빅 크런치(Big Crunch)라는 개념처럼 초밀집/초집적화된 사회가 될 것이다. 그리고 지금과 같이 지구상의 생화학적 상태가 나빠지게 된다면 물리적 영역과 가상공간의 영역으로 나눠진 것이 많은 부분에서 겹치게 될 것으로 보인다. 현재 드론을 활용한 전쟁이 좋은 예일 것이다.

미래에는 사람의 생체정보가 모두 디지털화되어 메모리로 집적되고 그 속에서 "영생"할 수 있을지도 모른다. 이러한 것이 현재 '2045이니셔티브(Initiative) 프로젝트'라는 이름하에 진행되고 있다.[12] 이 프로젝트의 진위여부는 막론하고 이런 것이 공개적으로 이야기되고 있다는 것은 영생에 대한 우리의 열망을 보여 준다. 과거에는 치료할 수 없는 병에 걸렸거나 또는 치료할 수 없는 단계에 있는 사람을 법적 사망과 동시에 급속 냉동해서 미래에 해동시켜 치료받게 하려는 프로젝트가 있었다(예: Alcor Life Extension Foundation, 그림 6.7).

하지만 이제는 두뇌를 스캔해서 저장할 수 있다면 육체는 필요 없는 세상이 다가오고 있다. 육체는 언제든지 안드로이드나 복제 기술로 만들어 낼 수 있을 것이기 때문이다. 현재 주목을 받는 가상화폐의 기본이 되는 블록체인 기술을 이용하면 육체를 지닌 사람은 복제할 수 있을지는 모르지만, 메모리를 바탕으로 한 가상세계에서의 존재는 복제가 불가능한 유일한 존재로 지구상에 인류가 존재하는 동안은 계속 존재할 수도 있을 것이다.

---

12 http://2045.com/.

이런 세상의 도래는 차지하고 좀 더 현실적인 문제를 가정해 보면 이렇다.

식물인간이 된 사람의 두뇌를 부분적으로 기계적인 장치의 도움을 받아 외부와 소통할 수 있게 되는 경우 또는 두뇌를 스캔해서 가상의 세상에 존재하는 사람들이 있다면 그들을 어떻게 목회적으로 돌볼 수 있을까?

육체의 생명이 유지되고 있으니 쌍방향으로 소통은 할 수 없지만 영혼이 깃들어 있을 식물인간의 몸에 일방적인 돌봄에 집중할 것인가?

아니면 목회자도 터미널을 통해 가상의 세계로 들어가 가상의 존재로 그 사람의 존재를 만날 것인가?

여기서 근본적 문제는 결국 무엇이 인간의 인간 됨을 정의하느냐는 것이다.

〈그림 6.7〉 인체 냉동 보존 연구와 인체 냉동 서비스를 제공하는 미국 애리조나에 있는 알코어생명연장재단(Alcor Life Extension Foundation)

7. 우리가 할 수 있는 것: 미래를 가르쳐야 할 신학교

지금까지 살펴본 미래를 우리는 경험하지 못할 수도 있고 그런 미래가 오지 않을 수도 있다. 하지만 그런 가능성을 무조건 배제할 수도 없다. 그래서 공상과학과 같은 상상이기는 하지만 그런 미래를 대비하고 준비해야 한다. 그렇지 않으면 그런 미래에 도달했을 때 우리가 할 수 있는 것은 아무것도 없기 때문이다.

미래에 영혼을 돌보는 목회자를 양성하기 위해서 우리가 현재 할 수 있는 것은 식상하지만 신학교에서 미래를 가르치는 것이다. 교회 또는 신앙 공동체가 보수적인 집단이기 때문에 이곳을 이끌어 갈 인력을 양성하는 곳 또한 보수적일 수밖에 없다. 그런데 우리는 이제 코로나 대유행으로 인해 이 보수를 지탱하던 울타리가 무너져 버린 시대를 살고 있다는 것을 알아야 한다.

필자는 90년대 중반 신학교에서 "멀티미디어와 목회"라는 과목을 들으며 당시 90년대 초 PC 통신에 기독교 동호회를 운영하기 시작한 '한국컴퓨터선교회'를 방문해 목회와 선교에 인터넷을 활용하는 것을 엿볼 기회가 있었다. 90년대 중반이면 세계적으로 인터넷이 대중화되며 닷컴의 출범 원년이기도 하고 한국에서 인터넷 서비스가 상용된 지 얼마 되지 않은 때이다. 인터넷 속도도 초당 28.8KB였던 시절이다.

그때 보았던 "홈페이지"를 흉내 내기 위해 HTML과 애니메이션 효과를 넣기 위해 링고(Lingo) 언어를 배워 보고, 이후 DVD 유행이 최고점에 다다랐을 때는 비디오 편집과 DVD 제작(authoring)에 매진해 보기도 했다.

이렇게 습득한 기술은 멀티미디어 사역을 하게 했는데 실제 목회 현장에서 그리 유용하게 사용하진 못했다. 그도 그럴 것이 필자가 작품활동을 하는 미디어 예술가도 아니고 전문 그래픽 디자이너도 아니었기 때문이다. 하지만 동시에 아무리 좋은 기술로 잘 포장된 작품을 만들어도 그 속의 내용이 부실하면 전체 질은 떨어질 수밖에 없다는 것 또한 깨닫게 되었다. 반대의 경우도 마찬가지이다.

우리가 할 일은 하드웨어를 운영할 소프트웨어 또는 소프트웨어와 하드웨어를 통해 전달할 컨텐츠를 개발하고 그 질을 개선하고 각 매개체가 서로 원활히 소통할 수 있는 채널을 준비하는 것이다. AI 혁명이 일어나기까지는 모든 것이 인간의 디자인과 코딩에 의존하기 때문에 지금 미래를 잘 준비해 두어야 한다.

그렇다면 어떻게 신학교는 미래를 이끌어 갈 세대를 교육하고 준비시킬 수 있을까?

전통적으로 신학대학원 목회학 석사 과정은 특별한 전공이 있는 것이 아니라 목회에 필요한 모든 사항을 전반적으로 다루기 때문에 다루어야 하는 과목도 다양하고 그렇기 때문에 제한된 학점 내에 새로운 과목을 증설하는 것도 매우 힘들다. 그래서 목회학 석사 과정에 있는 과목은 보수적이고 과거를 배우는 것으로 미래 지향적이지 못하다.

근래에 들어서 적잖은 신학대학원에서 집중할 수 있는 교과 과정을 제공하기도 하지만 신학 석사나 박사학위 과정에서와 같은 전문 지식을 제공한다고 볼 수는 없을 것이다.

현재 신학대학원 목회학 석사 과정이 미래를 준비하고 이끌어 갈 목회자를 양성하는 데 적절한 교육을 제공하고 있는지 알아보기 위해 미주 지역 신학교 20곳과 한국 신학교 10곳의 교과 과정을 살펴보았다. 먼저 미국 내에 있는 복음주의와 비복음주의 신학교 각기 10개를 선정 조사해 보았다.[13]

---

13 복음주의 신학대학원은 Successful Student Navigating Education에서 선정한 목록으로 위로부터 Dallas Theological Seminary, Fuller Seminary, Talbot School of Theology, The Southern Baptist Theological Seminary, Westminster Theological Seminary, Gordon-Conwell Theological Seminary, Trinity Evangelical Divinity School, Liberty University Rawlings School of Divinity, Moody Theological Seminary, 그리고 Southern Evangelical Theological Seminary이다. https://successfulstudent.org/top-10-evangelical-seminaries-u-s/. 비복음주의 신학교는, College Gazette의 리스트에 나온 것으로 위로부터 Yale Divinity School, Harvard Divinity School, Princeton Theological Seminary, Boston College School of Theology and Ministry, Vanderbilt University Divinity School, Wake Forest University School of Divinity, Emory University Candler School of Theology, Duke Divinity School,

복음주의 계열 신학대학원 중 학위 이수에 필요한 필수(core courses)과목 중에서 미래 지향적인 과목을 제공하는 곳은 하나도 없었다. 몇몇 프로그램이 선택과목으로 "인간의 성"(human sexuality), "생명의료윤리"(bioethics), 그리고 "과학과 신학"(Science and Theology)을 제공한다. 소수 목회학 석사 과정에서 예배와 관련된 과목 중 선택과목으로 또는 다른 학위 과정에서 미디어와 현대 테크놀로지와 연결된 과목을 제공하는 곳이 있다.

괄목할 만한 과목을 제공하는 학교도 있다. 남복음주의신학교(Southern Evangelical Theological Seminary)가 "진화 생물학과 지적 설계"(Evolutionary Biology and Intelligent Design)를, 달라스신학교(Dallas Theological Seminary)가 "목회를 위한 블로그"(Blogging for Ministry)와 "신학, 기술 그리고 디지털 문화"(Theology, Technology, and Digital Culture)를,[14] 탈봇신학교(Talbot School of Theology)가 "과학과 종교"(Science and Religion)라는 석사 학위 과정으로 "트랜스휴머니즘"(Transhumanism),[15] "신경과학의 철학"(Philosophy of Neuroscience) 그리고 "인공지능의 철학"(Philosophy of Artificial Intelligence) 과목을 제공한다.

하지만 목회학 석사 과정에 있는 학생이 얼마 되지 않는 선택과목을 이런 과목으로 다 채울 것으로 기대하기 힘들고 몇몇 특수한 경우를 제외하고는 주제에 대한 접근과 그 목표가 다분히 변증론적이고 현대의 다문화를 다루는 것은 지극히 선교 지향적이다.

비복음주위 신학교로 구분된 10개 신학교의 목회학 석사 프로그램에서도 비슷한 경향이 나타난다. 복음주의가 인간성(human sexuality), 다문화, 생명윤리에 중점을 두고 있다면 대부분의 비복음주의 신학대학원은 좀 더 구체적으로 동성애, 여성, 인종 등 현대 사회문제와 이슈에 초점을 맞추고 있

University of Chicago Divinity School, 그리고 Southern Methodist University Perkins School of Theology이다. https://collegegazette.com/best-masters-in-divinity-programs-in-the-us/.

14 Dallas Theological Seminary는 Master of Arts in Media Arts and Worship 학위 과정을 제공하며 관련된 과목이 설정되어 있다.

15 트랜스휴머니즘은 앞에서 언급한 내용을 총괄하는 단어로 과학 기술로 인간의 육체적 그리고 정신적 한계를 극복하려는 모든 노력을 말한다.

다. 하지만 아직도 특정 교단에 소속된 학교는 교단에 필요한 목회자를 양성하는 데 초점을 맞추고 있다.

그렇지 않은 학교라 하더라도 교회에서 필요한 목회자를 양성하는 기독교 신학교에서 출발했기 때문에 현재 다원주의적이고 동성애를 지지하는 위치에 있어도 전통적인 뼈대를 갖추고 있기는 하다. 하지만 교회에서 필요한 목회자를 양성하는데 충분한 교육을 제공하고 있지 못하는 것으로 보일 수도 있다.

현대 사회 요구에 발맞추어 새로운 과목들이 추가되며 몇몇 전통적인 과목들이 누락되기 때문에 나타나는 현상일 수 있다. 복음의 한 부분인 사회정의에 집중하며 복음 자체를 등한시하기 때문에 나타나는 현상은 아닌지 생각해 보게 한다. 그럼에도 학위 이수에 필요한 필수과목에 미래 지향적인 과목을 제공하는 곳은 없다.

한국 신학대학원으로는 주요 교단을 대표하는 10개의 학교를 선정하여 최근 목회자 양성 석사 과정에 제공되는 과목을 살펴보았다.[16] 미국의 복음주의와 비복음주의 신학대학원의 목회학 석사 과정과 같이 한국 신학대학원도 학위 이수에 필요한 과목으로 미래 지향적인 과목을 넣은 학교는 없다. 선택과목으로 생명의료윤리를 제공하는 학교도 많지 않다.

예외로 서울장신대학교 신학대학원이 "미래목회와 미래행정"을 장로회신학대학교 신학대학원이 "생태신학", "기독교와 미래학", "테크놀러지, 인간 그리고 기독교", "사이버선교", 그리고 "미디어, 소통 그리고 교회" 등 가장 많은 미래 지향적 과목을 제공하고 있다.

---

16 선정된 목회학 석사 프로그램은 총신대학교 신학대학원, 고려신학대학원, 장로회신학대학교 신학대학원, 성공회대학교 신학대학원, 나사렛대학교 신학대학원, 감리교신학대학교 신학대학원/목회신학대학원, 서울장신대학교 신학대학원, 연세대학교 연합신학대학원, 한국침례신학대학교 신학대학원, 그리고 한세대학교 영산신학대학원이다.

8. 딜레마에 빠진 신학교육

이러한 교과 과정은 딜레마에 빠진 신학교육의 모습을 보여 준다. 변하는 시대에 부응하는 창의적이고 통합적인 과목 개설이 필요하기는 하나 미래 지향적이기 위해 목회자를 양성하는 데 필요한 기본적인 과거의 지식을 빼고 새로운 기술과 접목한 과목을 넣기 힘들기 때문이다. 그렇다고 계속해서 지금까지 가르쳐 온 과목만을 고집하며 자연스럽게 도태되는 것도 답이 아니다.

기본적으로 목회학 석사 과정은 지역 교회에 필요한 목회자에게 기본적인 신학교육을 해야 한다. 하지만 세상 속에 있는 교회에서 현시대에 필요한 그리고 미래 목회를 위한 준비를 교단 목회자 안수 프로그램에 그 책임을 떠넘길 수는 없다. 이러한 문제가 어쩌면 최근 나타나고 있는 신학대학원 등록인원 감소로 나타나고 있는지도 모른다. 북미 신학교협회(The Association of Theological Schools)에서 발표한 2012부터 2020까지 통계자료를 보면 전반적으로 신대원 등록인원의 감소 현상을 볼 수 있다. 그런 추세 속에서도 반대의 현상을 보이는 학교도 있다.

복음주의 신학교에서는 리버티대학교 로링스신학교(Liberty University Rawlings School of Divinity), 남침례신학교(The Southern Baptist Theological Seminary), 그리고 무디신학교(Moody Theological Seminary)가 괄목할 만한 성장세를 보이고 있고 달라스신학교, 탈봇신학교, 그리고 웨스트민스터신학교(Westminster Theological Seminary)에서 꾸준히 등록학생(headcount과 Full-Time Equivalent) 수가 증가하고 있다(표 6.1-2).[17] 등록학생 감소를 경험하고 있는 학교는 단지 풀러신학교(Fuller Theological Seminary), 트리니티복음주의신학교(Trinity Evangelical Divinity School), 그리고 고든-콘웰신학교(Gordon-Conwell Theological Seminary)이다.

성장세를 보이는 학교들의 특징 중 하나가 필수과목이 아니라 하더라도 목회 현장에서 필요로 하는 중요 사항들을 다루는 과목들이 준비되어 있다

---

17 https://www.ats.edu/Annual-Data-Tables.

는 것이다. 리버티대학 로링스신학교와 같은 경우는 온라인으로 학위를 이수할 수 있기도 하다. 등록인원 감소를 경험하고 있는 프로그램은 전통적인 과목으로 프로그램이 운영되고 있다.

〈표 6.1〉 2011에서 2020년까지 10개 복음주의 신학교 인원수(Headcount)

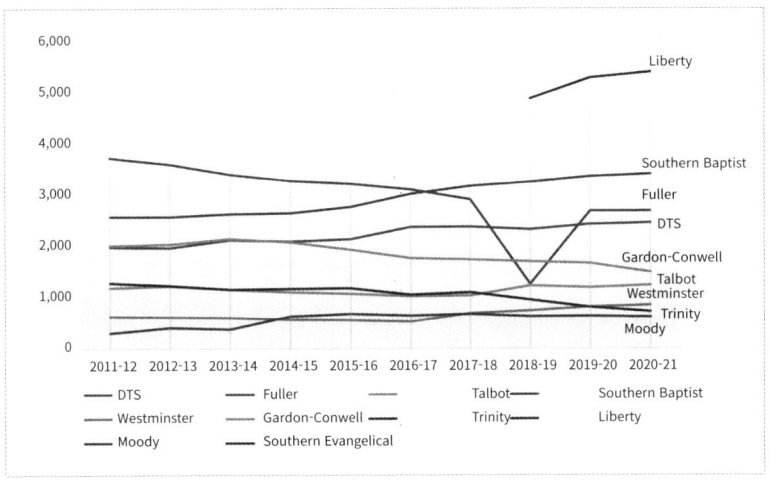

〈표 6.2〉 2011에서 2020년까지 10개 복음주의 신학교 정규학생 (Full-Time Equivalent)

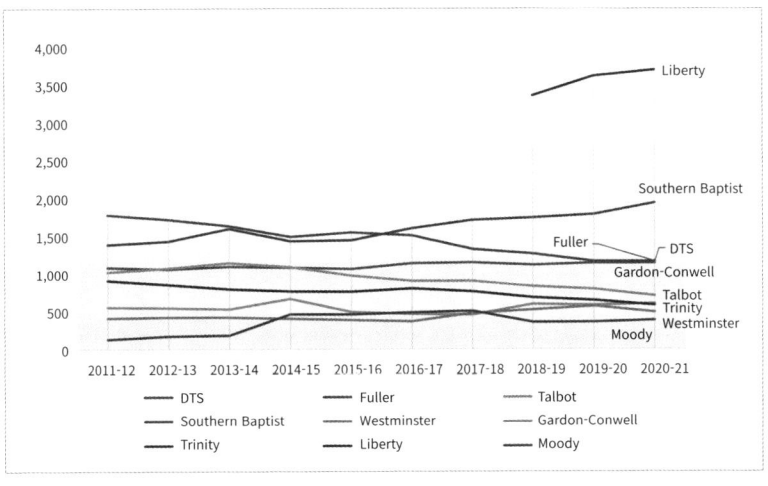

비복음주의 신학교는 복음주의 신학교보다 더 극명한 감소 현상을 보인다. 미연합감리교회 교단 신학교인 듀크신학교(Duke Divinity School), 에모리대학 캔들러신학교(Emory University, Candler School of Theology), 그리고 남감리교대학 퍼킨스신학교(Southern Methodist University, Perkins School of Theology)가 최근 반등 기미를 보이고 있기는 하나, 예일신학교(Yale Divinity School)와 웨이크포레스트대학 신학교(Wake Forest University School of Divinity)를 제외한 모든 신학대학원이 명확한 등록인원 (HC와 FTE) 감소를 경험하고 있다 (표 6.3-4).[18]

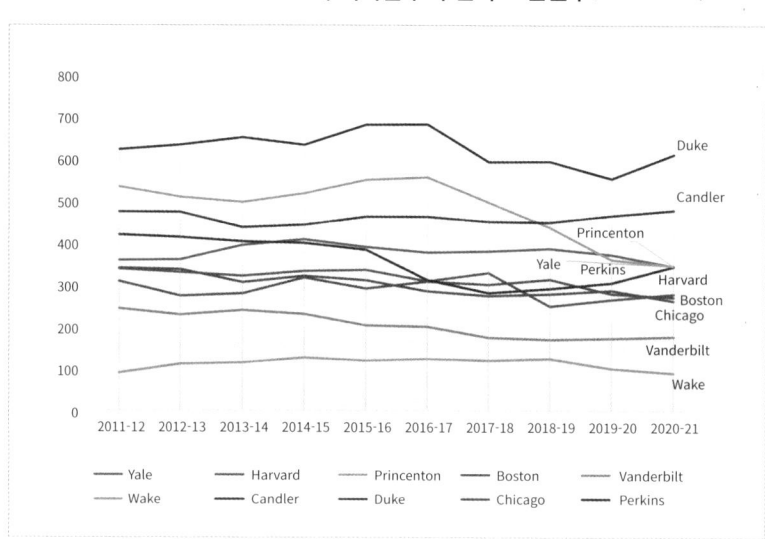

〈표 6.3〉 2011-2020 10개 비복음주의 신학교 인원수(Headcount)

---

18 캔들러신학교의 인원수(headcount) 지표는 2012에서 2018년까지 소폭 증감을 경험하지만 그 이후 2019에서 2020년에는 다시 증가하고 있다.

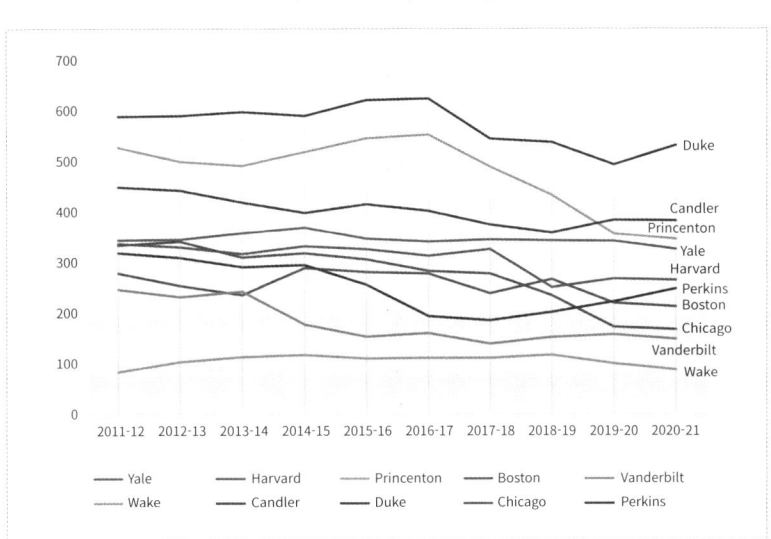

〈표 6.4〉 2011부터 2020까지 10개 비복음주의 신학대학원 정규학생
(Full-Time Equivalent)

　한국 신학교는 북미신학교협회에서처럼 매년 발표하는 통계자료가 없어 그 추이를 정확히 파악할 수는 없었다. 하지만 목회자 양성 석사 과정에 많은 지원자를 배출하는 곳으로 보아야 할 신학대학 신학부의 정원 감축 현상을 보면 신학대학원의 등록인원도 동시에 하락하고 있음을 추측할 수 있다.
　「뉴스앤조이」에서 조사한 한국 20개 신학교 신학과(부)의 2011과 2021년 정원 비교를 보면 감리교신학대학교, 서울장신대학교, 장로회신학대학교 그리고 한신대학교를 제외한 모든 학교가 정원을 감소한 것을 볼 수 있다(표 6.5).[19] 정원 감축을 하지 않았다고 그 정원을 다 채우고 있다는 것을 말하지 않는다(표 6.6).

19　한신대학교가 유일하게 정원을 소폭 증가했다. 최승현, "경쟁률 '1:1'도 안 되는 신학교들 … 연이은 미달에 신입생 못 채우는 곳 수두룩", 「뉴스앤조이」 (2022.1.18), https://www.newsnjoy.or.kr/news/articleView.html?idxno=303929.

〈표 6.5〉 신학과(부) 정원 감축 (위의 도표는 뉴스앤조이 기사를 바탕으로 구성)

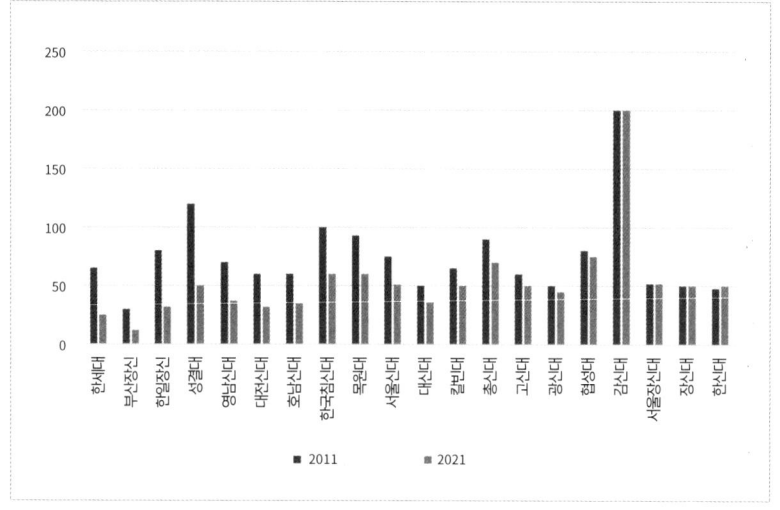

〈표 6.6〉 신학과(부) 정시 미달 (위의 도표는 「뉴스앤조이」 기사를 바탕으로 구성)

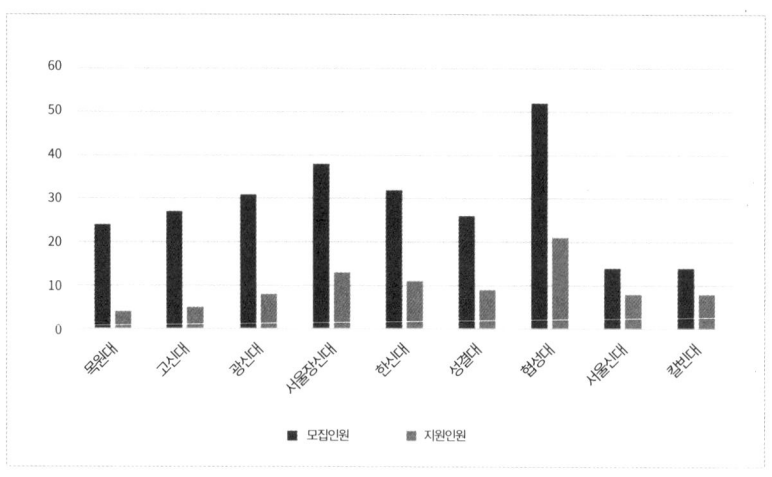

한국 신학교의 경우 이러한 위기의 가장 큰 원인은 줄어드는 대학 입시 인원에 기인하고 있지만 북미 신학교 등록인원의 전체적인 감소를 보면 이런 현상은 단순히 대학 입시 인원 감소만은 아니란 것을 알 수 있다. 이것은 기사에서 언급한 것과 같이 개신교 교세의 감소(고령화)와 신학교에 대

한 비전이 없기 때문이고 한국은 이것이 대학 입시 인원의 급격한 감소와 맞물려 나타나는 것으로 보아야 한다.[20]

일할 자리 감소와 비전 부재로 인한 등록인원 감소를 장학금과 같은 혜택으로 메꿀 수는 없다. 보다 미래 지향적인 해결책을 제시해야 한다. 북미 신학교협회에서 제공하는 등록학생 통계자료와 한국의 신학과 입학생의 감소 현상이 바로 각 프로그램에서 제공하는 과목과 직접적인 인과관계가 있다고 볼 수는 없다. 아직도 한국과 미국에서 소속 교단을 향한 충성도가 높은 신학교가 정원과 등록인원을 유지하거나 지속해서 성장하는 것을 볼 수 있다.

하지만 신학교가 얼마나 현장의 요구에 도움을 주고 미래 지향적인 과목을 제공함으로써 현장에 나갈 목회자를 준비시키려는 노력을 보이는지에 따라 미국의 경우 지속적인 성장세를 보이거나, 한국의 경우 적어도 신입생 입학 정원과 정원을 넘는 지원율을 유지하고 있다고 볼 수 있을 것이다.

예를 들어, 장로회신학대학교 신대원이 전공필수나 전공선택에서 미래 지향적 과목은 없지만, 이 부분에 가장 많은 선택과목을 제공하고 있다.

미국의 경우 리버티대학 로링스신학교는 가장 큰 온라인 학교이고 "디지털 세대의 교회 목회"(Church Ministry in the Digital Age)라는 집중과정으로 목회학 석사 학위를 이수할 수 있다.

달라스신학교는 "미디어 아트와 예배"(Media Arts and Worship)로 석사 학위를 받을 수 있는 프로그램에서 "미디어와 예배의 예술"(The Art of Media and Worship)과 "미디어 예술 수습"(Media Art Apprenticeship) 과목을 제공한다.

탈봇신학교는 "목회에서의 미디어"(Media in Ministry)를 제공하고 남침례신학교는 "음악과 예배를 위한 기술"(Technology for Music and Worship Ministry)과 "찬양 인도자를 위한 레코딩 기술"(Recording Techniques for Worship Leaders) 같은 기술적인 것을 가르치는 과목을 제공한다. 물론, 이런 과목을 제공하

---

20 Ibid.

는 학교만 성장하거나 버텨 내고 있는 것은 아니다. 무디신학교와 웨스트민스터신학교는 전통적인 과목에 집중함에도 그러하다.

목회학 석사 과정의 전통을 지키면서도 등록학생 인원이 감소하지 않는 학교들은 교단에 대한 충성도가 높은 경우라고 볼 수 있다. 그래서 시대 요구에 따라 새로운 과목을 개설하지 않아도 프로그램을 충당할 학생의 유입이 이루어지고 있고 학위 이수 후에는 사역지를 찾아 목회자로 나갈 수 있는 토대가 견실하기도 하다.

하지만 전반적으로 기독교 인구 감소가 진행되는 동안 기독교의 여러 가지 문제로 잠시 전통적인 신앙을 고수하는 신도들의 교회 안에서 수평 이동 때문에 나타나는 현상일 수 있다.

그렇기 때문에 전통적인 과목이라도 현시대에 맞게 개정하는 것이 필요하다. 20여 년 전 필자가 신학대학원에서 공부할 때 이미 구약 교수들 사이에 과연 전통적인 방법으로 성서 히브리어를 가르치는 것이 효과적이고 필요한가라는 논의가 활발하게 있었고 미래 지향적으로 신학생들이 신학교 졸업 후 그들의 목회에 실제로 도움이 되기 위해 바이블웍스(BibleWorks)와 같은 전문 성경 프로그램 사용 방법을 가르치는 과목을 개설하는 것이 낫지 않은가 하는 제안도 있었다.

실제로 달라스신학교의 경우 "성경 주석을 위한 컴퓨터 툴"(Computer Tools for Biblical Exegesis), 밴더빌트대학 신학교 "설교단 밖의 설교: 대중 문화 속의 설교학"(Non-Pulpit Preaching: Homiletics in Popular Culture), 웨이크포레스트대학 신학교는 "디지털 선포: 파드캐스트, 라이브스트림 그리고 블로그"(Digital Proclamation: Podcasts, Livestreams and Vlogs), 에모리대학 캔들러 신학교는 "해킹 목회: 디지털 세대의 교회 사역"(Hacking Ministry: The Work of the Church in a Digital Age), 시카고대학교 신학대학원은 "인터넷에서 논쟁하기: 설득과 대립"(Arguing on the Internet: Persuasion and Polarization)과 같은 과목을 제공한다.

9. 교량 역할을 할 인재 양성

여기서 한 가지 비복음주의 신학교에서 배워야 할 점이 있다. 현대 사회 문제 그리고 이슈와 연결된 과목을 제공하는 것은 차치하고, 이중 학위를 제공함으로 인해서 두 분야를 아우르거나 아니면 최소한 한 곳에 서 있다고 할지라도 다른 학문을 이해하며 교량 역할을 할 수 있는 인재를 양성하고 있는 것을 주목해야 한다.

단순한 성서신학 또는 신학의 현실적 적용을 할 수 있는 임상심리학, 교회음악, 교회교육 등을 말하는 것이 아니다. 이전 필자가 목회학 석사 과정에 있을 때는 목회학 석사와 법학박사 또는 목회학 석사와 사회복지사 석사를 얻을 수 있는 과정이 있었다. 이런 분야를 뛰어넘어 미래를 주도하는 학문과 연계를 해야 한다. 현재는 예일대학교, 웨이크포레스트대학교, 밴더빌트대학교, 에모리대학교 신학교의 경우 목회학 석사와 의학 박사, 공중위생학 석사, 간호학으로 또는 생명의료윤리로 이중 학위를 받을 수 있다.

더 많은 전공과 이중학위를 제공하기 위해서 신학교교육자들의 각성과 자기의 전통적인 분야를 떠나 자연과학 또는 기계공학, 컴퓨터공학과 같은 다른 분야와 연계하는 노력이 필요하다.

신앙을 가진 사람들이 모두 신학교에서 전문 신학교육을 받을 필요는 없다. 신앙심이 깊고 사회 전문 분야에서 성공해 그 분야를 이끌어 가는 기독교인들도 있다. 그들 가운데 많은 사람이 교회에서 좋은 신앙교육을 받아 교회와 사회에 기독교인으로서 선한 영향을 끼치기도 한다. 하지만 교회에서 제자양육과 성경공부를 잘 받는다고 하더라도 사회에서 신학과 어떤 전문 분야의 연결고리 역할을 하거나 두 분야와 관련된 어떤 일을 주도해 나가기 위해서는 소위 말해 자격(credential)과 깊이에 문제가 있을 수 있다.

사회에서 전문 분야에 종사하는 평신도가 불필요하다거나 모든 전문직 종사자들이 교회를 위해 전문 신학교육을 받아야 한다는 것을 말하는 것이 아니다. 전문 분야에 종사하는 기독교인의 저변이 잘 다져졌다면 이제 그

중 일부가 미래를 위해 신학과 연계하는 일을 해야 한다는 것이다.

  신학부 과정과 목회학 석사 과정은 하나님의 부름으로 소명의식을 가지고 가는 곳이다. 목회의 소명을 받고 처음부터 신학교육을 받고 목회의 길을 걷는 목회자가 있는가 하면, 반면 세상에서 전문직으로 안착했지만 하나님의 부르심을 받아 조금 늦게 신학교육을 받고 목회 현장으로 나가기도 한다. 그런데 이제는 급격히 다가오는 새로운 미래를 준비하기 위해 전문 신학교육을 받고 또는 안수를 받은 목회자가 사회 속에서 기독교인의 정체성을 가지고 전문인으로 일하며 미래를 주도하는 이들도 있어야 한다는 것이다.

  대학교에 있지 않아 의학 또는 컴퓨터공학과 같은 전공과 이중 학위 과정을 만드는 것이 여의치 않은 신학교는 현재 있는 교과 과정에 이런 전공들과 관련된 선택과목을 증설해야 할 것이다. 그뿐만 아니라 전통적인 목회 신학 석사 교과 과정에 있는 필수과목들도 협력교수(co-teaching)는 아니라 할지라도 각 과목이 미래의 현장 목회에서 어떻게 뒷받침을 제공해 주고 응용 그리고 적용될수 있는지를 말할 수 있는 초청 강사와 함께하는 시간을 가져야 한다.

10. 목회자에게 미래는 있는가?

  미래에 대한 준비는 비단 신학교에만 국한되는 것은 아니다. 신학교 목회자 양성 석사 과정에 있는 목회 후보자보다는 목회 현장에 있는 목회자가 이에 대해 더 큰 필요성을 느낄 수 있다. 각 목회자가 알아서 하기보다는 각 교단 또는 복수의 교단이 연합하여 목회자 연장 교육을 통해 미래를 배우고 준비하게 해야 한다.

  그러나 결국 다른 단과대학과 연계해서 이중 학위 프로그램을 만들 자원이 풍부한 신학교이든 아니든, 연장 교육 프로그램이 있는 교단이든 아니든, 중요한 것은 다가오는 미래의 변화에 관해 관심을 가지고 대응하는 것이 어쩌면 이미 늦었을 수도 있다는 경각심과 그래서 한시라도 서둘러 미래를 배우고 준비하는 것을 시작해야 한다는 교계와 산하 신학교의 의지가 필요하다. 그러나 이런 경각심과 의지는 목회자에서 시작되어야 한다. 현장 목회자들의 의지야말로 신학교와 교단, 교회의 자세를 단기간에 변화시킬 수 있는 유일한 목소리일 것이다.

우리는 다가오는 미래의 방향을 바꿀 수도 없고, 새로운 시대의 도래를 지연시킬 수도 없다. 이런 시대의 도래는 결국 사람에 의한 것이 아닌 AI가 인간의 도움 없이 돌파구(breakthrough)를 만들며 시작될 것이다(영화 〈터미네이터〉[Terminator]에서는 AI를 스카이넷(Skynet)으로 그리고 돌파구를 심판의 날[judgement day]로 표현하고 있다).

그렇다면 과연 우리가 할 수 있는 것은 아무것도 없는 것일까?

미래는 결국 현재의 연장선에 있기 때문에 만약 너무 늦지 않았다면, AI가 AI를 설계하고 교육하는 혁명이 시작되지 않았다면, 우리가 할 수 있는 일은 서론에서 언급한 의대 교수의 말에서 답을 찾을 수 있을 것이다.

왜 의대 교수가 교회와 신학교에서 일하는 필자에게 의사들의 인성교육의 중요성을 말했을까?

의대 교수가 해야 하는 일은 의대에서 가까운 미래에 의사가 되어 메드팟(MedPod) 개발에 참여할 의대생들에게 의술만 가르치는 것이 아니라 인문학을 강조하며 인성교육도 함께 힘써야 하는 것과 같이 목회자는 교회에서 그리고 신학자는 신학교에서 다음세대에게 기독교인으로서 가져야 할 정체성과 덕목과 더불어 성경에 입각한 시대에 따라 변하지 않는 복음의 정수를 제대로 습득하게 하는 것에 힘써야 할 것이다. 그것을 바탕으로 우리는 새로운 것을 배우고 적용해서 미래를 준비할 수 있을 것이다.

우리의 의사와는 상관없이, 그리고 우리가 아무리 반대한다고 한들, 이들이 미래 목회자를 도울 AI 기반 목회 보조 프로그램(assistant program)이든 합성인간 목회자를 만들든 간에 이런 것들에 대한 기초적인 설계와 코딩 작업에 참여하게 될 사람들이기 때문에 그렇다. 아직 AI 혁명이 시작되지 않았다면 과학 기술은 새로운 변화를 가져오는 데 탄력을 줄 수 있지만 새로운 시대의 도래 자체를 만들지 못한다는 통념을 믿을 수 있는 시대를 살고 있다고 볼 수 있다.[21]

목회자에게 미래는 있는가?

그것은 미래를 이끌어 갈 세대에 대한 신앙교육 그리고 신학교육 개혁에 달려 있다.

우리 자신이 그리고 이미 미래 속에 살아가고 있는 세대 또는 특정 그룹의 사람들이 하나님과의 관계에 있어서 세상과 사람의 존재 의미를 폭넓은 상상력과 함께 깊이 있게 고민한다면 인간 목회자가 필요 없을 미래의 도래는 막지 못한다고 할지라도 최소한 인간 목회자의 필요성은 좀 더 연장할 수 있지 않을까?

---

21 Jim Collins, *Good to Great: Why Some Companies Make the Leap—and Others Don't* (London: Random House Business, 2001),

제3부

제7장 대유행과 가정회복 - 홍순성

제8장 고대 이스라엘 가정 도제에서 배우는 자녀 신앙교육 - 방승호

제9장 미주 한인의 문화 정체성과 다음세대 - 박현수

제10장 코로나 시대의 직업윤리와 상생 - 박화춘

제7장

대유행과 가정회복

✞ 홍 순 성 박사
센트럴신학대학원 목회학 강사

사회생활에는 적당한 거리가 있다. 이를 "소셜 디스턴스"(Social distance)라고 한다. 서양에서는 모르는 사람이 자신에게 지나치게 가까이 있는 것을 부담스러워한다. 그들은 타인이 일정한 거리를 유지해 주기를 바란다. 그동안 세계는 코로나19(또는 COVID-19) 대유행의 발생으로 사회적 거리가 더 멀어질 수밖에 없었다. 줄서기에서도 6피트(약 1.82미터)의 거리를 유지해야 했고 이웃과 소통할 수 있는 공간도 줄어들었다. 안타깝게도 코로나19와 함께 멀어져 가는 것이 있었으니, 바로 부부 간의 거리다. 부부 간 거리는 가까울수록 좋은 부부라고 한다.

성경은 부부를 한 몸이라고 표현한다(창 2:24). 농경 사회에서는 부부가 함께하는 시간이 많았다. 농사도 같이 하고, 삼시세끼 식사도 같이 해야 했다. 거의 모든 일을 부부가 함께함으로써, 그 시대의 부부는 서로가 함께할 시간이 많았다. 함께하는 시간이 많은 만큼 부부의 거리도 가까웠다. 그러나 산업 사회가 되면서 부부가 함께 할 수 있는 시간은 줄어들기 시작했다. 현대를 살아가는 부부는 함께 할 시간이 더욱 단축되게 되었다. 맞벌이를 하는 현대의 부부들은 하루의 일과가 시작되면서 각자의 일터로 떠난다. 최소한 하루의 삼분의 일 또는 절반의 시간을 직장에서 보낸다. 일과를 마치고 가정으로 돌아오면 대부분은 지쳐서 부부가 대화를 나눌 힘조차 없다. 피곤해서 자고 나면 다음날 또다시 출근하기 바쁘다. 이와 같은 생활은 일주일 단위로 반복된다. 그나마 부부라는 끈이 그들을 하나로 연결해 주고 있었다.

장기간의 코로나는 경제, 사회, 교육, 문화, 체육 등 전반에 걸친 사회변화를 경험하게 했다. 사무실에 출근해서 일하는 것을 원칙으로 여겼던 직장생활은 집에서 근무하는 형태(재택)로 바뀌었다. 물건을 구매하는 방법도 온라인을 통한 쇼핑이 급증했다. 2020년 도쿄 올림픽은 1년을 미룬 끝에 무관중 올림픽을 진행하였다. 참가방식은 온라인 중계를 보는 것으로 대신했다.

코로나는 가정 안에도 많은 변화를 주었다. 재택근무로 바뀌면서 부부가 함께하는 시간이 늘어나게 되었다. 그동안 개별생활에 익숙했던 부부는 함께하는 것에 불편함을 느꼈다. 이로 인해서 마찰과 갈등이 증가하였고 심지어 이혼이라는 종착을 맞이하는 부부들도 많았다. 코로나로 인한 이혼을 일컬어 "코비디보스"(covidivorce, covid+divorce)라는 신조어가 생기기도 했다.

우리는 2년 반이라는 대유행의 긴 터널을 지나 왔다. 이제는 서서히 풍토화(endemic)라는 종착을 향해서 가는 듯하다. 백신이 개발되었고 2-3차의 백신접종을 받은 여러 나라가 안정을 찾아가고 있다. 특히, 86.4퍼센트의 높은 추가 접종을 마친 한국 사회는 방역규제들이 하나둘씩 풀리면서 모든 것이 일상으로 돌아가는 듯하다. 코로나에서 벗어날 수 있는 희망이 생긴 것이다. 힘들었던 상황들이 회복되어 가는 것을 느낄 수 있다. 이제는 사회적, 가정적으로 안정을 찾아야 할 때이다.

코로나 시대를 반면교사 삼아서 부부가 굳건하게 서는 기회가 되기를 바란다. 가정은 장차 세계를 짊어지고 나갈 꿈나무들의 보금자리이다. 가정의 행복이 사회의 행복이며 미래의 희망이다.

1. 대유행 부부의 갈등의 원인

우리는 주변에서 행복할 줄만 알았던 커플들이 깨어졌다는 소식을 종종 듣게 된다. 오랜 결혼 생활을 유지했던 부부들 중에도 이번 대유행으로 인해서 이혼한 경우도 있다. 대유행 이전까지만 해도 행복했던 부부들이 대유행으로 함께하는 시간이 길어지면서 다툼이 잦아지고 이혼까지 결심하는 부부가 많아졌다.

부부가 살면서 다투지 않는 사람은 없을 것이다. 대유행 이전에도 이혼하는 가정은 있었다. 문제는 대유행 이후에 이혼하는 부부가 급증하고 있다는 데 있다. 이혼을 전문으로 하는 로펌회사들에 의하면 코로나 이후에 이혼 상담이 배 이상 증가하였다고 한다. 재택근무와 가계 수입의 감소, 육아 부담이 증가하면서 부부의 갈등은 더욱 심화되었고 이로 인해서 세계 곳곳에서 이혼율이 치솟았다.

미국의 경우 지난 2020년 3월 대유행 이후 이혼율이 34퍼센트 증가하였다고 한다.[1] 영국은 41퍼센트, 이탈리아는 30퍼센트 증가하였다고 한다. 홍콩의 '스미스필드 디보스(Smithfield Divorce) 로펌회사'의 경우에는 이혼 의뢰 건수의 증가로 인해서 직원을 10명이나 더 고용했다고 한다.[2] 벨기에와 호주 역시 이혼이 급증하였다고 보고 하고 있다.[3]

일본의 경우 재택근무 이후에 부부싸움으로 인해서 집을 나온 부부들을 위한 일시 피난 숙박업소가 생겼을 정도라고 한다. 인기 연예인들의 경우도 예외는 아니다. 일본의 방송인 코바야시 레이나는 13세 연상인 개그맨 타키우네 신이치로와 이혼했다.

코로나 기간 동안 남편과의 4년 결혼생활 중에서 처음으로 긴 시간을 함께 보냈다고 한다. 함께하는 시간 동안 남편의 나쁜 생활 습관으로 인해서

---

1 "Family life after the Pandemic," *Daily Mail* (2020.5).
2 "Family Crisis," *Weeklyhk* (2020.7).
3 "Divorce is on the rise," *The Brussels Times* (2020.9).

부부싸움이 잦아졌고 결국 이혼하였다고 한다.[4] 이 외에도 미국의 팝가수인 켈리 클락슨(Kelly Brianne Clarkson), 배우 출신의 패션디자이너인 메리 케이트 올슨 (Mary-Kate Olsen), 아일랜드의 보이밴드 멤버인 셰인 린치(Shane Lynch) 등 세계 각국의 유명인들도 코로나로 인한 이혼을 선택하였다고 한다. 특히, 부유층 가정에서는 대유행으로 인한 비현금성 자산(주식, 회사 지분 등) 가치가 하락하게 되었고 상대적으로 적은 액수로 재산을 분할할 수 있다는 이유로 이혼을 선택한 부부들도 있다고 한다.[5]

재택근무를 하는 동안 감춰져 있었던 외도 사실이 발각되어 이혼하는 경우도 있었다. 대유행 이전에 남편 또는 아내 몰래 가졌던 외도 사실이 드러나게 되는 경우이다. 미국 팝스타인 켈리 클락슨은 코로나19 이후 남편과 자택에서 함께 오랜 시간을 보내다가 이혼을 결심했다고 밝혔다. 클락슨은 말했다.

"그동안의 내 인생은 쓰레기 같았다. 개인적으로 지난 몇 달간 너무 힘들었다."

나이지리아에 사는 레니라는 부인은 남편이 다른 여자와 부적절한 관계를 가지고 있다는 사실을 그동안 알지 못했다. 그러나 대유행 기간에 우연히 남편의 셀폰을 보게 되었고 남편의 외도 사실을 알게 되었다. 하지만 경제력이 없는 아내는 남편의 눈치를 살필 수밖에 없었고 남편은 오히려 이것을 이유로 아내와의 이혼을 고려하고 있다고 한다.

1) 무리한 가사노동

심리치료사들에 의하면 대유행으로 인한 부부 상담 중에 가장 많은 부분이 가사노동 분담으로 인한 갈등이었다. 가족 모두가 집에 있게 되면서 아

---

4 홍주희, "'남편과 시간 늘면서 끝없이 싸웠다' 코로나 이혼한 日방송인", 「중앙일보」 (2020.10).
5 이정은, "코로나가 기회다!", 「연합뉴스」 (2020.11).

이들도 돌봐야 하고 가사일도 해야 하는 부담이 늘어나게 되자 다투는 경우가 많아졌다고 한다.

다음은 필자의 목회 현장에서 있었던 상담 사례이다. 미국의 어느 한 주에 있었던 김미숙(가명) 씨는 다음과 같이 고백한다.

> 이제 와서 결혼생활 16년을 되돌아보면 아름다운 기억들이 더 많았던 것 같아요. 모두가 가정에 있게 되면서 일도 해야 하고 두 아이를 돌보는 일은 너무 힘들었어요. 거기에다 남편까지 24시간을 함께 있다 보니 삼시세끼를 혼자 책임지고 해결하려니 계속 다투게 되더라구요. 남편은 도와줄 생각을 전혀 하지 않았어요. 아이들 돌보는 것과 집안 일은 모두 나의 몫이었습니다.
>
> 왜 나만 이 고생을 해야 하는지 속상해서 남편과 자주 다투게 되었고 결국은 이혼을 하게 되었어요. 돌아보니 왜 내가 그렇게 다투었나 후회도 됩니다. 좀 더 잘 해결할 수 있는 방법도 있었을 텐데. 그때는 이혼이 최고의 선택이라고 생각했어요.

영국의 자선단체인 '릴레이트'(Relate)가 2022년 4월에 진행한 설문조사에 의하면 코로나 이후에 재택근무로 인한 부부간의 심리적인 압박감을 느낀다고 대답한 응답자의 25퍼센트가 넘는다고 한다. 그 후 3개월이 지난, 7월에 조사한 바에 의하면 8퍼센트가 관계를 정리하였다고 한다. 반면에 재택근무 기간 중에 관계가 더 좋아졌다는 응답도 상당히 있었다고 한다. 관계가 더 좋아졌다고 응답한 경우는 평소에 부부 관계가 좋았던 경우이다. 문제가 드러나는 경우는 보통 이전부터 문제가 있었던 커플이었다.

코로나는 비단 부부뿐만 아니라 연인관계도 갈라서게 하였다. 코로나 이후 외부에서의 정상적인 사귐이 어렵게 되었고 집안에서만 생활을 해야만 하는 지루한 일상은 연인의 관계마저 깨지게 하였다.

음악가로 활동 중인 키에론 바얏(호주 멜버른)은 9년간 사귀어 왔던 연인과 헤어졌다고 한다. 대유행으로 인해서 지루한 연인의 일상은 미래의 꿈을 읽어 버리게 만들었다. 헤어지는 아픔을 겪게 하였다. 대유행 이전까지만 해도 함께 운동도 하고 집을 사서 같이 살자고 하는 희망도 나누었지만 대유행 기간 동안의 제한된 공간에서 지루한 일상을 경험한 그들은 결국 헤어지고 말았다.

브라질에 사는 리처드와 라파엘라 부부는 재택 기간 동안 함께 해결책을 찾아보려고 노력하였으나 결국 이혼을 선택하게 되었다. 그들은 서로의 행복을 위해서 이혼을 하기로 했다고 하였다. 하지만 두 딸을 두고 있는 이들은 자녀양육의 문제로 자주 만날 수밖에 없었고 이들 부부는 이혼 후에 친구로 남기로 했다고 한다.

2) 경제적 어려움

호주에 사는 키에론 부부의 경우에는 코로나로 인해서 이전에 경험해 보지 못했던 어려운 시기를 겪고 있다고 한다. 하지만 그들은 현실을 받아들이고 미래에 대한 희망을 가지고 긍정적으로 살아보려고 노력하고 있다고 한다.[6]

대유행이 길어지면서 집에 함께 머무는 시간이 많아지고 평소에는 크게 문제가 되지 않았던 일들이 말다툼이 되고 그 문제가 커져서 이혼의 원인이 되기도 한다. 이혼 상담소를 찾은 대구에 사는 40대 부부는 사소한 일로 말다툼이 되었고 급기야 이혼까지 생각하게 되었다. 남편은 아내가 살쪘다고 걱정스러운 마음에서 이야기를 하였으나 아내는 그동안 쌓였던 감정이 폭발하게 되었고 남편에게 하지 말아야 할 말을 하고 말았다. 대유행으로 인해서 가계수입이 줄어 있는 상황에서 남편에게 경제적인 무능함을 지적

---

6 "'코로나19 때문에 이혼했다' … 펜데믹 때문에 갈라선 연인들", 「BBC NEWS 코리아」 (2020.12).

하여 결국은 이혼이라는 절차를 밟게 되었다.

3) 가정폭력

형사사법위원회(NCCCJ)의 분석에 따르면 코로나 대유행 기간 동안 미국 내 가정폭력이 8.1퍼센트가 증가했다고 한다. 더불어 우울증을 호소하는 사람도 급격히 증가됐다. 이러한 원인은 경제적 스트레스와 제한적인 생활로 인한 것이다. 이른바 '코로나 블루'에 이어 화가 치미는 '코로나 레드(Corona Red)', '코로나 블랙(Corona Black)'이라는 말까지 등장했다. 전염병으로부터 안전하기 위해서 집에 머물게 하는 방역수칙이 오히려 폭력이 발생하는 공간이 되어 가고 가정폭력피해자들을 만들어 내는 패해를 만들어 냈다.

UN, WHO 등 주요 국제 기구에서는 대유행이 가정에서 긴장감을 조성하고 폭력이 발생하고 있다고 경고한다. 가정에 마무르는 시간이 많을수록 여성들이 폭력에 노출될 위험이 높아지고 있음을 우려한다.[7] 30대 어느 한 부부의 경우에는 잦은 말다툼이 남편의 폭행으로 이어졌고 아이들과 함께 자신을 폭행한 남편과 이혼하기를 결심했다고 한다. 가족이 함께 지내는 시간이 늘어나면서 결국 가정폭력으로 번지게 되었다.

대유행이 장기화되면서 경제가 침체되고 경제활동을 할 수 없는 상태에서 부부가 오랫동안 함께 있게 되면 갈등이 생길 여지가 많아진다. 경제적 어려움은 서로의 눈치를 보게 되고 남편들의 경우에는 무시를 받는다는 오해를 살 수도 있다. 이런 상황은 결국 이혼이라는 극단적인 선택까지도 하게 된다. 어떤 이들은 감시를 당하는 느낌을 받는다고 호소하는 사람도 있다.

---

7 현재 코로나19 대응의 방향은 주로 대유행으로 인한 경제적 손실과 그 회복에 초점이 맞추어져 있다. 반면에 여성에 대한 불평등한 대우나 신체적 위협에 대해서는 드러나지 않는다. 여성은 상대적으로 약한 존재이다. 따라서 폭력에 쉽게 노출될 수 있다. 대유행 시기에 가정에서 발생하는 약자에 대한 폭력에 관심을 기울일 필요가 있다.

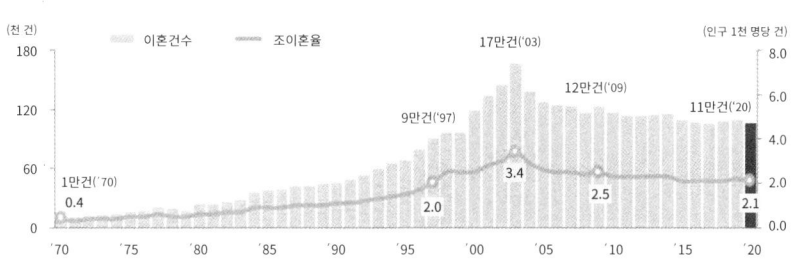

<표 7.1> 통계청 2020년 자료[8]

세계가 코로나로 인해서 이혼율이 급증하는 반면 한국은 이혼율이 오히려 감소하는 현상을 보이고 있다. 이러한 현상은 5년 만에 최대 감소한 것이라고 한다. 통계청에 따르면 지난해 2019년 1월부터 11월까지 9만7331쌍이 이혼했다. 하지만 대유행 이후에 같은 기간과 비교해 보면 4331건이 (-4.3퍼센트) 감소했고, 2015년(-6.0퍼센트) 이후 가장 많이 줄었다.

이혼율이 감소한다는 것은 반가운 소식이다. 그러나 부부 관계가 좋아져서 생긴 것이라면 다행스러운 일이겠지만 그 이면에는 다른 이유가 있다.

첫째, 부동산의 가격이 급격히 상승을 한다는 데 있다고 한다. 부동산에 묶여 있는 자산의 이익을 이혼으로 포기하고 싶지 않은 심리가 있다는 것이다.

둘째, 한국의 경우 이혼이 가장 많은 달은 3월~5월 사이라고 한다. 그 이유는 명절 기간인 1-2월 동안 가족 간의 갈등으로 인한 부부싸움이 많아지고 1-3개월의 숙려 기간이 끝나는 3월~5월에 이혼선고가 많기 때문이라는 것이다. 이를 두고 "명절 이혼"이라고 한다. 추석도 명절이기는 하지

---

8 https://www.kostat.go.kr/portal/korea/kor_nw/1/1/index.board?bmode=read&aSeq=388686.

만 연말을 앞두고 있기 때문에 이혼을 보류하기 때문이라고 한다.[9]

셋째, 원인은 경제적인 타격을 받게 되면서 재정적으로 자립할 수 없게 된 것도 한 가지 이유라고 한다. 과거의 경제적인 상황이 나빠졌을 때를 비교해 보면 IMF외환위기가 있었던 1998년도의 이혼증가율이 가장 높았다. 전년도와 비교해 보면 1997년에 91,160건이었던 것이 IMF 이듬해인 1998년도에 116,294건으로 27.6퍼센트나 증가하였다.

또한, 카드대란이 있었던 2003년도의 이혼은 166,617건으로 98년 IMF 이후 가장 높았던 것을 집계된다.[10] 이와 같이 국가경제위기 상황이 부부의 이혼으로 이어지는 것이 그동안의 통계였으나 이번 대유행 이후에 경제적 어려움 속에서도 이혼이 증가하지 않은 것은 이혼으로 인한 경제적 독립이 어렵기 때문이라고 분석한다.

대유행 이후 한국의 이혼율이 감소한 또 다른 이유는 코로나로 인해서 법정 휴정이 이어지고 그로 인한 처리 지연으로 인해서 숙려 기간이 길어지고 행정적인 절차가 제때에 이루어지지 않는 것이 이혼율이 감소하게 된 가장 큰 원인이라고 통계청 관계자는 설명하고 있다.

따라서 현 시점에서 한국의 이혼율이 둔화된 것은 이혼이 시기적으로 미루어졌을 뿐이고 앞으로 대유행 상황 이후에는 이혼율이 크게 증가할 것이라고 전문가들은 예측하고 있다.

지금까지 살펴본 바에 의하면 코로나19로 인한 이혼한 부부의 원인은 크게 세 가지로 찾을 수 있다.

---

9   일반적으로는 명절 이후인 3월~5월 사이에 이혼율이 높아지지만 대유행이 시작된 이후에는 7월에 9787건으로 이혼이 많았다고 한다.
10 황형태, 이성임, 방미진, "이혼율에 대한 새로운 지표의 개발 및 적용: 1990-2003년도의 우리나라 이혼률 분석",「통계연구」10/1 (2005), 23-27.

첫째, 잦은 다툼
둘째, 가사노동의 증가
셋째, 경제적 어려움

　이혼은 부부 당사자뿐만 아니라 그들의 자녀들 그리고 주변 사람들까지 충격을 얻게 된다. 이혼으로 인한 부작용은 개인적으로 가정적으로 그리고 사회적으로도 여러 가지 면에 영향을 미친다.
　부부의 문제를 이혼으로 해결하려는 것은 바람직한 해결책이 아니다.[11] 서울가정법원 상담위원인 이남옥 소장에 의하면 이혼한 사람들의 90퍼센트는 이혼한 것을 후회한다고 한다. 재혼을 한 경우에도 처음 결혼했을 때와 같은 어려움을 겪게 된다는 것이다. 이혼은 부득이한 경우가 아니라면 신중해야 한다.
　따라서 일순간의 충동이나 격한 감정으로 이혼한 경우에는 삶이 더 힘들게 된다. 이혼을 후회하는 사람들 중 87.8퍼센트는 이혼을 결정하기 전에 숙려 기간이 필요하다고 한다.[12]
　1970년대까지만 해도 이혼의 주된 사유는 실제적으로 혼인과 관련된 문제들이었다. 폭행하거나 가족을 돌보지 않거나 외도를 하는 문제들이었다. 그러나 최근에는 성격 차이, 사랑이 식었다, 대화가 안 통한다, 가치관이 다르다는 등의 이유로 이혼하는 경향이 늘고 있다.
　2004년도에는 성격 차이로 이혼한 경우가 절반 정도를 차지 한다고 한다. 부부의 관계가 실질적인 차원을 넘어서 개인적인 가치관이나 성격의 차이로 인한 것이기 때문에 이혼의 형태는 충동적일 수 있고 이혼 후에는 더욱 혼란스러울 수밖에 없다.

11　정성준, 『이혼은 끝이 아니다』 (지혜문학, 2004).
12　이남옥, 『우리 참 많이도 닮았다』 (북하우스, 2018).

2. 대유행, 가정의 위기를 극복하기 위한 방안

앞으로 코로나19 사태가 안정되고 경제가 회복된다고 해도 부부 관계의 회복은 가장 우선되어야 할 중요한 과제이다. 변이 바이러스에 의한 코로나19의 장기화로 '뉴노멀' 시대가 더 빠르게 다가서고 있다. 앞으로 코로나19 사태가 진정되고 현실이 안정된다고 해도 부부가 집에서 보내는 시간은 여전히 늘어날 전망이라고 전문가들은 분석한다.

부부 갈등을 해결하기 위해선 원인을 파악하는 것이 우선되어야 한다. 세계적인 관계심리학자 수잔 존슨은 부부 관계를 위한 대화법에서 부부의 부정적 대화방식을 찾아내는 것이 가장 중요하다고 한다. 또한, 상대방이 가진 상처가 무엇 때문인가를 알아야 하고 갈등의 원인을 제거하는데 힘써야 한다고 조언한다.[13]

시기적으로 가정에서 오랜 시간을 함께해야 하는 부부는 분노를 조절하기가 힘든 시기에 있다. 자칫 가장 가까이에 있는 배우자와 가족에게 상처를 줄 수 있음을 인식해야 한다. 자신의 상태를 점검하고 스스로의 감정과 분노를 인지하고 조절하는 법을 터득해야 한다. 스트레스를 푸는 방법을 찾아야 하고 그 대상이 가족이 되지 않아야 한다.

1) 과중한 가사노동의 어려움 극복하기

직장인들이 과도한 업무에 시달리다 보면 모든 것에 의욕이 상실되고 우울증과 무기력 그리고 짜증과 분노, 불안감, 실증 등의 현상이 나타나게 된다. 더 이상 버틸 수 없는 상태가 되었다는 것이다. 이것을 가리켜 "번아웃 증후군"이라고 한다.

---

13 수잔 존슨, 『우리는 사랑에 대해 얼마나 알고 있을까』, 박성덕, 김성은 역 (지식너머, 2015).

예전 같으면 가족이 함께 여름 휴가를 즐기면서 유대감도 돈독히 하고 그동안 함께하지 못했던 부부간의 행복감도 누릴 수 있었을 것이다. 그러나 코로나가 1년 반 이상 지난 상황에서 백신으로 인한 기대감도 잠시이고 다시 확진자가 늘어나는 추세이다. 당분간은 가정에 머물러야 할 시간이 지속될 전망이다.

아이들이 학교에 가지 못하고 밖에서 마음껏 뛰어 놀지도 못하는 상황에서 자녀들에 대한 부모의 잔소리는 더욱 늘어만 간다. 원격수업으로 인한 아이들의 과제 등을 부모가 일일이 도와주어야 한다. 그뿐만 아니라 자녀들의 인터넷 사용이 늘어나면서 게임으로 인한 부모들의 스트레스 또한 증가한다. 거의 매일 삼시세끼의 식사를 챙겨 주어야 하는 등 부담도 크다. 코로나로 인한 장기적인 가사업무로 인해서 부부들은 지쳐 있고 번아웃되어 가고 있다. 이로 인해서 아이들에게 화를 내거나 사소한 일에도 감정을 절제하지 못하고 다투게 된다 이 때문에 부부 관계의 갈등이 심화되어 간다.

속담에 "피해갈 수 없는 일이라면 즐기라"는 말이 있다. 과도한 가사업무는 견디기 힘든 일이다. 그러나 그 일은 누가해도 해야 할 일이다. 이 장에서는 가사일을 어떻게 하면 지혜롭게 잘 극복할 수 있을까 하는 데 대한 방안을 제시하고자 한다.

지치고 힘들 때 가장 필요한 것은 휴식이다. 모든 일에는 휴식이 필요하다. 과거에 사람을 대신해서 일을 해 주던 소나 말 또는 당나귀나 가축들에게 재충전할 수 있는 쉬는 시간을 주었다. 심지어 기계도 쉬어 줄 때가 있어야 한다. 하물며 가정을 돌보는 주부들은 충분한 휴식과 더불어 자신을 돌아보고 생각해 볼 수 있는 시간적인 여유가 있어야 한다. 몸이 힘들거나 아픈 사람은 짜증을 낼 수밖에 없다. 잦은 짜증은 주변 사람들에게까지 불편함을 준다. 주부가 쉰다는 것은 가정의 안녕과 평안 그리고 화합을 위해서 반드시 필요하다.

앞에서도 번아웃 증후군에 대해서 잠깐 언급했으나 번아웃 증후군은 자동차가 갑자기 서는 것과 같이 사람의 에너지가 방전된 것 같다고 해서 붙여진 이름이다. 에너지가 소진되어 모든 일에 무기력해진 상태를 말한다. 번아웃 증후군은 단순히 무기력해지는 것에 그치지 않고 과도하게 예민해져 불면증으로 이어질 수 있다. 기력이 없고 쇠약해진 느낌이 들며, 만성적인 감기·요통·두통과 같은 증상에 시달리게 된다. 잠을 자도 피로가 풀리지 않는 것 같고 예전보다 더 빨리 지치는 느낌이 든다.

번아웃 증후군은 일상에서 틈틈이 쉬는 시간을 만들어 주는 것이 중요하다. 일에서 벗어나서 마음에 자유를 주는 훈련을 하는 것이 좋다. 친한 친구와 함께 이야기하는 것도 좋은 방법이다. 혼자서 감당하기 어려울 때는 스트레스클리닉이나 정신건강의학과 의사의 도움을 받는 것도 도움이 된다.[14]

일을 눈앞에 두고 쉰다는 것은 쉽지가 않다. 그러나 쉴 수 있는 방안을 찾아보아야 한다. 그중 하나는 가전제품을 최대한 활용하는 것이다.

현대를 살아가는 가정에는 기본적인 가전품들을 몇 가지씩은 가지고 있다. 이것들을 최대한 활용하는 것이다. 가정에서 해야 할 일들을 살펴보면 삼시세끼 식사를 마련하는 일과 밥을 먹고 난 후에 설거지, 그리고 방 청소를 하는 일, 빨래하는 일 등이다.

요즘에는 아내들을 위한 또는 맞벌이 부부들을 위한 가전제품들이 많이 개발되어 있다. 밥을 먹고 난 후에는 설거지를 해 주는 식기세척기가 개발되어 있고, 설정해 놓은 시간에 자동으로 청소해 주는 로봇청소기도 개발되어 있다. 마루를 사용하는 가정에는 물걸레질까지 해 주는 청소기도 있다. 로봇청소기를 사용해본 사람의 말에 의하면 "내가 산 가전제품 중에 로봇청소기가 제일 잘 산 것 같다"라고 하는 사람이 있을 정도로 로봇청소기는 주부의 힘을 덜어 주는 큰 역할을 하는 가전제품인 것 같다.

---

14 이진희, 『나는 오늘 소진되고 있습니다』 (대림북스, 2017).

필자도 최근에 로봇청소기를 구입해서 사용하고 있다. 매우 유용하고 여유로운 시간을 갖게 하는 데 한몫을 하는 것 같다. 그뿐만 아니라 세탁을 하기 위한 세탁기가 있다. 새로 건축하는 아파트나 건물에는 로봇청소기를 제외한 웬만한 가전제품은 구비되어 있는 것 같다.

이러한 제품들을 활용한다면 가사일을 줄이는 데 큰 도움이 될 것이다. 물론, 식사를 위한 요리는 기계가 대신해 줄 수 없는 일이다.

요즘은 배달 음식이나 가열만 하면 간편하게 먹을 수 있는 음식들이 잘 개발되어 있다. 자주는 아니더라도 가끔씩 이런 음식을 활용하는 것도 가사노동으로 인한 힘을 더는 데 큰 도움이 된다.

2) 가사일을 분담하라

가사일은 해도 표시가 나지 않지만 하지 않으면 금방 표시가 나는 일이다. 회사에 나가서 일하는 것은 돈이라는 성과가 있지만 가사일은 표시가 나지 않으면서 힘은 많이 드는 일이다. 가사일의 가치를 재화로 환산해 보기 전에는 그 고마움을 알 수 없다. 가사일을 해 보지 않는 사람들은 이러한 사실을 잘 알지 못한다.

가사일을 아내가 주로 하는 가정의 남편들은 아내의 노고에 감사해야 한다. 요즘같이 가정에서 온 가족이 함께 생활하는 시간이 많아지게 된 때에는 남편들은 반드시 아내가 하는 가사일을 분담해야 한다.

가사일은 어느 한 사람의 몫이 아니다. 가족의 각 개인은 먹어야 하고 깨끗한 옷을 입어야 하고 뒷정리(설거지, 청소, 화장실 청소 등)를 해야 한다. 짐은 나누어 지면 가벼워진다. 한 사람이 혼자서 다 하게 되면 지치고 요즘같이 장기간 가족을 돌보아야 하는 때에는 번아웃될 수도 있다. 따라서 일을 하는 주부가 쉴 수 있는 여유를 줘야 한다. 그러기 위해서는 각자가 일을 맡아서 순번을 정하거나 일을 분담해서 가족이 번갈아 가며 하는 것이다.

예를 들면, 아침식사 후에 설거지는 엄마가, 점심 설거지는 아빠가, 청소년기의 자녀들이 있다면 저녁 설거지는 아들이, 빨래는 일주일에 한 번씩 딸 또는 아들과 딸이 함께 담당을 한다면 온 가족이 즐겁고 여유로운 시간을 지낼 수 있고 한 사람이 번아웃되는 것을 막을 수 있다.

가전제품이 가사일을 한다고 해도 그 일을 할 수 있도록 사람이 해 주어야 할 일이 있다.

식기세척기가 돌아가기 위해서는 그릇에 남아 있는 찌꺼기를 씻어 내고 세척기에 넣어 주어야 하다. 적은 양의 설거지라면 그때그때 씻어 두어야 할 때도 있다. 로봇청소기를 돌린 후에는 모여 있는 먼지를 털어 주어야 하고 세탁기를 돌리기 위해서는 빨래감을 세탁조 안에 넣어 주고 세제를 넣어주어야 한다. 빨래 건조기가 보편화되지 않은 한국의 경우에는 세탁 후에 빨래를 널어주어야 하고 건조된 빨래는 개켜서 넣어두어야 하는 등 해야 할 일들이 있다.

남편이나 자녀들이 아내/엄마를 도와주고 관심을 갖는 것만으로도 아내/엄마들은 위로를 얻는다. 남자는 목표 지향적인 성향이 있다. 물론, 여자들 중에도 목표 지향적인 사람들도 있다. 그러나 일반적으로 여자들은 관계지향적이다. 여성은 남편들이 자신에게 관심을 가져 주는 것만으로도 용기를 얻는다.

과거에는 남성은 밖에서 일하고 여성은 가정에서 가사를 돌보는 것으로 업무를 분담했다. 그러나 여성의 사회참여가 높아지면서 여성이 가사일에 전념할 수 있는 분위기가 되지 못한다.

2020년 서울시 통계에 따르면 여성의 하루 가사노동 시간은 평균 2시간 26분이었다고 한다. 반면 남성은 46분으로 여성이 남성보다 거의 4배 가까이 가사일을 하는 것으로 나타났다.

맞벌이 부부의 경우에도 예외는 아니었다. 여성은 2시간 1분, 남성은 38분으로 여성은 직장생활을 하면서도 남성보다 집안일을 더 많이 하고 있었다. 남편이 취업을 하고 아내가 가사를 전념하는 하는 가정에서는 아내는 5

시간 41분, 남편은 53분으로 대부분의 일을 아내가 하는 것으로 나타났다. 반면 아내가 직장생활을 하고 남편이 무직인 경우에도 아내는 2시간 36분, 남편은 1시간 59분으로 남편이 직장 없이 가정에만 있는 경우에도 여성은 직장생활 이후 가정에서 가정 일을 더 많이 하는 것으로 나타났다.

여기에 더해서 여성이 임신을 하고 출산을 하게 될 경우에는 육아 부담까지 떠안게 된다. 통계에서 나타나듯이 아직까지도 가사일은 여성의 몫이라는 인식이 지배적인 것 같다. 대유행으로 아내와 남편이 모두 가정에 있음에도 불구하고 가사노동을 공평하게 분담하는 경우는 20퍼센트에 불과했고 대부분인 76퍼센트는 아내가 가사노동을 주로 맡아서 하는 것으로 조사됐다.[15]

어려울 때 함께 힘을 합쳐 슬기롭게 대처해 나가는 지혜를 발휘해야 할 때이다. 남편이 아내와 함께 가사일을 분담하여 힘든 시기를 이겨 나간다면 행복한 가정이 될 것이다.

3. 대화로 문제를 해결하라: 부부 관계가 좋아지는 대화법

1) 솔직하게 대화하라

우리나라에는 "화딱지"라는 말이 있다. 화를 참고 참다가 딱지가 됐다는 말이다. 일본 여성들은 남편이 퇴직하는 그날까지 화나고 속상한 일이 있더라도 참는다고 한다. 그 이유는 퇴직과 동시에 이혼을 청구하여 퇴직금을 위자료로 받아 낸다는 것이다. 참으로 무서운 발상이다. 그동안 쌓아 두었던 남편에 대한 불신과 분노를 이혼으로 정리한다는 것이다.[16] 사람들은

---

15 김하영, "가사분담", 「대전일보」 (2021.02). http://www.daejonilbo.com/news/articleView.html?idxno=1459225.
16 전여옥, 『일본은 없다』 (푸른숲, 1997).

물을 한곳에 가두어 두었다가 필요할 때 쓰기 위해서 댐을 건설한다.

그러나 최근 들어서는 친환경 정책으로 자연적인 하천을 선호하는 추세이다. 우리는 홍수로 인해서 댐이 터졌다는 소식을 종종 듣게 된다. 물을 가두어 두는 것이 때로는 유용할 때도 있다. 하지만 지나치게 물이 많아 지면 그 댐이 오히려 재앙을 불러오기도 한다. 평소에 물이 흘러갈 길을 터 준다면 큰비가 온다고 해도 댐이 터져서 큰 피해를 주는 일을 없을 것이다.

부부의 관계에서도 그러하다. 화를 참거나 쌓아 두지 말고 그때그때 풀어야 한다. 이때 사용하는 방법이 대화이다. 말은 많은 사람에게 감동을 주기도 하지만 말을 통해서 상처를 주기도 한다. 말로 사람을 살리기도 하고 죽이기도 한다. 가까운 사이 일수록 말을 조심해야 한다.

그러나 부부간에는 오히려 말을 조심 없이 하는 경향이 있다. 부부는 하나인 관계이지만 깨어지면 남이 된다. "님이라는 글자에 점 하나만 찍으면 남이 된다"는 대중가요의 가사도 있듯이 님과 남은 점 하나 차이다. 부부는 한없이 가까운 사이지만 상처 또한 쉽게 줄 수 있다. 유순한 대답은 분노를 쉬게 하여도 과격한 말은 노를 격동하게 한다(잠 15:1).

2) 대화의 기술을 사용하라

대화에도 기술이 필요하다. "참을 인자 세 번이면 살인도 면한다"는 속담이 있다. 아무리 속상해도 말은 가려서 해야 한다. 상대방에게 상처를 주지 않으면서 자신의 의사를 전달하는 것이 대화의 기술이다. 부부는 이 방법을 십분 활용해야 한다.

'나' 메시지(I message)로 전달하라.

부부는 상대의 관심과 사랑을 받기 원하는 존재이다. 따라서 상대방의 말과 행동을 관찰하는 입장에서 당신 또는 자기라는 용어를 주로 사용한다. 그러나 대화에서 잘못한 일에 대한 대화를 시작할 때는 '당신'으로 시작되는 단어는 자칫 상대방을 비난, 공격, 참견하는 것으로 오해될 수 있다. 따라서 상대방은 즉각적인 방어자세로 대화에 응할 수 있다. 이때 대화의 주체를 '너'에서 '나'로 시작하면 내가 원하는 것이나 생각 그리고 상대방의 감정을 상하게 하거나 오해받지 않게 된다.

나 대화법에서는 자신의 감정상태 그리고 무엇 때문에 이런 감정을 생기게 되었는지 솔직하게 설명해야 한다. 예를 들면, "당신은 요즘 하나도 나를 도와주지도 않고 당신 중심으로만 사냐?"보다는 이렇게 표현하면 좋다.

"내가 아까 당신에게 쓰레기를 버려 달라고 부탁했는데 TV만 보고 있으니까 내 말을 무시하는 것 같아서 섭섭해."

'너 메시지 전달법'은 상대방에게 문제가 있다는 전제로 전달되게 된다. 비난하거나 공격하는 느낌을 받게 되고 상대방을 평가하고 추궁하며 일방적으로 지시하고 강요하는 느낌을 받게 한다.[17]

이에 반해 '나 메시지 전달법'은 상대방에게 자신의 느낌이나 생각을 전달함으로써 나를 잘 알릴 수 있게 되고 상대방이 마음을 열고 받아들일 수 있는 자세를 갖게 한다. 부부는 이 대화법을 충분히 인지하고 대화하면 상대방의 감정을 상하지 않게 하면서 진지한 대화를 할 수 있게 된다. 감정이 격한 상태에서는 상대의 어떤 말도 받아들이기 힘들다. 따라서 나 메시지 전달법의 대화가 중요하다.

3) 상대방의 감정을 존중하라

상대방에게 상처를 주지 않으면서 원하는 것을 얻어 내는 것이 지혜이다. 말 한마디에 천냥 빚을 갚는다는 말이 있다. 부부는 힘든 일이 있을 때 그것을 들어 주고 공감해 주는 것만으로도 위로와 힘을 얻는다. 이것이 부부의 관계를 좋게 하는 대화이다.

---

17 에머슨 에거리치, 『부부를 세워 가는 대화의 기술』, 최광수 역 (죠이북스, 2018).

상대방의 감정을 무시하거나 대수롭지 않게 말을 하는 것은 실망과 불편함을 키우게 된다. 대화의 기술 중에는 상대방의 이야기를 경청해 주고 공감해 주는 것이 가장 좋은 기술이다. 들어 주는 것만으로도 이야기하는 사람은 문제의 답을 스스로가 찾을 수 있다. 이야기를 다 듣기 전에 단정적으로 결론을 내리지 말아야 한다. 나의 아내는, 남편은 전적으로 내 편이라는 믿음을 가질 때 긴밀한 관계가 된다.
　좋은 말이라도 세 번 이상 들으면 싫어진다는 말이 있다. 가급적 반복적인 대화는 피하는 것이 좋다. 데일 카네기는 "잔소리는 결혼의 무덤"이라고 한다. 아무리 애정과 관심을 내포한 대화라고 할지라도 반복적으로 하게 되면 관계를 해칠 수 있다. 더욱이 상대방이 무엇을 고치기를 바라며 하는 반복이라면 부부 관계를 더 어렵게 할 수도 있다.[18]
　잔소리는 상대방에게 거부감을 들게 할 수 있으며 사랑의 적신호가 될 수도 있다. 사소한 것이 되돌릴 수 없는 관계로 이어질 수 있기 때문이다. 원하지 않는 것을 반복적으로 요구하지 않아야 한다.
　부부 관계에서 화를 내서 해결되는 일은 많지 않다. 큰 소리를 내지 않고 해결하는 것이 가장 바람직하다. "웃는 얼굴에 침 뱉지 못한다"고 한다. 그런 의미에서 언성을 높이지 않고도 원하는 바를 이룰 수 있는 방법이 있다. 바로 유머를 사용하는 것이다. 유머 감각도 개발하면 잘할 수 있다. 큰 일은 작은 일로, 작은 일은 없는 것같이 생각하면 부부간에 크게 다툴 일이 없을 것이다.

4) 고맙다는 말을 먼저 하라

　감사는 듣는 이의 마음에 보람과 뿌듯함을 느끼게 한다. 가족을 위해서 열심히 일하는 아내에게 또는 남편에게 전하는 감사의 말 한마디가 듣는 이

18　페터 카이저, 『대물림과 체계론적 가족치료』, 문용갑, 이남옥 역 (서울: 학지사, 2019).

에게 위로와 힘이 된다. 코로나 이후에 부부의 대화가 살벌해졌다고 한다. 함께 있는 시간을 답답해하기보다는 상대방의 잘하는 것에 감사해야 한다.

서로를 이해하고 사랑하는 마음을 키워야 한다. 우리는 직장이나 사회생활에서 다른 사람에게는 조심해서 말을 한다. 그러나 아내나 남편에게 함부로 대하는 경향이 있다. 아니 오히려 어떤 말을 하면 더 큰 상처를 줄까 하는 심정으로 아픈 말을 찾아서 하기도 한다.

댐이 무너지는 것은 작은 균열에서 시작된다. 댐이 터지기 전에 균열을 수리를 해야 한다. 감사의 말 한마디가 댐을 튼튼하게 유지하는 비결이다. 항상 점검해 보아야 한다. 화나는 일이 있어도 3-3-3의 원칙을 지키면 행복해질 수 있다.

삼 분을 참아라. 세 번을 참아라. 세 번을 용서하라. 우리 속담에 "참을 인자 세 번이면 살인을 면한다"는 말이 있다. 부부가 한순간의 감정을 잘 이기면 한평생을 행복하게 지낼 수 있다.

5) 사랑을 표현하라

남성들 중에는 사랑을 표현하는 데 서투른 사람들이 있다. "사랑하는 마음이 있으면 됐지 꼭 표현을 해야 아느냐"고 반문하는 남성들이 있다. 그러나 여자는 표현하지 않는 사랑을 사랑으로 느끼지 않는다.[19] 다음 내용은 결혼생활 8년 차에 이혼할 뻔했던 한 남성의 경험 이야기이다.

> 그는 결혼 8년 차에 심각한 이혼의 위기를 겪었다. 그로 인한 심적인 고통이 많았다고 한다. 불화의 원인은 알 수 없었고 아내가 이혼하자는 이야기를 먼저 하였다. 남편도 결혼 생활에 지쳐 가면서 이에 동의했다. 그들은 서로 관심이 없었고 각 방을 쓰기 시작했다. 서로에 대한 불신은 커져 갔

---

19 존 그레이, 『화성에서 온 남자 금성에서 온 여자』, 김경숙 역 (경기: 동녘 라이프, 2010).

으며 서로에 대한 분노가 쌓여 갔다.

부부의 불화에 아이들도 의기소침해졌다. 아이들은 사소한 일에도 짜증을 내고 자주 울기도 했다. 이런 아이들을 보면서 아내는 더 짜증을 냈다. 다툼은 계속됐다. 그들은 이혼의 타이밍만 기다리고 있었다. 남편이 가끔 외박을 하고 들어와도 아내는 상관하지 않았다. 가정은 파탄으로 향해 가고 있었다.

그렇게 몇 달을 지낸 어느 날, 남편은 늦은 퇴근길에 노상에서 과일을 팔고 있는 아주머니가 떨이라고 하면서 귤을 사 달라고 간곡히 부탁하기에 남은 귤을 다 사서 집으로 들어갔다. 그리고 식탁에 올려놓고 욕실로 바로 들어가 씻고 나오는데 아내는 남편이 사온 귤을 까먹고 있었다. 몇 개를 까먹더니 "귤이 참 맛있네" 하며 방으로 쏙 들어갔다. 순간 남편은 아내와의 지나간 추억이 전광석화처럼 뇌리를 스쳐 지나갔다.

아내는 결혼 전부터 귤을 무척 좋아했다. 그는 결혼한 이후에는 한 번도 귤을 사 가지고 집에 들어간 적이 없었다는 것을 깨달았다. 그는 연애할 때에는 길을 가다 가도 귤 좌판상이 보이면 1000원어치라도 꼭 사서 핸드백에 넣어 주고 사이 좋게 하나씩 까먹던 기억이 났다. 그는 마음이 울컥해지면서 한참을 울었다. 다른 사람 집을 방문할 때는 귤을 박스 채로 사 들고 가면서도 정작 자기 아내에게는 8년간이나 귤 한 개를 사 주지 못했다는 사실에 맘이 너무 아팠다.

결혼 후에는 아내가 좋아하는 것에 대해 전혀 신경을 쓰지 않았다는 것을 알게 되었다. 직장생활에 바쁘다는 핑계로 아내에게 한 번도 신경을 쓰지 못했던 것이다.

반면 아내는 그를 위해 철마다 보약을 해서 주었고 자신이 좋아하는 반찬을 한가지라도 더 만들어서 자신에게 신경 많이 써 줬다. 며칠 후에도 늦은 퇴근길에 그 과일 좌판상 아주머니가 보였다. 그는 자신도 모르게 귤을 또 샀다. 집에 가면서 하나를 까 먹어 보았다. 아내의 말대로 맛있었다. 집에 돌아와서 식탁에 살짝 올려놓았다. 씻고 나와 보니 아내는 이미 몇 개를 까먹었다. 그동안 말도 꺼내지 않던 아내가 말문을 열었다.

"이 귤 어디서 샀어요?"

"응, 전철입구 좌판에서."

"귤이 참 맛있네!"

몇 달 만에 아내가 미소를 지었다. 아이들에게도 몇 알 입에 넣어 주었다. 그리고 아이를 시켜서 남편에게도 건네 주었다. 이런 아내를 보면서 식탁 위에 무심히 귤을 던져 놓은 자신의 모습에 부끄러움을 느꼈다. 가정에는 뭔가 잃어버린 걸 찾은 듯 집안에 온기가 피어남을 느낄 수가 있었다.

그리고 그다음 날 아침, 아내는 주방에서 나와 아침을 준비했다. 사이가 안 좋아진 이후로는 아침을 해 준 적이 없었다. 남편은 아침 일찍 출근하느라 그냥 가려고 했다. 아내는 한 술만 뜨고 가라고 남편을 붙잡았다. 마지못해 첫술을 뜨는데, 목이 메여 밥이 넘어가지 않았다.

주체할 수 없이 눈물이 나오기 시작했다. 아내도 같이 울었다. 남편은 "그동안 미안했다"는 말 한마디를 하고 집을 나왔다. 남편은 부끄러웠다. 아내는 작은 한 가지 일로 상처를 받기도 하지만 그보다 더 작은 일에도 감동을 받아 남편에게 기대 올 수 있다는 것을 몰랐던 자신이 바보스러웠다. 아내에게 냉정하게 굴었던 자신이 후회스러웠다. 그 이후 이 부부의 위기는 잘 해결되었다.[20]

"비 온 뒤에 땅이 굳는다"는 말이 있다. 코로나를 계기로 가정의 기초부터 '점검'해 보고 행복의 울타리를 다시 세워야 한다.

부부는 사랑으로 맺어진 관계이다. 서로에 대한 신뢰와 배려 그리고 사랑과 관심의 에너지가 지속적으로 공급될 때 건강한 부부가 될 수 있다. 가정은 어느 한 사람의 노력으로 세워지지 않는다. 가사와 육아의 일은 어느 한 사람의 몫이 아니다. 부부가 공동으로 책임지고 짊어지고 나갈 몫이다.

---

20 제니 한, "귤 한 봉지의 기적", 〈제니한, 건축과도시 blog〉 (2011). https://blog.naver.com/donwha88/130106690635.

백지장도 맞들면 낫다는 말이 있다. 짐을 나눠지면 그만큼 가벼워진다. 부부의 일터는 달라도 함께 함에 익숙해져야 한다. 자기 중심성에서 벗어나야 한다. 잘 깍인 기어(gear)는 잡음이 없다.[21]

예수님은 성육신 하셨다. 사람들을 위해서 자신의 몸을 희생하기 위해서 오셨다. 착한 사람이 아닌 죄인 된 인간을 위해서 희생하신 것이다.[22] 다투는 부부가 공통적으로 하는 말은 상대방이 나쁘기 때문이라고 한다. 부부는 상대방이 나에게 무엇을 해 주기를 바라기보다는 상대를 위해서 내가 무엇을 해 줄까 고민해야 한다. 남편은 아내를 자신의 몸과 같이 사랑해야 하고 아내는 남편을 주님을 대하듯 존중해야 한다(엡 5:22-30).

서로를 섬기는 부부가 되어야 한다. 섬김을 실천하는 한 가지 방법은 이웃을 위해서 봉사하는 것이다. 부부가 함께 봉사하기를 권한다. 우리에게 하나님이 주신 명령이 있다. "이웃을 자신과 같이 사랑하라"는 말씀이다. 다툼은 이기심에서 비롯된다.

부부가 이웃을 위해서 함께 봉사한다면 자신의 몸과 같은 남편/아내를 미워할 수 있겠는가?

부부는 정원을 가꾸는 정원사와 같다. 사람들은 처음 정원을 만들기 위해서 정성을 다한다. 화단을 만들고, 각종 꽃들로 채운다. 꽃이 시들지 않게 물도 주고 잡초도 제거해 준다. 이렇게 만들어진 정원은 누가 보아도 아름답다. 이 아름다움을 유지하기 위해서는 지속적으로 가꾸어야 한다. 정원을 가꾸지 않고 방치해 두면 꽃도 시들고 잡초가 자란다. 화단도 무너지고 흉한 모습으로 바뀐다. 부부도 그러하다.[23]

남녀가 만나서 결혼하기 전까지 지극 정성으로 사랑을 키워간다. 서로를 이해하려고 노력하고 상대가 무엇을 원하는지 살펴본다. 어떻게 하면 감동을 줄 수 있을까 고민도 한다. 사랑을 고백하는 편지를 쓰기도 하고 정성이

---

21 정옥분, 『결혼과 가족』 (학지사, 2020).
22 팀 켈러, 『결혼을 말하다』, 최종훈 역 (서울: 두란노서원, 2014).
23 홍순성, 『하나님이 원하시는 결혼과 가정 사역』 (크리스천리더, 2007).

담긴 선물도 하면서 서로를 감동시키려고 노력한다. 이 아름다움을 유지하기 위해서는 계속해서 사랑을 가꾸어야 한다. 첫사랑을 회복하는 부부가 되기 바란다.

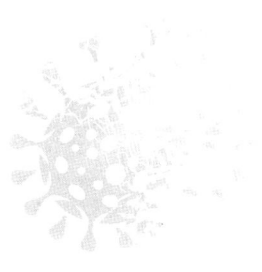

제8장

고대 이스라엘 가정 도제에서 배우는 자녀 신앙교육

✛ 방 승 호 박사
센트럴신학대학원 구약학 조교수

우리는 지난 2020년 봄부터 21세기 들어 처음 경험하는 대유행으로 인해 일상생활의 많은 부분에서 어려움을 겪고 있으며 새로운 환경에 적응하기 위해 불편함을 감수하며 살아오고 있다. 이 새로운 환경은 특별히 사람과 사람 간의 직접적 대면을 차단하며 이로 인해 학교와 직장 등 많은 사람이 모여 생활하고 활동하는 부분에 큰 타격을 주었다.

교회도 마찬가지로 대면예배가 전면 중단되었던 2020년 봄부터 시작해서 이제 상황이 거의 정상화되긴 했지만 다른 사회 조직과 단체와 동일한 어려움을 경험했다. 이런 상황 속에서 우리가 당면하고 있는 과제 중의 하나가 자녀의 신앙교육에 대한 것이다.

코로나 때문에 모든 것이 비대면으로 진행되었던 시기를 보내며 말 그대로 줌머(Zoomers)세대가 되어 버린 젠Z(Gen Z)세대는 신앙 발달의 중요한 교회 생활의 대부분을 대면이 아닌 각자의 방에서 온라인으로 보냈다.[1] 이뿐만 아니라 대면 행사의 취소는 청소년들의 가정에서 보내는 시간을 연장시켰고 이것은 자연적으로 부모에 의한 신앙교육의 필요성과 중요성을 불

---

1 Jeremy Steele, "Gen Z Uses Technology Differently: It Changes Everything for Churches," *ResourceUMC*. https://www.resourceumc.org/en/content/gen-z-uses-technology-differently-it-changes-everything-for-churches.

러왔다. 이러한 상황은 대유행이 명목상 종식된 지금도 계속 지속되고 있다고 본다.

현대 사회는 고대 사회와 여러 면에서 다르지만 대유행 때문에 사회가 가정 단위로 고립되는 시점에서 고대 가정 도제교육에서의 부모 역할이 대유행과 포스트 코로나 사회에서 기독교 가정 신앙교육에 시사하는 바가 크다고 생각한다. 고대 이스라엘 농경 사회에서 가정은 사회 최소 단위로서 가정을 유지하기 위한 필수 지식을 다음세대에 전수하는 교육의 전초기지 역할을 담당했다.

본 글은 대유행과 포스트 코로나 시기를 맞이하여 주전 8세기 이스라엘 일반 시민들의 삶을 통해 오늘날 사회에서 우리가 배우고 적용해야 할 기독교 가정의 신앙교육에 대하여 살펴보고자 한다.

1. 대유행 이전 자녀 신앙교육의 문제점

필자가 학생 목회자로 섬기는 교회는 2020년 봄방학이 끝날 즈음에 유스(청소년부) 속회를 계획하고 있었다. 적지 않은 수의 대학생들이 친구가 있던 다른 주를 방문하고 돌아오던 때였다. 유스 교사가 대학생인 관계로 공항을 이용해 돌아오는 학생들이 대면으로 유스 속회에 참석하는 것이 염려되어 임시 임원회를 통해 유스 속회를 취소하게 되었다. 그리고 하루 만에 상황이 급변하여 교회의 모든 대면모임이 중단되게 되었다. 바로 봉쇄의 시작이었다.

봉쇄가 시작된 첫 주일 이른 아침 유스 학생들을 위해 가정 예배 안내문을 배달하러 나간 거리는 가히 영화에서나 볼 수 있던 그런 장면이었다. 그리고 코로나는 꼭 필요한 것이 아니면 이동과 대면 만남을 극도로 제한하는 삶으로 변화시켰다. 이러한 모습은 필자가 연구하는 고대 이스라엘 남유다 사람이 살았을 당시 모습을 연상케 했다.

이전 극심했던 코로나 시대와 포스트 코로나 사회에서 더욱 필요성이 느껴지는 부분은 가정에서 부모에 의한 자녀 신앙교육이다. 가정에서 다음세대를 위해 교육하는 것은 새로운 것이 아니다. 구약의 유월절이 그랬듯이 이미 오래전부터 있던 것이 사회가 세분화되고 전문화되어 가며 공교육이라는 개념으로 변화된 것이다. 자녀의 신앙교육도 가정에서 교회교육의 일환으로 전가된 것이라 볼 수 있다.[2]

우리의 자녀 교육에 대한 남다른 열망과 열정은 그리 어렵지 않게 찾아볼 수 있다. 한 부모가 "타이거 맘"(Tiger mom)이라는 명칭으로 불리는 것은 그들의 성공적 자녀양육을 공식적으로 확인해 주는 새로운 명예의 상징이 되어 버렸다.[3] 교회 내에서도 학업을 우선하는 것이 당연하고 추구해야 할 덕목이 되어 버렸다. 심지어 신앙의 성장보다 학업과 과외 활동에서 우수한 성적을 낸 학생들을 공식적으로 인정해 주며 학업 우선주의에 기름을 붓기도 한다.

교회에서도 학교에서 공부 잘하는 아이들이 인정받고 칭찬받고, 신앙생활은 잘해도 학업 성적이 좋지 못하면 "공부도 못하는 애들이 교회에서 시간을 많이 보낸다" 또는 "교회를 도피처로 삼고 있다"며 곱지 않은 시선으로 핀잔을 준다. 청소년 자녀를 둔 부모는 자녀들이 교회에서도 신앙이 아닌 공부 잘하는 고학년 학생들을 자녀의 롤 모델로 삼게 하고 그들과 친하게 지내기를 권고하기도 한다.

높은 학구열과 그에 부합한 부모의 열정은 헌신적인 자녀 교육에 대한 투자를 아끼지 않고 학교 공부와 과외 활동에 무엇보다 큰 관심을 보이는 것으로 나타난다. 하지만 신앙교육에 대해서는 그러한 모습을 보이지 않고

---

2 유월절 절기를 지키는 것은 출애굽기 12장을 바탕으로 각 가정에서 행해져야 했던 것으로 보이는데 이후 이스라엘 왕국 시대 때 예루살렘에서 행해지는 집단적 의식이 되었고, 예루살렘 성전 파괴 이후 다시 가정과 회당 중심으로 변하게 되었다. Baruch M. Bokser, *The Origins of the Seder: The Passover Rite and Early Rabbinic Judaism* (New York: Jewish Theological Seminary Press, 1984), 1-13.
3 Amy Chua, *Battle Hymn of the Tiger Mother* (London: Bloomsbury, 2012).

있는 것이 현실이다. 학업이 바빠지기 전 자녀의 신앙교육은 전적으로 교회가 책임져 주길 바란다.

기본적으로 교회에 대한 의존이 높다. 이런 자녀 신앙교육에 있어 높은 교회 의존은 다시 높은 사역자 의존성을 초래한다. 한 학생의 신앙 발달의 성패를 한 사역자의 역량에 달려 있다고 보는 경향이 있다. 그러나 정작 아무리 유능한 청소년 사역자가 있다 하더라도 자녀가 그 사역자와 보낼 수 있는 시간이 극히 제한적이라면 실제로 좋은 영향을 끼치기에는 역부족이다. 교회와 전문사역자의 순기능을 무시하는 것은 아니다. 단지 이런 높은 교회 신앙교육 의존성을 뒷받침해 줄 가정에서의 신앙교육의 부재가 문제인 것을 지적하는 것이다.

결과적으로 가장 큰 문제는 가정에서 자녀의 신앙 성장을 위한 모델의 부재이다. 부모가 자녀에게 성경을 읽고 묵상을 하고 주일 예배에 참석하라고 권면하면서 정작 자신은 평소에 신앙인으로서 바른 삶의 모습을 보이고 있지 않다면 오히려 부작용만을 낳을 가능성이 있다는 것을 알아야 한다.

부모의 학업 우선주의는 공부는 때를 놓치면 안 되는 것이지만 신앙은 언제든지 공부하듯 열심히 노력하여 파고들면 따라잡고 채울 수 있다는 것으로 나타난다. 성공 만능주의 시대에 고등학교 자녀를 둔 가정은 가정의 모든 일정을 자녀에 맞추어 계획할 뿐만 아니라 자녀가 공부를 위해 또는 밀린 숙제를 위해 기꺼이 주일 예배를 거르는 것을 문제 삼지 않는 것이 보편적인 관행이 되었다고 본다.

성적을 위해서라면 주일 예배는 아니더라도 유스 모임을 참여하지 않는 것이 전혀 문제가 되지 않고, 신앙생활을 하지 않거나 게을리해도 되는 패스 또는 면책권을 가지게 된다. 아니 부모가 면책권 또는 면죄부를 수여해 준다. 왜냐하면, 공부에는 때가 있기 때문에 공부할 때 열심히 해서 좋은 대학을 가야 하고 신앙은 나중에 모든 상황과 여건이 주어졌을 때 열심히

하면 된다고 생각하기 때문이다.[4]

이런 경우 정말 부모와 떨어져 먼 곳에 있는 "좋은" 대학에 가서 좋은 신앙공동체를 만나는 것이 그런 가정에서 성장하는 것보다 신앙적으로는 더 좋을 수 있다. 대학생이 되면 부모의 그늘에서 벗어나 본인의 의지대로 신앙생활을 할 수 있기 때문에 그렇다. 그렇지만 중요한 것은 자녀들이 교회를 떠나가는 경우가 더 많다는 것이다.

고등학교 때까지 모범생이었던 자녀가 이성, 음주, 마약, 게임 등의 문제에 빠져드는 경우를 우리는 많이 보고 듣는다.[5] 이러한 문제는 비단 일반 가정의 자녀에게서만 나타나는 것은 아니다. 목회자의 자녀 그리고 선교사의 자녀도 교회를 떠나 생활하고, 게임으로 주일 오전에 일어나지 못하고, 여러 가지 일탈의 모습을 보일 때가 있다.

하지만 이 시기는 무신론 또는 심지어 타 종교를 믿는 가정에서 자란 학생이 그리스도 안에서 복음을 발견할 수 있는 시기이기도 하다. 문제는 내 자식이 부모가 시키는 대로 모든 걸 잘하므로 대학 진학 후 또는 더 먼 미래에 좋은 직장을 잡은 후 부모가 시킨다고 좋은 신앙인이 되리라는 보장이 없다는 것이다.

---

[4] 이것은 사실 교회에 많은 책임이 있다. 왜냐하면, 이런 일을 받아 주고 격려하기 때문이다. 교회에서 신앙보다 금전적 기여를 많이 할 수 있거나 사회적으로 지위가 높다고 생각하는 사람들을 더 존중하는 경향이 있어 청소년 그리고 청년기에 명목상 교회를 다니거나 아예 교회를 떠나 신앙을 저버렸어도 사회에서 성공해 교회에 돌아오면 교회를 떠나지 않고 신앙생활을 했지만, 사회적 지위가 낮은 사람보다 중직을 맡을 수 있어 이런 악순환을 만들고 있다고 본다.

[5] Carol Galbicsek, "College Alcoholism," *Alcohol Rehab Guide*. https://www.alcoholrehab-guide.org/resources/college-alcohol-abuse/; Rebekka S. Palmer, et al., "College Student Drug Use: Patterns, Concerns, Consequences, and Interest in Intervention," *Journal of College Student Development*. 53/1 (2012): 124-32. https://www.ncbi.nlm.nih.gov/pmc/articles/PMC3856915/; Benjamin Gurrentz, "For Young Adults, Cohabitation Is Up, Marriage Is Down," *United States Census Bureau*. https://www.census.gov/library/stories/2018/11/cohabitation-is-up-marriage-is-down-for-young-adults.html; Dana Elger, "Student Survey on Sexual Misconduct Provides New Knowledge," *The University Record*. https://record.umich.edu/articles/student-survey-on-sexual-misconduct-provides-new-knowledge/.

투자한 만큼 결과를 얻는다고 생각하는 학교교육과 과외활동과는 정반대로 신앙교육을 대하는 문제가 있다. 가정에서 10여 년을 살아오며 바로잡지 못한 문제를 교회에서 짧은 시간을 통해 고쳐 지기 바란다. 가정에서 발생한 자녀의 문제와 올바른 신앙의 성장을 짧은 교역자와의 관계 속에서 해결되고 발전되는 것을 바라는 것은 뿌리지도 않은 곳에서 열매를 얻기를 바라는 마치 요술을 바라는 것과 같다고 볼 수 있다. 자녀 교육에 할애하는 금전과 시간 그리고 열정과 교회 신앙생활을 비교해 보고 그 결과를 살펴봐야 한다.

이러한 문제는 부모가 무엇을 믿고 어떻게 살아 가느냐에 달려 있다고 볼 수 있다. 그런데 부모가 아무리 신실한 신앙인이라 할지라도 자녀를 올바른 신앙인으로 양육하는 것은 힘들고 언제나 비틀어진 길로 나갈 수 있다는 것이 우리의 현실이다. 그렇기 때문에 부모가 자신이 믿지 않고 하지 않는 신앙생활을 자녀에게 요구하고 바랄 때 그것이 이루어질 가능성은 현저히 낮다는 것을 알아야 한다. 이런 문제는 대유행으로 인해 교회 신앙교육의 순기능이 마비된 상황을 통해 더욱 악화되었다고 본다.

2. 고대 이스라엘의 도제교육

고대 사회에서 삶을 지속하기 위해 기본적으로 필요한 지식을 배우고 다음세대에 전해 주는 역할은 주로 가정에서 이루어졌다고 본다. 먼저 주전 8세기 말인 제2 철기 시대의 남유다의 가정을 간략하게 함께 살펴보자.

철기 시대는 현재와 아주 다르지만 그렇다고 해서 원시 시대는 아니다. 나름대로 복잡하게 발달한 문화를 가진 사회였다. 비행기, 큰 화물선, 기차, 그리고 자동차 같은 교통수단은 없었지만, 국가 간, 지역 간의 교류가 없던 때도 아니다. 그렇지만 대다수 일반사람들의 생활 반경은 양 떼를 모는 목동과 상인 등을 제외하고는 극히 제한적이었다고 본다.

유다 사람들의 대부분은 특별한 절기에 예루살렘에 가는 것이 아닌 이상 자신의 집을 중심으로 그 생활이 제한되었다고 생각한다. 그뿐만 아니라 특별한 상황이 아니면 대부분의 교육은 특수 교육 기간을 통하지 않고 도제를 통해 이루어졌을 것으로 추정한다.[6]

구약에 나타나는 지혜운동/쉐마도 전문적인 "지혜 학교"를 통해 교육되었다기보다는 도제를 통해 지혜 전통이 전수되었다고 본다.[7] 이런 도제는 엘리야가 엘리사를 그의 후계자로 선정하는 장면(왕하 2:1-18)을 통해 선지자 양성에서도 개인적인 도제 또는 길드의 형태로 활용되었던 것을 볼 수 있다.[8]

이런 도제교육은 비단 특별한 직업군에만 적용되었던 것은 아니다. 보다 일반적이고 보편적인 지식과 기술은 가정에서 도제를 통한 자녀 교육으로 이루어졌을 것으로 추정한다. 한 가정에서 기술 전수는 도제를 통해 이루어졌을 것으로 추정하는데 필자가 소속되어 발굴하고 있는 텔 할리프 철기

---

6 학교라는 히브리어 단어 '베트-미드라쉬'(beth-midrash)가 집회서(Sirach) 51:23에 처음 등장하는 것을 보면 철기 시대에는 이런 조직적이고 정형화된 교육 체계가 없었던 것으로 볼 수 있다. 이것은 물론 어떠한 집단 교육 체제도 없었다고 말하는 것은 아니다. 열왕기하 2장 엘리야의 승천 기사는 이스라엘 분단 왕국 시절에 도제를 통한 예언자를 양성하던 교육 기간의 존재를 가늠케 한다. 고대 이스라엘의 서기관을 양성하던 것도 이런 도제를 통해 이루어졌을 것으로 추정한다. Karel Van Der Toorn, *Scribal Culture and the Making of the Hebrew Bible* (Cambridge: Harvard University Press, 2007), 96-97; Roland de Vaux, *Ancient Israel: Its Life and Institutions* (New York: McGraw-Hill, 1961), 48-49. 부족과 가정 내에서의 직업 교육에 대해서는 다음 문헌을 참조할 것: Fletcher H. Swift, *Education in Ancient Israel, from Earliest Times to 70* (Chicago: Open Court, 1919); Cornelis Hendrik Jan de Geus, Claudia Sagona, C.H.J. de Geus, *Towns in Ancient Israel and In the Southern Levant* (Palaestina Antiqua 10; Leuven, Belgium: Peeters, 2003), 115. 이런 상황은 그레코-로마 시대에도 계속되었을 것으로 보고 있다. Helmut Koester, *Introduction to the New Testament, Vol. 1: History, Culture, and Religion of the Hellenistic Age* (New York; Berlin: Walter de Gruyter, 1995), 79.

7 Michael V. Fox, *A Time to Tear Down and A Time to Build Up: A Rereading of Ecclesiastes* (Grand Rapid: Eerdmans, 1999), 5. 하지만 크리스토퍼 롤스톤은 규격화된 고대 비문에 나타난 고대 히브리어를 근거해서 고대 이스라엘에 서기를 양성하는 전문 교육기관이 있었다고 주장한다. Christopher A. Rollston, *Writing and Literacy in the World of Ancient Israel: Epigraphic Evidence from the Iron Age* (Atlanta: SBL, 2010).

8 Marvin A. Sweeney, *I & II Kings* (Louisville: Westminster John Knox Press, 2007), 271.

시대의 유물을 통해서 그 자취를 가늠해 볼 수 있다.

첫 번째 예는 가정에서 사용하던 제의 용품 제작이다. 텔 할리프에서 철기 시대 때 것으로 추정되는 네 개의 향단이 두 개는 온전한 모습으로 그리고 나머지 두 개는 파편 조각으로 발견되었다(그림 8.1). 이 향단이 같은 지층 그리고 가까운 거리에서 발견되었음에도 불구하고 각 향단은 그 형태와 제작 기술에 있어서 차이점을 보여 주고 있다.[9]

이 향단 중 하나는 높은 완성도를 보인다. 하단에는 정확히 조각된 네 개의 다리가 있고 상단에는 향을 태울 수 있는 얕은 마름모꼴의 오목이 들어간 내면이 있다. 이 향단의 특별한 점은 네 면에 새겨진 그림이다. 고대 이스라엘 철기 시대의 유물에서 그림이 발견되는 것, 특별히 온전히 보존된 형태로 발견되는 것은 이스라엘의 무형상주의 때문에 그런지 그리 흔한 것은 아니다.

네 면에는 사람이 멧돼지를 사냥하는 것과 사냥개가 영양과의 동물과 등에 혹이 달린 소를 사냥하는 모습이 각각 그려져 있다(그림 8.2). 비슷한 형태와 유사한 그림이 있는 향단이 근처 다른 유적지에서 발견되었지만 텔 할리프의 것은 이것보다 대략 2세기 앞선 시대의 것으로 추정되고 있다.[10] 반면 다른 향단은 완성되지 않은 다리와 내면을 가지고 있고 잘 다듬어져 있지 않아 제작 중이었거나 제작 중 버려진 것으로 보인다.

이러한 차이점은 이 향단을 제작한 사람이 한 사람이 아니라는 것을 가리키고 있으며, 장인과 그리고 그의 학생의 존재를 짐작하게 한다.[11] 가정

---

9   Seung Ho Bang, et al., "Local Production and Domestic Ritual Use of Small Rectangular Incense Altar: A Petrographic Provenience Analysis and Examination of Craftsmanship of the Tell Halif Incense Altars," in *Gods, Objects, and Ritual Practice* (ed. Sandra Blakely; Studies in Ancient Mediterranean Religion 1; Atlanta, GA: Lockwood Press, 2017).

10 Seung Ho Bang and Oded Borowski. "Local Production of a Small Rectangular Limestone Incense Altar at Tell Halif: Iconographic Considerations." *Bulletin of the American Schools of Oriental Research*. 377 (2017): 60–61.

11 Bang, et al., "Local Production and Domestic Ritual Use of Small Rectangular Incense Al-

에서 사용하던 제의 용품을 제작하는 데 있어 최소한 한 마을에서 또는 가까운 거리에 있는 가정에서 도제교육을 통해 전수되었을 가능성을 추정해 볼 수 있는 장면이다.

〈그림 8.1〉 두 개의 향단과 향단 조각(왼쪽으로부터 Objs 3139, 3076, 3191, 그리고 3619). 위의 사진은 The Lahav Research Project의 허가를 받고 사용. 사진 방승호

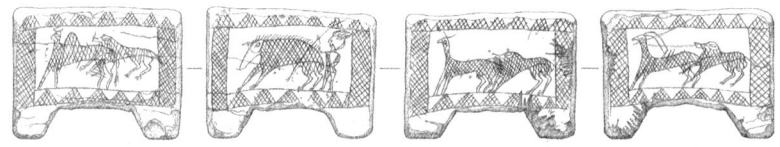

〈그림 8.2〉 향단 3191에 그려진 사냥 모디프. 위의 사진과 그림은 The Lahav Research Project의 허가를 받고 사용. 그림 Dylan Karges

두 번째 예는 직물 제조에서 찾아볼 수 있다. 고대 사회에서 직물 제조는 보통 각 가정의 여성이 담당해 왔다. 직물 제조는 가정에 필요한 옷과 옷감을 공급했고 한 가정의 (노예와 종을 포함해서) 여성이 모든 과정을 다 수행했을 것으로 보인다. 하지만 철기 시대 많은 유적지에서 가정 내수를 위한 것이 아닌 보다 전문적인 차원의 상업용 직물 공방의 흔적을 찾아볼 수 있다.[12]

텔 할리프의 주전 8세기 주거지에서도 이런 흔적을 찾아볼 수 있는데 (그림 8.3), 한 가정에서 1~2명의 성인 여성이 이 가내수공업 차원의 직물

---

tar," 183-84.
12 철기 시대의 상업용 직물 공방의 흔적으로 찾아볼 수 있는 곳으로 텔 아말, 텔 엘-하마, 텔 레호브, 게젤, 텔 바타쉬, 텔 베이트 미르심, 텔 데어 알라, 그리고 텔 할리프 등이 있다. Seung Ho Bang, "Ritual Threads: Cultic Evidence Related to Household Textile Production" (Ph.D. diss. Baylor University, 2015).

공방을 운영할 수는 없었을 것으로 보인다.[13] 아마도 고대 문헌이나 그림에 담겨 있지 않는 "보이지 않는" 손의 도움을 받았을 것으로 추정한다.[14] 바로 가정의 자녀들이 직물 제조에 참여 했으리라 짐작해 볼 수 있다(그림 8.4). 성인과 어린 자녀가 함께 일하는 것은 단순히 부족한 일손을 채우는 것에만 그 목적이 있는 것이 아니라 직물 제조 과정과 그 기술을 한 세대에서 다음세대에 넘겨 주는 교육의 일환이었다.

〈그림 8.3〉 텔 할리프 필드 V에서 발굴된(Locus E7007) 주전 8세기 말 직물 제조 공방의 흔적. The Lahav Research Project의 허가를 받고 사용. 사진 Oded Borowski

이러한 고대 이스라엘 가정교육은 그들의 가옥구조에서도 그대로 나타난다. 고대 이스라엘 사회에서 성벽이 있는 도시나 촌락에 있는 가옥은 성벽을 따라 연립주택과 같이 서로 연결된 형태로 지어졌다(그림 8.5). 그리고 각 가족은 가장을 중심으로 하나의 공동체를 형성에서 생활해 나갔던

---

13 Ibid., 330–466.
14 Ibid., 441뿐만 아니라 다음 자료 또한 참조할 것: Barbara J. Mills, "Gender and the Reorganization of Historic Zuni Craft Production: Implications for Archaeological Interpretation," *Journal of Anthropological Research* 51 (1995): 150, 152, 154, 160, 167; Rita P. Wright, "Women's Labor and Pottery Production in Prehistory," in *Engendering Archaeology: Women and Prehistory* (eds. Joan M. Gero and Margaret W. Conkey; Oxford: Blackwell, 1991), 198. 직물제조를 위한 사회 차원에서의 일손 관리는 핸돈의 자료를 참조할 것: Julia A. Hendon, "Textile Production as Craft in Mesoamerica: Time, Labor and Knowledge," *Journal of Social Archaeology* 6 (2006): 367–71.

것으로 보인다. 이것은 한 가정이 가장을 중심으로 편성된다는 "베이트 아브"(아버지의 집이)라는 개념으로 정리할 수 있다.[15]

〈그림 8.4〉 텔 할리프 필드 V의 직물 제조 공방 제건 상상도. 그림 Jennifer Seo

〈그림 8.5〉 텔 할리프 필드 IV F7 거주지 재건 상상도.
The Lahav Research Project의 허가를 받고 사용. 그림 Dylan Karges

15　Philip J. King and Lawrence Stager, *Life in Biblical Israel* (Louisville: Westminster John Knox Press, 2001), 39-40.

하지만 이 개념은 고정적이지 않고 각 사회 구조의 특성에 따라서 유동적으로 변해 핵가족을 가리킬 수도 있고, 여러 세대가 함께 살아가는 가족을 말할 수 있다. 그뿐만 아니라 주거 형태가 여러 주택이 서로 붙어 있는 구조를 이루고 있기 때문에 한 가옥에 사는 여러 세대나 아니면 주변에 있는 다른 가족 또는 이웃과 함께 연대를 형성할 수도 있다.[16] 그렇기 때문에 가족 내에서의 도제가 꼭 한 핵가족을 중심으로 있었다고 단정 지을 수는 없다.

위에서 언급한 제의 용기와 직물 제조 교육의 도제에는 단순히 기술적인 것만을 전수하는 것에 그치지 않는다고 보아야 한다. 고대 근동에 만연했던 종교적 타부와 구약 레위기서에 나와 있는 정결법이 고대 이스라엘 사람들의 일상생활 속에서도 깊숙이 뿌리내려 있었을 것을 가정한다면 제의 용기 제작뿐만 아니라 직물 제조에서도 레위기서에 언급된 비슷한 정결법이 적용되었을 것을 추정해 볼 수 있다.[17]

그렇기 때문에 가정에서 또는 여러 세대와 이웃들이 위에서 언급한 도제를 통해 기술 교육뿐만 아니라 각 제조 공정에 필요한 정결법과 그것을 시행하는 것에 대한 종교 교육도 동시에 행했다고 보아야 한다.[18]

이러한 점을 통해서 배울 수 있는 것은 각 가족이 그들 자녀에 대한 신앙교육의 가장 큰 책임을 지고 있는 기본적인 조직이라는 것이다. 그리고 부모가 이 가정 신앙교육 중심에 서 있다는 것이다. 철기 시대 이스라엘 가정에서 있었던 도제교육은 코로나와 포스트 코로나 시대에 가정에서 있어야

---

16 현대 사회에서 홈스쿨링을 하는 사람들이 단독적으로 자녀 교육을 하는 것이 아니라 필요에 따라서 같은 홈스쿨링을 하는 사람들끼리 연대를 이루는 것과 비슷한 것이라 말할 수 있다.
17 Bang, "Ritual Threads," 135–50.
18 최근 아브라함 파우스트와 하야 카츠의 텔 아이툰의 발굴을 통해 정결법이 어떻게 철기 시대 이스라엘 가옥 구조에 나타나고 있는지 볼 수 있다. Avraham Faust and Hayah Katz, "The Archaeology of Purity and Impurity: A Case-Study from Tel, 'Eton Israel," *Cambridge Archaeological Journal* 27/1 (2017): 1–27. 파우스트의 다른 연구에서 토기와 관련된 정결법 그리고 그로 인한 가정에서의 공간 사용에 대해서도 참조할 것. Avraham Faust, "The World of P: The Material Realm of Priestly Writings," *Vetus Testament* 69 (2019): 186–95.

할 신앙교육을 어떻게 해야 하는지 고민하는 우리에게 부모에 의한 신앙의 도제교육, 일대일 제자양육의 필요성을 알려 주고 있다.

3. 고대 이스라엘 가정 도제에서 배우는 자녀 신앙교육

1) 신앙의 장인이 되어야 할 부모

대유행이 지속되는 코로나바이러스 변이의 발생으로 계속해서 연장되어 누구든 교회에 모여 예배하고 성경공부하고 교제하는 것이 부담스러울 수 있는 시대를 지냈고 언제든지 다시 그런 시대로 돌아갈 수 있는 때를 살고 있다. 그리고 이러한 것을 꺼리는 사람들을 질타하고 강제로 교회로 불러올 수 있는 시대도 아니다.

심지어 세상에서 대면으로 하는 모든 것을 다 하지만 교회에서의 대면모임 만 끝까지 반대하는 성도도 있을 수 있다. 코로나가 명목상 종식되어 포스트 코로나 시대를 살아가는 지금도 교회 대면모임을 기피하는 것은 너무 쉬운 일이 되었다. 이러한 상황 속에서 가정에서 부모에 따른 자녀 신앙교육은 더욱 중요하게 된다.

먼저 대유행 상황과 상관없이 부모가 하지 않는 것을 자녀가 소중히 여기며 잘할 것으로 믿는다면 큰 오산이다. 물론, 그렇지 않은 경우, 예를 들어, 신앙생활에도 흔히 말하는 "엄친아" 또는 "엄친 딸"이 있을 수 있다. 하지만 그런 경우는 이 속어가 가리키는 것과 같이 대부분 "나"에게 해당하는 경우가 아니라 다른 사람들의 이야기일 때가 많을 것이다. 그뿐만 아니라 청소년들이 큰 문제 없이 신앙생활을 한다고 할 때 적지 않은 경우 학교교육과 같이 "열심히" 하는 경우를 말하는 것으로 어떤 면에서는 진정한 의미에서 좀 더 올바르고 성숙한 신앙이 아닐 수 있다.

부모가 생각하는 것 이상으로 자녀들은 부모를 관찰하고 비록 부모 앞에서 말하지 않는 경우가 대부분이겠지만 같은 또래가 모이면 부모에게서 보이는 이율배반적인 행동과 삶의 태도에 대해서 말하곤 한다.

일이 있을 때마다 주일 예배를 쉽게 거르는 부모가 있다면 그 부모의 자녀가 주일 예배를 지키는 것을 얼마나 소중하게 생각하겠는가?

대유행 그리고 포스트 코로나 시대의 교회교육의 대안으로 홈스쿨과 같이 가정의 신앙교육 분담이 제시되고 있다.[19] 좋은 대안이지만 문제는 실제 가정에서 부모가 신앙교육을 할 수 있느냐는 문제가 대두된다. 여러 차원에서 문제가 있을 수 있지만 결국 모든 문제는 자녀가 부모를 신앙의 본보기로 삼을 만큼 자녀 신앙교육에 준비가 되어 있고 자녀가 부모에게 마음의 문을 열고 삶을 나눌 수 있느냐이다.

심지어 가정 예배를 잘 하지 않는 경우 제일 큰 이유가 부모가 말씀을 전해야 한다는 부담 때문이다. 말씀 묵상과 나눔에서도 같은 문제가 있다고 볼 수 있다. 이러한 문제는 몇몇 대형 교회를 제외한 대부분의 소형 교회, 특별히 이민 교회의 경우 교회학교나 유스 또는 대학부 교사를 구하기 어려운 점으로 고스란히 나타나고 있다.

교회에서 교사로 또는 부장의 직분을 가지고 2세 신앙교육을 하는 것이 힘들어 나서서 할 수 없다고 말할 수 있기는 하나 그렇다면 그런 분들이 가정에서만큼은 그런 역할을 하고 있을까?

에베소서는 여러 가정생활에서 그리스도인으로서 지켜야 할 규범을 말하고 있는데 그중에서 6장 1~4절은 부모와 자녀의 관계를 이야기하고 있다. 자녀가 부모에게 순종할 것을 말하고 있지만(1절), 동시에 부모가 "자녀를 노엽게 하지 말고 오직 주의 교훈과 훈계로 양육"(4절)해야 한다고 말하고 있다.

한 자녀의 신앙 여정 가운데에서 그를 가장 노엽게 하는 것은 무엇일까?

---

19 유재덕, "포스트 코로나 시대의 교회교육", 『기독교교육논총』 63 (2020), 13-37.

그것은 다름 아닌 부모의 위선적인 삶이다. 부모가 자신이 믿지도 않고 하지도 않는 일을 하라고 요구하는 것은 자녀를 화나게 할 뿐만 아니라 교회를 떠나게 하고 심지어 최악의 경우 신앙을 버리게 만들기도 한다. 하나님은 먼저 자신의 아들을 우리에게 보내어 그의 사랑을 확증하셨다. 하나님께서는 그의 자녀를 사랑하는 데 있어서 자기 몫을 다 하셨다.

도제교육을 하기 위해 가장 먼저 필요한 것은 부모가 장인이 되어야 한다. 이와 마찬가지로 가정에서 자녀 제자양육을 하기 원한다면 부모가 먼저 신앙의 장인, 제자여야 한다.

2) 부모의 시간과 물질 투자의 필요성

교육은 물질과 시간의 투자가 필요한 것이다. 현대나 고대 사회에서 이 두 가지는 함부로 사용하거나 낭비하지 않는 것이다. 고대 사회의 보통 사람들이라고 시간이 남았다고 생각해서는 안 된다. 해가 뜨기 전부터 일어나 일과를 시작했을 것으로 본다.[20] 오늘날과 같은 전기 불빛이 없기 때문에 말 그대로 해가 있는 동안 열심히 할 일을 하며 살아야 했던 시기이다. 현대 사회는 단지 이 "열심히" 일을 해야 하는 시간이 현대 과학 문명으로 인해 연장된 것뿐이다.

고대 이스라엘 사회에서 제의 용기 제작과 직물 제조에 대한 것을 다음 세대에서도 지속되게 하기 위해 부모는 그들의 중요한 시간과 물질을 투자해서 자녀를 가르쳐야 했다. 자녀에게 무엇인가 새로운 기술을 가르치고 어느 정도 수준에 올라올 때까지 지속해서 관찰하며 성장시키는 것은 많은 시간이 필요하다. 미숙해서 귀중한 재료를 망쳐 버리게 될 수도 있기 때문에 물질의 투자도 필요하다.

---

20 Oded Borowski, *Daily Life in Biblical Times* (Atlanta: SBL, 2003), 112.

한 가정에서 부모가 자녀에게 일대일 도제교육을 할 시간을 본인이 어떤 일을 하는 데 투자하면 더 많은 일을 할 수 있을 것이다. 그런데도 고대 이스라엘 가정에서 시간과 물질을 투자하며 자녀에게 기술을 전수하는 이유는 자녀의 삶에 꼭 필요한 것이기 때문에 그렇다.

오늘날 신앙이 자녀의 삶에 꼭 필요한 것이라 생각한다면 이 두 가지에 대한 투자를 과감히 해야 한다. 보통 자녀의 성공적인 교육을 위해서는 조부모의 재력과 부모의 정보력이 필요하다고 한다. 자녀 신앙교육도 예외가 아니라는 것이다. 고대 사회에서 더 많은 소득을 낼 수 있는 시간을 자녀에게 기술을 전수하는 데 사용하는 것과 비슷하다.

가정에서의 자녀 교육은 특별히 시간의 투자가 필요한 것이고 이것은 당연히 물질의 포기를 의미하기도 하는데, 여기서 말하는 물질에 대한 투자는 단순히 좋은 신앙교육을 위해 부모가 돈을 내고 좋은 프로그램이나 캠프에 자녀를 보내는 것을 의미하지 않는다.

부모가 세상에 집중해서 성취하고 얻어 낼 수 있는 물질에 대한 혜택을 어느 정도 포기하고 그 시간을 자녀의 신앙양육에 투자한다는 개념으로 이해해야 한다. 더 큰 집에서 살고, 더 좋은 차를 몰고, 더 좋은 곳으로 여행을 가는 것을 목적으로 사는 사람들은 이런 것에 별 도움이 되지 않는 신앙생활을 위해 귀중한 시간을 투자하기 힘들다.

사회가 분업화되어 오늘날 각 가정은 그들의 가정에서 필요한 모든 물건을 만들어 낼 필요가 없는 사회가 되었다. 물론, 고대 사회라고 각 가정에서 필요한 모든 것을 다 만들어 사용하지 않았다.[21] 하지만 가정에서 부모가 세상에서 생존을 위해 반드시 가르쳐야 하는 것이 있었고 신앙교육이 그중 하나였다고 본다. 그런데 오늘날 우리 사회, 특별히 가정의 문제점은 신앙교육도 분업화에 크게 의존한다는 것이다.

---

21 철기 시대 때 가장 많이 사용되었던 토기가 가장 좋은 예이다. 철기 시대 가정에서 사용된 토기는 각 가정에서 만들어지지 않았고 토기 전문가에 의해 만들어져 판매되었다고 본다.

이것은 마치 20세기 초 이스라엘 사회주의자들이 마르크스 사상과 시온주의에 영향을 받아 핵가족을 없애기 위해 만든 키부츠 초기 유아양육과 비슷한 것이라 볼 수 있다. 키부츠에서는 유아들이 부모와 떨어져 어린이집에서 보모에 의해 집단으로 생활하며 양육되었다.[22]

이것도 학생들이 학교 정규 수업과 과외활동으로 바쁘게 살아가야 하는 오늘날 사회의 모습과 크게 다르다고 볼 순 없다. 하지만 90년대를 전후해서 근대 사회에서 전무후무한 이런 실험적 육아 방식이 키부츠 내에서 자본주의 사상을 바탕으로 한 사유화가 시작되면서 종식된 것은 자녀양육에서 부모와 자녀간 함께 보내야 하는 시간이 얼마나 중요한지를 다시 한번 피력하고 있다고 본다.

3) 자녀의 시간과 물질 투자의 필요성

자녀의 신앙교육을 위해 필요한 시간과 물질의 투자는 단지 부모가 어느 정도 물질의 풍요를 포기하고 자녀와 시간을 가진다는 것만을 의미하지 않는다. 부모뿐만 아니라 자녀 또한 그들의 물질적 풍요를 포기해야 한다. 이것은 현재의 물질적 풍요를 말하는 것이 아니라 미래의 것을 가리킨다. 미래의 풍요로운 삶을 위해 공부와 좋은 이력을 만들기 위해 투자하고 있는 시간을 신앙의 성장을 위해 바꾼다는 것이다.

어디에 기준을 두어 얼마만큼을 신앙의 성장에 투자해야 하는지 애매모호할 수 있지만, 분명한 것은 신앙이 있고 없음을 측정할 기준의 애매모호함 보다는 더 분명할 것이다. 왜냐하면, 신앙 성장에 대한 투자는 눈에 보

---

22 하루에 대략 4시간 정도를 제외하고 낮 생활뿐만 아니라 밤에도 아이들이 부모와 떨어져 공동 숙소에서 잠을 잤다. Joseph Blasi, *The Communal Experience of the Kibbutz* (New Brunswick: Transaction, 2009), 128; Nancy Peled, "Mothering on Kibbutz: A Personal/Communal Story," *Storytelling: Global Reflections on Narrative* 122 (2019): 242-49; Noam Shpancer, "Child of the Collective," *The Guardian* (February 18, 2011). https://www.theguardian.com/lifeandstyle/2011/feb/19/kibbutz-child-noam-shpancer.

이는 것이기 때문에 그렇다.

　모든 사회가 다 그렇지만 우리는 각박한 사회에서 생존해야 해서 그런지 손해 보는 일은 절대 하지 않으려는 경향이 많기 때문에 부모가 이러한 투자를 하며 자녀를 양육하는 것이 힘들고, 자녀가 그들의 신앙 성장을 위해 삶 속에서 손해를 보더라도 신앙을 위해 시간과 물질을 투자하는 것을 바라고 그것을 허락하는 것도 힘들다. 자녀가 사용하는 시간 또는 자녀에게 허락된 시간이 무엇을 위한 것인지 본다면 쉽게 이해할 수 있다. 시간을 허투루 사용하는 것은 무지한 것이지만 물질적 이익이 없으면 아무것도 하지 않는 것 또한 무지의 소산일 수 있다.[23]

　왜 이런 상황이 벌어진 것일까?

　답은 학생의 척박한 생활이 아니라 부모의 각박한 마음에서 찾아야 한다. 돈 되는 것 또는 생활에 보탬이 되는 것만 찾으려 하고 손해 보는 일은 절대 하지 않은 생활이 그대로 자녀의 삶에 투영되는 것이라 보아야 할 것이다. 본인은 절대 손해 보는 일을 하지 않으면서 자녀가 박애주의자가 되어 다른 사람을 위해 살아가기를 바란다면 이것은 정말 우스운 일일 것이다.

　하지만 더 안타까운 현실은 어느 부모도 자녀가 박애주의자가 되기를 바라는 사람이 사실상 없을 수도 있다는 것이다. 모든 것이 "다 너 잘되라고 하는 것"인데 여기서 "잘된다"라는 것이 가리키는 것이 세상의 물질적 풍요를 가리키는 것이지 영적 성장과 깊은 하나님과의 교제를 말하지 않는다는 데 문제가 있다.

　그렇기 때문에 본인이 속한 사회를 세상의 시각에서 더 좋은 곳으로, 성경적으로는 성화된 곳으로 만들려는 사람은 그리 흔하지 않다. 대부분 여건이 되면 이미 그렇게 만들어진 곳으로 가서 다른 사람들이 일구어 놓은 밭에서 열매만 받으며 살기를 바랄 뿐이다. 이런 것에 영향을 받고 자란 자녀

23　학생들의 봉사가 좋은 예이다. 사회봉사는 대학 입시에서 그 항목을 보지 않을 것이라는 뉴스가 나온다고 가정했을 때 그럼에도 불구하고 자녀들의 인성과 영성을 위해 봉사할 것을 계속해서 권면하고 하게 할 것인지를 생각해 보면 쉽게 알 수 있다.

들은 미래에 좋은 대학에 진학해서 사회에서 촉망받는 사람은 될 수 있겠지만 영적으로 메마르게 되어 교회를 떠나게 되는 상황을 직면할 수도 있다. 다시 말해서, 자녀의 신앙을 위한 투자는 자녀가 미래에 세상에서 누릴 수 있는 세상 물질의 풍요를 오늘 신앙의 성장을 위해 바꾼다는 것이다.

부모는 자녀가 바쁘고 힘든 학업 속에서도 주일 예배를 지키고 성경을 읽고 기도 생활하는 것을 격려해 주며 신앙이 값비싼 것임을 알려 주어야 한다. 하나님의 은혜는 값없이 받을 수 있겠지만 그것을 나의 것으로 만들기 위해서는 각자만의 값을 치러야 하는데 그것을 가르쳐야 한다는 것이다.

그리고 그러한 것에 시간을 보내어 세상의 부와 명예의 한 부분을 놓칠 수는 있지만, 그것으로 인해 얻어지는 영적 성장과 하나님의 사랑과 은혜가 그 부족한 부분을 채우고도 넘쳐 현재와 미래의 삶을 더욱 풍성하게 해 줄 것이란 믿음을 심어 주어야 한다.

4) 신앙의 완성으로 가는 제자양육

도제는 단순히 어떤 지식을 다른 사람 그리고 다른 세대에 전수하는 것에 그치지 않는다. 이것을 넘어 도제를 통해 한 장인의 기술과 그 가치가 완성되는 것이다.

재벌이 아무리 많은 세계적 명화를 수집해서 자기 집에 걸어 놓고 본인과 몇몇 가족과 지인 외에 세상의 어느 누구도 감상할 수 없게 하면 무슨 가치가 있겠는가?

명화가 색깔이 바래고 망가지는 것을 방지하기 위해 박스에 넣어 금고에 보관되고 있다고 하면 무슨 가치가 있겠는가?

각 가정에 그런 것이 하나쯤은 있을 것이다. 너무 귀해서 꺼내 놓고 쓰지 못하고 집 어딘가 깊숙한 곳에 잘 보관하고 있는 것 말이다. 그런 것은 우리 생활 속에서 잊고 사는 것이기 때문에 실제로 그것이 있든 없든 상관이 없는 것이다. 단지 내가 그것을 소유하고 있다는 마음에서 오는 자기 위안

뿐이지 그 귀중한 물건을 사용함으로 얻게 되는 혜택은 없다.[24]

신앙도 동일한 연장선에서 생각해 볼 수 있다. 한 개인이 아무리 훌륭한 신앙을 가졌어도 그것이 그 자신에게만 머물면 무슨 소용이 있을까?

하나님 나라는 겨자씨와 같이 티끌 같은 것이 확장되어 큰 나무가 되는 것과 같은 것인데(막 4:30-32), 우리가 자꾸 안으로만 끌어들여 나 자신의 속만 살찌우려고 한다면 그것은 진정한 신앙이라고 말할 수 없을 것이다. 신앙도 나누고 전할 때 완성되는 것이다.

한 부모의 신앙도 이런 점에서 그들 자녀 신앙교육을 통해서 완성되는 것이라 본다. 자기 자신이 믿지 않고 하지 않는 것을 다른 사람에게 가르칠 순 없다. 그렇기 때문에 부모는 그들 자식의 신앙교육을 위해 먼저 자기 자신이 올바른 신앙인, 올바른 제자가 되어야 하고 그래야 그들의 자녀를 올바른 신앙으로, 올바른 제자로 양육할 수 있다.

가정에서 부모의 마음을 아프게 하는 자녀의 행동은 대부분 그 부모의 모습을 반영해 주고 있는 것으로 볼 수 있다. 자녀는 거울에 투영된 부모의 모습이다. 가정에서 자녀와 함께 말씀을 읽고 묵상하고 나눌 때 자녀가 마음속에서 느껴지는 하나님의 은혜와 섭리를 나누는 것이 아니라 "정답"만을 말하려고 한다면 다음의 두 가지를 생각해 보아야 한다.

첫째, 우리가 자녀에게 신앙생활도 학교에서 하는 교육과 같이 교과서의 정답을 외우게 하고 그것을 앵무새처럼 말할 때 잘하고 있다고 그들의 생

---

24 2021년 도쿄올림픽 직후 반대 경우의 소식을 접할 수 있었다. 25세 폴란드 육상 선수 마리아 안드레이칙이 심장 수술이 필요한 생후 8개월 아이를 위해 자신의 올림픽 은메달을 경매에 내놓고 낙찰받은 30,000파운드를 수술비로 전했다. 안드레이칙은 메달의 진정한 가치는 항상 마음속에 있으며 옷장에서 먼지에 덮일 수 있지만 한 생명을 구할 수도 있다고 말했다고 한다. 세상의 시사이기는 하지만 안드레이칙의 운동선수로서의 진정한 업적은 올림픽 시상대에서 이루어진 것이 아니라 한 생명을 위해 그녀의 메달을 기꺼이 내려놓은 것에서 이뤄졌다고 볼 수 있겠다. Rick Broadbent, "Polish Olympian Auctions Off Silver Medal to Help Raise £130,000 for a Boy's Heart Surgery," *The Times*, (August 16, 2021). https://www.thetimes.co.uk/article/polish-olympian-auctions-off-silver-medal-to-help-raise-130-000-for-a-boy-s-heart-surgery-mg7xt5l07.

각을 강화했을 수 있다.

둘째, 부모의 신앙생활이 진실하지 못하고 가식적이기 때문에 그럴 수 있다. 부모가 그들의 자녀와의 나눔에서 먼저 솔직해져야 한다. 부모의 신앙생활에서 가식이 없어야 자녀도 그들과 부모 사이에 놓여 있는 장벽을 허물고 함께할 것이다.

그런데 그렇게 하기 위해서는 부모가 먼저 하나님 앞에 올바로 서 있어야 한다. 또한, 자녀의 양육과정을 통해 부모 자신이 올바로 성장할 기회가 주어질 수 있다. 그렇기 때문에 자녀 제자양육에 관하여 "내가 어떻게…"라고 말하며 거부하거나 시도하지 않는 것은 단순히 현재 자신의 모습이 올바른 신앙의 모습이 아니라는 것뿐 아니라 그것을 바꾸려는 의지 또한 없다는 것을 내포한다고 보아야 한다.

본인은 믿지 않고 행하지 않지만, 자식은 좋은 신앙인이 되기를 바라는 부모가 있을 수 있다. 이것은 자녀 앞에서 담배를 피우면서 담배가 건강에 해로우니 너희는 절대 담배를 피우면 안 된다고 하는 것과 같다. 앞으로 담배를 대하는 성향에 많은 영향을 끼치리라는 것은 차치하고 이미 그 자녀는 담배 연기에 더 나쁘다는 간접흡연에 노출되고 있는데도 말이다.

자녀의 신앙교육이 이런 비유와 비슷하다면 어떻게 해야 할까?

자식에게 담배가 나쁘다고 말만 하는 것이 아니라 본인이 먼저 담배를 끊어야 하지 않을까?

부모가 비신앙적인 모습을 보이는 것은 단지 부모 자신의 문제로 끝나는 것이 아니라 담배의 간접흡연처럼 이미 자녀에게 나쁜 영향을 끼치고 있다는 것을 깨달아야 한다. 담배를 피우는 부모 자신과 그의 자녀에게 끼칠 나쁜 영향을 없애기 위해서는 담배를 끊는 방향 전환이 필요하다. 부모의 자녀에 대한 제자양육을 위해서도 이런 방향 전환이 필요하다.

구약성경에서는 이런 방향 전환을 "슈브"라는 단어로 표현하는데, 이것은 또한 회개를 뜻하기도 한다. 다시 말해서, 회개는 단순히 생각과 발상의 전환을 의미하는 것이 아니라 실제 삶 속에서 운동 에너지를 통한 방향의 전환, 삶의 변화를 의미한다는 것이다.

우리가 흔히 말하듯이 제자가 제자를 양육할 수 있고, 신앙이 신앙을 만들어 낼 수 있듯이 가정에서의 신앙교육도 부모가 먼저 제자가 되고 제자로서 삶을 살아야 자녀를 제자로 양육할 수 있다.[25] 그리고 완벽하진 않더라도 그러한 삶을 살아간다는 자체가 자녀에게 신앙인의 좋은 본보기를 보여 주는 것이고, 이것은 다시 부모가 그의 신앙을 좀 더 높은 단계로 만들어 나간다는 것을 가리킨다고 볼 수 있다.

5) 자녀 신앙교육을 위한 교회의 역할

가정에서 부모에 의한 자녀 신앙교육의 중요성을 강조한다고 해서 교회의 역할을 부정하거나 그것이 줄어든다는 것을 말하는 것은 아니다. 오히려 교회가 가정 자녀 신앙교육을 더욱 권면하고 주도적으로 인도해야 한다. 앞에서 언급했던 것과 같이 자녀의 신앙교육을 교회 주일학교와 청소년부가 모든 일을 감당해야 한다는 생각을 버려야 한다. 오히려 교회 신앙교육에 시너지 효과를 내기 위해 가정 신앙교육에 더 힘써야 한다. 다시 말해서, 부모가 더 이상 자녀 신앙교육에 있어서 교회에 기생하는 방관자가 되는 것이 아니라 공생하는 관계가 되어야 한다.

그러기 위해서 교회는 자녀세대에 대한 교육뿐만 아니라 부모세대의 신앙교육에도 신경을 써야 한다. 부모가 제대로 신앙교육을 받고 성장해야 그들의 자녀 또한 부모의 관심과 도움 그리고 기도 가운데 제대로 성장할 수 있다. 특별히 부모세대와 자녀세대가 함께 말씀에 대해 나눌 수 있도록 설교자와 본문 해석이 다르다고 할지라도 성인 예배와 학생 예배 때 같은

---

25 폴 호프만은 한 사람의 신앙은 다른 사람이 신앙을 가질 수 있게 하고 그것은 다시 처음 신앙을 전한 사람의 신앙을 더욱 깊게 만든다고 말한다. Paul E. Hoffman, *Faith Forming Faith: Bringing New Christians to Baptism and Beyond* (Eugene: Cascade, 2012), 42.

본문으로 설교하거나 동일한 본문으로 새벽 예배하고 같은 본문으로 묵상하며 부모와 자녀가 가정에서 함께 말씀을 나누는 것을 격려해야 한다.

마지막으로 교회는 부모와 그들의 자녀가 신앙 성장에 지속해서 매진할 수 있도록 격려하는 것을 잊지 말아야 한다. 어느 교회도 자녀 신앙교육에 힘쓰는 것을 등한시하는 곳은 없을 것이다. 여기서 말하고자 하는 것은 교회가 알게 모르게 예배 참여와 성경공부, 그리고 교회 봉사 등을 격려하고 그렇게 하는 자녀를 높이 평가하기보다는 세상에서 주목받는 일을 더 인정해 주고 있는지 보아야 한다는 것이다.

예를 들어, 어떤 자녀가 좋은 대학에 가거나 큰 행사에서 입상했을 때 교회에서 예배와 여러 통로를 통해 기쁜 소식을 함께 나눌 수 있다. 이 자체가 잘못된 것이라고 말하는 것은 아니다. 하지만 이런 것과 동시에 연말에 지난 1년 동안 꾸준히 교회 한곳에서 봉사한 학생과 성경공부 과정을 마치거나 참석한 학생을 교회 차원에서 인정하고 격려하고 있는지 봐야 한다는 것이다.

대유행은 우리에게 많은 어려움과 아픔을 주었지만, 신앙생활, 특별히 가정의 자녀 신앙교육에 있어서 부모가 무엇을 해야 하는지에 대해 방향 전환을 할 수 있는 큰 기회를 주었다. 이 대유행이 명목상 종식되고 포스트 코로나의 시대를 살아가고 있지만 가정에서 자녀 신앙교육의 방향 전환(슈브)의 기회를 놓쳐서는 안 될 것이다.

고대 이스라엘에서 어떠한 이유에서 건 간에 부모가 그들의 자녀에게 가정에서 필요한 제의와 그에 필요한 제의 용기를 만들고 직물을 제조하는 것을 가르치지 않았다면 그 가정에서 종교의식을 하는 것과 필요한 직물을 생산하는 것이 그 다음세대로 전해지지 않고 부모세대에서 끝나게 되었을 것이다.

부모는 자녀들에게 하나님 사랑을 끊임없이 가르쳐야 한다. 신명기 6:7-9를 보면, 이렇게 강조한다.

네 자녀에게 부지런히 가르치며 집에 앉았을 때에 든 지 길을 갈 때에 든 지 누워 있을 때에 든 지 일어날 때에 든 지 이 말씀을 강론할 것이며 너는 또 그것을 네 손목에 매어 기호를 삼으며 네 미간에 붙여 표로 삼고 또 네 집 문설주와 바깥 문에 기록할지니라 (신 6:7-9).

이러한 것을 강조한 이유는 이스라엘 민족이 약속의 땅에 들어갔을 때 가나안 사람들의 풍습과 종교에 동화되지 않고 하나님의 백성으로 살아가야 했기 때문에 그렇다. 우리의 청소년, 자녀도 곧 하나님께서 약속한 그들의 가나안으로 들어간다. 그렇기 때문에 가정에서 자녀 신앙교육, 제자양육이 중요하고 부모의 역할이 중요하다.

제9장

미주 한인의 문화 정체성과 다음세대

✚ 박 현 수 박사
센트럴신학대학원 교육학 조교수

전에 한인 교회에서 사역을 하고 있을 때의 일이다. 중미의 한 나라로 교회의 1세 성도들과 2세 청년 성도들로 팀을 이뤄 선교여행을 가게 되었다. 그런데 떠나기 바로 전날부터 문제가 생겼다.

새벽 비행기로 떠나야 하는데 1세 성도들은 공항에 가기 전에 먼저 교회에 함께 모여서 기도를 하고 출발해야 한다는 것이었다. 하지만 선교팀원들 중 교회 근처에 살고 있는 사람은 단 한 명 밖에 없었고 교회에 들렸다 가면 많은 시간을 소비하게 될 것은 뻔한 사실이었다. 그럼에도 1세 성도들은 교회에서 출발하는 것을 신앙처럼 생각하여 그렇게 해야 한다고 강력하게 주장했다.

이와 비슷한 일들은 선교지에 가서도 마찬가지였다. 선교지에서 복음을 전한다는 기본적인 목적에는 다름이 없었지만, 1세 성도들과 2세 청년들의 선교에 대한 생각, 관점, 그리고 그것을 실행하는 방법 등은 서로가 너무나도 다른 모습으로 비춰졌다.

이미 선교여행에 대한 가이드라인이 정해져 있음에도 자신들의 방법을 끝까지 고집하는 1세들, 그리고 이런 모습에 대해 여러 가지 말로 설득을 시도하다가 결국은 입을 닫아 버리는 2세들의 모습을 보면서 세대 간의 문화적인 사고와 관점의 차이가 너무나 크다는 사실을 다시 한번 생각해 보는 기회가 되었다.

　비단 이런 일들은 선교지에서만 일어나는 일이 아닐 것이다. 지금도 많은 미주 한인 교회가 교회와 가정에서 바로 이런 세대 간의 갈등과 반목을 반복하고 있는 것이 우리들의 현주소이다. 자신이 이민 온 그 시점에 머물고 있는 세대와 다른 문화 속에서 다른 사고방식으로 자라난 세대와의 갈등은 이미 예견된 일인 것이다.

　부모세대와 자녀세대가 체감하는 문화적인 갈등은 생각보다 심각하다. 부모세대는 아직도 자녀를 자신의 일부분으로 생각하여, 자녀의 성공이 마치 자신의 업적이나 성공이 되는 것처럼 여기기 때문에 지나칠 정도로 자식에 대한 집착이 강하며, 모든 면에서 자녀들을 자신의 방식대로 통제하려고 한다. 이런 부모세대 밑에서 자라나는 자녀들은 자신의 주장이나 독립적인 성향을 나타내려고 여러 모습으로 시도해 보지만 결국은 부모에게 이를 제대로 표현하지 못하여 많은 정서적인 문제를 낳고 있다.

　그 결과, 교회에서 많은 젊은 세대는 교회를 하나둘씩 떠나가 버렸다. 미주 대도시 중심의 교회들은 이미 주일학교와 청소년 부서의 위축과 그 숫자의 감소로 영어 목회부로 통합되는 경우도 심심치 않게 보게 된다. 게다가 한어목회부와 영어 목회부와의 관계도 썩 좋지 못하다. 교회 안의 영어권 성도를 위해 영어 목회부를 창설하였지만 1세들과의 관계는 늘 서먹하다. 말로는 "한 지붕, 두 가족"이라고 하지만, 사실상은 저 "건넛방의 손님"과 같은 존재로 늘 거리감이 있다. 이것이 현재 미주 한인이 경험하고 있는 교회의 모습이다.

　게다가 2020년에 들어서면서 전 세계를 강타한 코로나19는 교회와 가정의 일상적인 모습을 크게 변화시켰다. 정상적인 공교육이 정지되었고, 교회의 많은 대면예배와 모임도 축소되었으며, 가정에서 부모세대와 자녀세대가 함께 머무르면서 부정적인 면들이 대두되기 시작했다. 서로의 커뮤니케이션과 생활습관의 차이, 이에 따르는 과정 속에서 서로를 이해하지 못하게 되어 더 많은 스트레스를 받게 된 것이다. 물론, 현재는 이런 상황들이 점차적으로 완화되며 개선되고 있지만 코로나19의 부정적인 측면들은 세대 간의 간격을 더 깊이 느끼는 계기가 되었다.

많은 교회 역시 코로나19로 인한 부정적인 상황을 경험하게 되었다. 그렇지 않아도 저조한 교회 출석과 교인 감소의 어려움을 겪고 있는 가운데 비대면 상황이 생기게 되자 교회의 여러 프로그램, 특별히 교육 프로그램은 상당히 제한되었고, 심지어는 이를 축소하거나 없애 버리는 경우까지 생기게 되었다. 어쩌면 코로나19로 인해서 그 전부터 가지고 있던 한인 가정과 교회의 다음세대에 대한 이해와 신앙교육이 근본적으로 문제가 있었음을 보여 주는 것일 수도 있다..

항상 자녀세대를 위해 희생한다고 말했던 부모세대가 자신이 정작 믿고 있는 확실한 신앙의 모범을 보여 주지 못했고, 다음세대에 대한 교육 시스템의 부족을 드러냈으며, 또 그들 자신의 정체성과 자녀들이 가지고 있는 정체성과는 어떤 상이점이 있는지를 제대로 파악하지 못하고 있었던 것이다.

그렇다면 현재 미주 한인 교회들이 고민하고 있는 현세대와 다음세대의 문제점들과 이를 극복할 수 있는 방법은 무엇인가?

가장 먼저 우리 자신을 돌아보는 지혜가 필요하다. 그러기 위해서는 지금이라도 우리가 처해 있는 우리의 위치, 우리의 현실, 우리의 자화상을 검토해야 한다. 이 글에서는 한인 교회의 미래를 회복하기 위해 한인 1세/부모세대, 그리고 한인 2세/다음세대의 정체성을 먼저 살펴보고, 각 세대 간의 상이점과 서로의 다름을 통해 어떻게 이 문제들을 해결할 수 있는지, 또 다음세대를 위해 어떻게 한인 교회의 미래를 준비할 수 있는지를 살펴보고자 한다.

1. 문화 정체성

많은 사람이 미주 한인 교회의 문제점을 여러 각도에서 언급한다. 물질주의적, 세속주의적 성향의 세상 속에서 상대적으로 기독교 가치관의 침체, 교회와 교회 리더십의 문제, 목회자의 자질이나 담임목사와 장로들 간의 갈등, 교회의 전통적인 구조적 문제들, 시대의 변화에 못 미치는 교회의 모습, 혹은 개 교회 중심주의 등을 말한다. 물론, 이런 여러 이유들이 기독교와 교회의 성장을 저해하고 있는 것은 사실이다.

그렇지만 한인 교회라는 신앙공동체의 중심부에는 이 보다 더 큰 과제가 놓여 있다. 그것은 바로 문화 정체성에 대한 이해 부족과 고립, 그리고 이로 인한 다음세대와의 관계 단절 등과 같은 근본적인 문제점들이다. 이는 수십 년 전 이민 초기의 교회모습과 별반 다르지 않다.

미래와 다음세대를 위해 많은 걱정과 논의를 함에도 불구하고 이에 대한 장기적 계획과 대안을 실제적으로나 구체적으로 마련하지 못한다. 많은 교회가 2세를 위한 목회를 강조하지만 실상은 명목적이고 단기적 대책에 불과하다. 아직도 상당수의 교회들은 1세 중심의 목회를 실행하여 교회의 모든 계획과 방안이 1세 중심으로, 1세들에 의해서 수립되고 실행된다. 물론, 교회의 다음세대를 위한 부서와 행사들이 존재하는 것은 사실이지만 엄밀히 말해 그런 것들이 1세 중심의 목회를 넘어서지 못함을 부인하기 어렵다.

많은 한인 이민자는 자신들이 살고 있는 미국 사회로부터 문화적, 언어적, 인종적인 고립을 겪고 있다. 아무리 이민 연수가 오래되었다 할지라도 자신이 속한 지역사회나 주류사회로 뛰어들어가 적극적인 참여를 하는 사람들은 그리 많지 않다.

미국에서 오래 살았고 국적이 바뀌었다 할지라도, 이들의 문화적, 정서적 정체성은 아직 한국인, 혹은 해외 동포로 자리 잡고 있기 때문이다. 특별히 미국 내 대도시 지역의 한인들은 한인들끼리 모여서 서로 어울리고 있으며 미국 내의 뉴스와 방송을 접하기보다는 한국어 방송과 미디어를 선호하며,

한국의 정치와 사회에 더 많은 관심을 가지고 살아간다.

그러다 보니 이민 1세대들은 그들의 자녀세대와의 관계성에서 점차 멀어져 갈 수밖에 없게 된다. 자녀들의 신앙, 감정, 삶을 이해하기보다는 자신들이 가지고 있는 기존 가치관과 문화적 가치들을 강요하면서 이 두 세대 간의 갈등의 골은 점점 더 깊어져 버렸다.

부모세대는 그 근본 뿌리를 한국의 문화, 전통, 사상에 두고 있다. 그렇기 때문에 자신의 가정과 교회를 향하여 끊임없이 헌신하는 것을 미덕으로 삼고 자신이 겪는 온갖 희생에 대한 자부심이 대단하지만, 이와는 반대로, 이곳에서 자라난 세대들은 모든 것을 바라보고 사고하는 면에 논리와 합리성에 두고 행동하려고 한다. 그렇기 때문에 이 두 세대의 사고방식과 문화적인, 심리적인 다름은 이민 사회와 가정, 그리고 교회에서 여러 가지 문제와 갈등으로 표출되는 것이다.

미국에 이민이나 유학 와서 정착한 이민 1세는 국적이 바뀌어도 자신을 한국 사람으로 인식하고 있지 미국 사람이라고 생각하지 않는다. 오히려 자신 본성에 대한 물음은 계속된다. 미국에 살기 때문에 불가피하게 새로운 문화에 적응하려고 노력하지만 하루아침에 이 문화에 적응되고 동화되는 것도 아니다. 그것도 몇 년 안에 이루어지는 것도 아니고, 몇 세대에 걸쳐서 이루어진다.

유럽인들은 약 3-5세대면 미국의 문화에 적응, 동화되지만 아시안들은 좀 더 다른 문화적 배경과 피부 색깔의 차이 때문에 좀 더 긴 세대에 걸쳐서 적응하게 된다. 이러한 적응과 동화의 문제가 결국 한인 이민자들의 정체성 문제와 밀접한 관련을 이루며 삶 가운데 갈등과 혼란을 야기시킨다. 이곳의 삶과 문화를 누리며 많은 사람 틈에서 살고 있음에도 불구하고 마음 한 구석에는 내가 누구인지, 또 내가 어느 문화에 속하며, 어떤 모습으로 살아가야 하는지를 끊임없이 질문하고 있는 것이다.

2. 정체성이란 무엇인가?

그렇다면 정체성(Identity)이란 무엇을 말하는가?

문화적인 정체성이란 자신의 국적, 민족, 종교, 사회 계층, 세대, 지역 및 고유한 문화를 가진 모든 종류의 사회 집단에 대한 자기 개념 및 자기 인식의 일부로서 소속감을 말한다.[1]

이렇게 정의되는 문화적 정체성은 개인의 특성일 뿐만 아니라 동일한 문화적 정체성을 공유하는 동일한 그룹에게도 해당된다. 사회 구성원은 공통의 기본적인 가치와 자신들의 행동을 판단하는 기준이 있으며, 이런 것들은 특정한 종교적 신념, 도덕의 기준 또는 현실의 본질에 대한 가정 등이 포함될 수 있고, 문화적인 상징들(언어, 옷차림, 주거 형태, 일반적인 생활 양식 등)이 있는데, 이런 것들을 통해 그들은 자신의 정체성을 확립해 나간다.[2]

따라서 정체성이란 개인이 자신을 어떻게 인식하는지에 대한 판단이나 척도라고도 말할 수 있으며, 개인의 신념, 의견, 가치, 규범 및 행동 패턴의 체계에서 비롯된 자신이 생각하는 가장 이상적인 삶의 방향의 관점으로 정의되기도 한다.

3. 이민자들의 문화 정체성

그런데 문제는 이런 이민자들의 정체성은 한국과 미국이라는 문화 속에서 복잡한 모습으로 갈등을 초래하였다는 점이다. 한인 1세들은 이민 초기에 경험한 문화적 갈등을 이겨 내려고 고군분투하였고, 그래도 자신의 뿌리는 한국에 있다고 생각한다. 이런 자신의 정체성에 대한 확신이 있다. 하

---

[1] Jared Keengwe, *Handbook of Research on Promoting Cross-Cultural Competence and Social Justice in Teacher Education* (Hershey: IGI Global, 2016).
[2] Paul G. Hiebert, *Cultural Anthropology* (Grand Rapids: Baker Book House, 1983).

지만 이민 2세는 언제나 두 문화 속에서 고민하며 자신이 누구인지에 대해 끊이지 않는 물음을 한다. 분명히 미국에서 태어났음에도 불구하고 두 가지 문화와 두 가지 언어, 또 두 가지의 세상에서 살아간다.

어려서는 잘 몰랐지만 점점 더 성장하면서 자신이 속한 세상이 미국인지 한국인지를 놓고 갈등하며, 거울에 비춰진 자신의 모습을 보면서 혼란에 빠지기도 한다. 흔히 말하길, 여기서 태어난 2세들을 트윙키(Twinkie), 바나나(banana)라고 말한다. 다시 말해 겉은 노랗고, 속은 하얗다는 말이다. 하지만 실제로 2세들은 겉만 노랗고 속이 하얀 그런 정체성을 가진 것이 아니라 오히려 두 가지 모두를 갖게 된다.

이렇게 이중문화 속에서 생존하고 있는 이민세대로서 자신의 문화 정체성에 대해 알지 못한다면 결코 우리는 앞으로의 한인 교회와 가정의 미래를 바르게 준비하지 못할 것이다.

4. 이민 각 세대의 정체성

1) 이민 1세(부모세대)

이민 1세의 경우는 어떤 의미에서 그 정체성이 생각 밖으로 명확하게 드러난다. 한국에서 낳고 한국의 문화 속에서 자라 왔기 때문에 이민 1세는 자신의 정체성에 대한 분명한 의식을 가지고 살아간다. 어려서 한국의 문화와 전통과 관습에 따랐고, 이미 이런 것들은 내면에 뿌리 깊게 자리 잡았다. 그러므로 이미 마음속 깊은 곳에 자리 잡은 한국인이라는 정체성은 쉽게 변하지 않는다.

처음 미국에 와서 배우게 되는 새로운 개념과 행위들을 따라하고 습득하지만 그런 것들은 한국인이라는 정체성 위에 표면적으로 얹어지는 것뿐이다. 따라서 아무리 이곳에 오래 살아도 한국 사람들끼리 모여서 한국말을 하는 것이 훨씬 편하다. 그래서 한인 커뮤니티를 만들게 되고 그 속에서 편안함을 느낀다. 몸은 비록 미국에 있지만 한국의 정치나 경제, 사회에 관해 얘기를 나누며, 한국적인 문화와 전통을 미국 것보다 더 좋아하고, 또 한국적인 사고방식을 가지고 미국 문화와 사회를 판단하려고 한다. 이것은 세월이 지난다고 해서 달라지지 않는다.

오히려 이민 1세 중 많은 사람이 은퇴할 나이가 되면 고향인 한국으로 돌아가고자 하는 소망을 보인다. 이처럼 이민 1세는 일반적으로 새로운 문화에 동화되는 것이 쉽지 않다. 미국에서 기능을 할 수 있는 생존에 필요한 기술을 개발하여 사는 것뿐이지, 그들은 이민 사회 속에서 언제나 자신이 아웃사이더라는 마음으로 살아간다.

2) 이민 2세 (자녀세대)

이민 2세들은 1세들과는 다르게 한국과 미국이라는 두 문화 속에서 심각한 정체성의 위기를 직면하면서 살아간다. 어려서는 집에서 부모를 통해 한국 사람들이 믿고 지키는 가치관과 문화에 대해서 자연스럽게 배우게 된다. 서툴지만 한국말도 배우고, 한국 음식을 먹고, 한국의 전통적인 사고방식에 대해서 알게 모르게 배운다. 그렇지만 학령기가 되어 학교에 가게 되면, 그들만의 사회생활을 하면서 미국의 새로운 문화를 접하기 시작한다.

다시 말해 자녀들의 내면 속에 두 개의 세계를 갖게 되는 것이다. 그렇다고 해서, 두 문화가 하나로 섞이는 것도 아니다. 2세들은 엄연히 한국 사람으로 문화를 지니고 있으면서도, 동시에 미국 사람으로 문화도 가진다. 그렇기 때문에 더 많은 갈등과 고민을 겪으며 아파한다.

따라서 2세들은 어떻게 해서든지 부모와의 갈등을 극복하기 위해 한국과 미국의 두 문화 중에서 그 한 가지를 부정해 버리는 방법을 택한다. 두 문화 가운데 그 하나를 거부하는 것이다. 실제로 두 문화를 싫든 좋든 접해야 하기 때문에 그중에 자신에게 맞는 문화를 받아들이고, 자신이 싫어하는 문화를 "원시적"이라고 낙인을 찍음으로 자신의 문화를 다른 문화의 바다에서 안전한 섬으로 만들어서 다른 것이 접근해 오는 것을 아예 막아 버린다.3 자신의 부모로부터 물려받은 문화와 정체성을 실제로는 부정할 수는 없지만 그렇게 함으로서 자신들이 겪는 갈등과 고민을 해소하려는 몸부림이라 말할 수 있다.

비록 소수이지만 부모와 아주 가깝게 연결되어 있는 자녀들은 아예 미국의 문화를 버림으로써 부분적으로 집에서의 마찰을 해소하려 한다. 하지만 이런 경우는, 그들의 삶을 통해서 미국 사회에 제대로 적응하지 못하게 되고 미국 주류사회의 주변에, 다시 말해서 가장자리에 외국인처럼 남게 되는 위험성이 있다. 이런 부류의 자녀들 역시 언젠가는 미국 문화에 동화해야 하는 어려움이 그대로 남게 된다.

많은 경우에 있어서 자녀세대들은 부모세대의 문화, 즉 한국 문화를 될 수 있으면 부인하고 대체로 미국의 문화를 자기의 것으로 동일시하려고 노력한다. 물론, 나중에 성인이 되어서 달라지는 경우도 많이 있지만 대부분 이들은 미국 문화를 수용함으로써 자기들의 친구와 또래들로부터 인정받으려 한다. 예를 들어, 옷 입는 것, 화장하는 것, 음악, 음식 등 자연스럽게 미국 문화를 자신의 것으로 받아들인다. 두 문화 속에 있지만 가능한 한 자신이 속한 그룹에게 인정받기를 원하기 때문이다.

하지만 이에 대한 1세 부모들의 반응은 한국 문화와 전통에 대한 거부로 이해하고 부모의 권위를 내세우는 것으로 나타난다. 자녀들의 상황이나 입장이 무시되고 억지로 고추장을 먹여서 한국 사람을 만들어야 한다고 생각한다. 그러다 보니 부모와 자녀 간의 소통은 사라지고 오히려 적대감이 생기게 된다. 자녀는 부모들이 자신들을 이해하지 못한다고 생각하고, 부모들은 그들에게 한국적인 사고방식으로 살기를 강요함으로 이러한 갈등은 더욱 가중된다.

---

3 폴 G. 히버트, 『문화 속의 선교』(서울: 총신대학출판부, 1993), 133.

따라서 많은 2세가 자신들의 삶 속에 자리 잡고 있는 이 두 가지, 한국과 미국의 문화를 차별화 혹은 구획화하려는 노력을 시도한다. 자신이 처한 문화가 어떤 것이든지 스스로를 그 문화에 순응시키지만, 마음 가운데에서는 다른 문화로 차별 내지는 구획화한다.[4] 만일 집에서 미국 문화를 고집하면 부모에게 좋지 않은 말을 들을 것이고, 학교나 친구들 사이에서 한국식으로 행동하면 따돌림을 당하기 십상이기 때문에 집에서는 한국 문화를, 학교나 밖에서는 미국 문화를 따라간다.

그런데 문제는 이렇게 두 문화로 갈라놓는 것은 양쪽 어느 문화에도 제대로 적응을 못하고, 그 어느 문화에도 자신을 동일시하지 못하여 방황하게 되는 "문화적인 분열증세"(cultural schizophrenia)를 만들 수도 있다는 사실이다.[5] 물론, 몇몇의 아이들은 양쪽 문화 중 자신에게 잘 맞는 것을 자신의 것으로 만들어서 자신의 정체성의 위기를 극복하는 아이들도 있기는 있다. 두 개의 문화 사이에서 자신의 뿌리가 되는 문화적 유산과 전통을 확고히 가지면서, 한편으로는 자신이 살고 있는 사회의 문화에 잘 적응함으로써 발전된 통합적 문화의 틀을 형성하는 것이다. 그렇지만 이것은 말처럼 쉽지 않고 극소수의 자녀에게만 이뤄진다.

하지만 최근 들어서는 한인 2세들이 오히려 1세들보다 민족적 정체성에 대한 자부심이 높아졌다는 연구들도 나오고 있다. 왜냐하면, 한인 2세들이 케이팝(K-Pop), 소위 '한류'의 열풍과 삼성이나 현대와 같은 글로벌 기업의 활약에 힘입어 점차 한국을 자신의 자랑스러운 모국으로 인식하는 현상이 나타나기 때문이다. 물론, 이런 현상들이 실제보다 과장되고, 제한적일 수도 있고, 또 일시적인 현상에 머무를 수도 있을지 모른다.

하지만 분명한 것은 점점 더 다양한 문화들이 공존하는 시대를 살아가면서 자신이 속한 본래의 문화를 긍정적으로 여기고, 그 문화에 속하였다는

4　Ibid..
5　Paul G. Hiebert, *Anthropological Reflections on Missiological Issues* (Grand Rapids: Baker Books, 1994).

정체성을 느끼게 되는 변화의 바람이 분 것에는 틀림이 없을 것이다.

5. 이중문화 속에서의 정체성과 동화에 대한 이해

　미주 한인들은 싫든 좋든 이중의 문화 속에서 살아간다. 따라서 이곳에서의 생존과 다음세대를 위해서 올바른 문화에 대한 이해가 절대적으로 필요하다. 부모세대가 자신의 뿌리를 강조한다고 한국의 문화만을 강요한다거나 혹은 자녀세대가 자신이 자란 미국의 문화만을 선택할 수도 없을 것이다. 따라서 우리는 가장 먼저 이중문화 속에서의 자신의 정체성과 동화에 대한 이해가 필요하다.

　우선적으로 부모세대는 한국과 미국의 문화가 서로 동일한 것이 아니라는 사실을 깨닫고 여러 면에서 문화적인 충돌은 불가피하다는 점을 인식해야 한다. 자신이 가지고 있는 문화 정체성이 자녀의 것과 다르고, 그 결과 삶의 모든 부분에서 충돌할 수도 있다는 점도 수용해야 한다. 문화란 우열의 개념도 아니고, 옳고 그름의 문제도 아니다. 문화란 자신이 생각하고 느끼고 행동하는 것을 조직하고 규제하는 어떤 일련의 사람들이 공유하는 사상, 감정이나 가치 등의 어떤 통합된 시스템이라고 말할 수 있다.[6]

　그러므로 문화란 자신이 믿고 있는 것들이 행동으로, 어떤 산물로 상징으로 표현되기도 하고, 그것이 기본적인 인식으로 통합된 가치관, 세계관으로도 설명될 수도 있다.

　그렇기 때문에 부모세대는 자신이 태어나서 자란 문화적인 관습과 전통, 가치를 가지고 자녀들이 가지고 있는 미국 문화에 대해 비교하고 대조하면서, 옳고 그름을 따지며 가치판단을 할 것이 아니라, 오히려 양쪽 문화 속에 있는 다름에 대해서 이야기해야 한다. 그뿐만 아니라 부모세대 역시 자

6　히버트, 『문화 속의 선교』, 34.

신이 속해 있는 미국 문화를 이해하고 적응하며 동화하려는 노력이 필요하다. 부모세대의 미국 문화에 대한 이해 없이는 자녀세대는 결코 이중문화 속에서 바르게 적응하지 못하기 때문이다.

6. 제언: 다음세대를 준비하며

그렇다면 이제 미주 한인 교회의 미래와 다음세대로의 신앙교육은 어떻게 실천해 나가야 하는가?

해를 거듭할수록 조금씩 축소되는 교회의 현실 속에서 한인 교회의 미래와 소망은 어디에 있는가?

이민 1세대로서의 책임은 여기까지이고 앞으로의 일은 다음세대가 알아서 할 일이라고 책임을 떠 넘길 수 만은 없다. 물론, 2세들에게도 그들의 책임과 역할은 분명히 있겠지만, 이민을 결단하고 다른 문화로 첫발을 내딛어 여기에서 자녀를 낳은 부모세대가 이에 대한 대답과 해결책을 먼저 준비해서 2세를 위해 현 이민교회의 개혁과 새로운 방향 설정, 제도적인 변화의 발판을 제공해 주어야 한다. 그리고 어떤 새로운 모델의 제시도 필요하다. 이에 시카고 교외 지역의 한 한인 교회의 사례를 살펴보고자 한다.

1) 시카고 교외 지역 E 교회의 사례

(1) 교회의 형태와 역사

E 교회는 미국 내 한인 교회 중에서는 그렇게 찾기 쉽지 않은 경우이다. 한어부와 영어부로 나뉘어 있는 것은 마찬가지인데 그 틀이 기존 교회와는 정반대이다.

영어부가 교회 성도의 다수로 구성되어 있고 한어부가 소수이며, 주일 예배 시간도 전형적인 한인 교회의 11시에는 영어부가, 그리고 9시에 한어부가 모여서 예배를 드린다. 교회의 가장 최고 의결기관의 구성원은 "팀 리더"라고 불리는 영어부 성도들과 사역자들로 구성이 되어 교회를 운영한다. 교회의 재정 역시 영어부에서 대부분 공급되며 교회의 모든 사역과 행사의 중심은 영어부가 이끌어 가고 한어부는 이를 돕는 형식이다.

  E 교회는 약 24년 전 영어권에 속한 성도들 몇 명이 모여 교회를 개척하여 처음에는 영어 목회만을 하는 소위 EM 교회로 출발하였다. 이들의 대다수는 영어가 한국어보다 더 편한 1.5세와 2세를 중심으로 세워진 교회였다. 그 후 영어부가 성장한 다음, 약 13년 후, 한어부 사역이 시작되었다.

  따라서 기존의 한어권 교회와는 다른 면모를 보인다. 예배의 형식, 교회의 구조, 재정, 운영 등 모든 면에서 2세들이 추구하는 방식으로 운영이 되어 왔다. 물론, 교단 소속 교회로서의 그 신학적인 부분들은 교단이 제시하고 있는 것들을 따랐지만, 그것을 표현하는 방식에 있어서는 영어권에서 자란 세대들에게 가장 적합한 모델로 적용하여 교회를 이끌어 왔다.

2) 교회의 특징

(1) 의사결정

  현재 미국내 기존의 한인 교회들이 가지고 있는 리더십과 교회의 정치 구조와는 조금 다른 성격을 띤다. 교회의 어떤 최고 의결기관을 통해 수직적이고 일방적인 의사결정이 이뤄지는 것이 아니라 교회의 리더들과 사역자들을 통해 논의된 안건들이 성도들과 함께 진행된다. 물론, 기존의 한인 교회들도 이 구조와 비슷하다고 말할 수 있지만 E 교회의 경우, 그 결정 과정이 훨씬 더 합리적이고 무리가 없다.

(2) 재정의 사용

  한인 교회들의 많은 어려움 중 하나가 교회재정이 교회 자체에 너무 많이 사용된다는 점일 것이다. 사역자들의 사례비와 교회 운영비, 친교 등 교회 자체에 우선되는 재정의 사용이 전체의 대부분을 차지한다. 하지만 2세 중심인 E 교회의 경우, 재정의 상당부분이 선교와 전도, 지역사회 등으로 사용된다.

(3) 예배와 사역의 주안점

E 교회의 경우, 예배를 비롯한 모든 사역의 중심이 그리스도 안에서 변화된 삶을 실천해 나가는 것으로 맞춰져 있다. 성도들의 신앙 성장을 저해하는 어떤 전통적이거나 형식적인 것들에 매달리지 않고 과감히 그런 것들을 현대적인 방식으로 해석하여 기존의 성도만이 아니라 초신자들에게도 거부감이 없는 교회의 사역들을 연구하고 진행한다. 그리고 그 중심에는 성도들이 영적으로 성장하여 변화된 모습으로 복음을 전할 수 있는 제자들로 양육하는 목표를 가지고 있다. 자신의 신앙을 삶에 적용하는 건강한 성경적 공동체를 만들어 가는 것이다.

(4) 다민족에 대한 수용

E 교회는 교회명칭에 "한인" 이라는 단어를 사용하지 않는다. 이것은 "한국인" 혹은 "한국 문화" 라는 제한성을 넘어서 자랑스러운 한국 전통을 지닌 미국인으로서, 주류사회와 이웃에게 영향력을 끼치기 위한 전략이다. 한인만의 공동체가 아닌 복음의 확장성을 갖고 다문화와 다민족을 향해 열린 교회를 지향한다. 사역과 선교 역시 한인만을 위한 사역, 한인 선교사만을 후원하는 것이 아니라 각 문화권의 사역과 선교를 후원하고 있다. 실제로 E 교회에는 다른 문화권의 성도들이 많이 참석하고 있다.

(5) 영어부와 한어부와의 관계

기존의 한어부 밑에 영어부가 속해 있는 것과 정반대이다. 교회의 전체 리딩 목사(Leading pastor)로서 영어부 목사가 이를 담당하고(담임목사의 개념과는 좀 다르다) 한어부의 목사와 함께 사역한다. 교회 전체의 운영이 영어부를 통해 이뤄지고 영어부 리더와 영어/한어부 사역자가 함께 모여 이를 논의하는 구조이다. 따라서 한어부는 이미 영어부로 시작된 교회의 구조에 따라 한어부 내에서의 직분자를 따로 두지 않고 모든 성도가 영어부를 도와 교회를 섬기는 관계를 형성하고 있다.

물론, 위의 사례에 나오는 E교회의 경우가 가장 바람직하다거나 이 방식을 따라야 한다고 말할 수는 없다. 분명히 다음세대의 교회를 위한 여러 다양한 모델이 있을 것이다. 중요한 것은 한인 교회의 역사가 흐르면서 세대는 바뀌어 가며, 또 이에 따른 교회의 변화도 요구된다는 점이다.

이제까지 많은 교회가 결과중심의 조급한 마음으로 교회와 성도들을 이끌어 왔다. 하지만 이런 구시대적인 방식으로는 다음세대를 선도하기 힘들다. 미래를 위해 더 열린 마음으로 변화를 수용하며 인내할 수 있어야 한다. 그럴 때 한인 교회들은 어떤 문화적, 민족적인 울타리를 벗어난 성경적인 결과물을 얻게 될 것이다.

그러므로 현재 겪고 있는 코로나19로 인한 교회의 위축과 이에 대한 단순한 해결책만을 모색하는 것으로 그칠 것이 아니라 다음세대에 대한 불확실성, 그리고 그 원인과 대책에 대한 논의가 시급하다. 점점 고령화되는 교회, "조용한 출애굽"을 이미 경험한 미주 한인 교회들은 다음세대로의 신앙교육은 더 이상 미룰 수 없는 발등에 떨어진, 아니 이미 걷잡을 수 없이 심각해진 당면한 문제이기 때문이다.

우리는 먼저 우리들이 속해 있는 21세기의 문화와 흐름에 대해 이해해야 한다. 이미 20세기를 걸쳐 우리의 실제 삶의 깊은 곳까지 파고든 세속주의적 흐름은 우리들의 자녀세대에게 큰 영향을 미치고 있다. 가정과 교회를 통한 교육보다 학교교육의 영향을 크게 받은 세대이기 때문에 교회와 부모 세대가 말하는 신앙은 그들에게 설득력이 별로 없다.

실제로 2세들 대부분의 신앙은 부모세대를 보고 따랐지 자신이 그리스도를 직접 만난 체험적 신앙이 아닌 경우가 허다하다.[7] 따라서 이렇게 부모에 의해 강요된 신앙은 커서 부모를 떠나게 되면, 예를 들어, 대학에 입학하게 될 경우, 신앙은 그들의 우선순위에서 자연히 밀려나게 된다. 자신의 미래와 소망, 중대한 결정 등 이런 삶의 모든 순간에서 신앙으로 이끌리는 것이 아닌 자신이 현재 가지고 있는 세속적 가치에 따라 판단할 수밖에 없게 된다. 결국 어떤 때가 되거나 중요한 일을 만나면 자연스럽게 신앙을 버리게 되는 위험성도 배제하지 못한다.

게다가 많은 한인 교회 가운데서 일어난 교회의 갈등과 분쟁, 그리고 그 결과로 인해 교회가 둘로 갈라지는 모습을 너무나도 많이 지켜보면서 자라난 자녀세대들은 부모세대에 대한 불신과 의구심은 그들의 신앙에 부정적인 영향을 미쳐 왔다. 어려서부터 계속해서 교회가 이리저리 갈라짐으로 인해서 친한 친구들과 헤어지는 아픔을 그들을 겪어 왔다. 부모를 포함한 교회 리더들에 대한 불신과 부정적인 시각으로 인해 생긴 쓴 뿌리를 이제라도 걷어 내는 노력이 필요하다.

또한, 교회와 부모세대는 언제나 한국 사람들 중심으로 모여서 미국의 주류사회와 동떨어져 있는 구세대적 경향으로 뒤떨어진 모습을 보여서는 안 된다. 실제로 미주 내 대부분의 한인 교회가 말 그대로 "한인"교회를 지향해 왔던 것이 현실이었다. 물론, 복음적인 신앙생활을 강조하고 있지만 다분히 "한인" 교회라는 제한적이고 자민족 중심의 교회를 강조해 왔다.

이민교회로 정체성과 편의성 때문에 이런 양상은 현재까지도 이어지고 있지만 이민교회가 지역사회와 새로운 세대에게 영향력 있는 교회가 되기 위해서는 모든 사람을 포용할 수 있는 다양성과 관용성을 늘려 가야 한다.

---

7 이강, "다음세대를 준비하는 교회 - 이민교회 차세대 목회에 대한 소고," (2006), https://www.resourceumc.org/ko/content/preparing-the-next-generation-of-the-church-the-next-generation-of-church-m

현재 미주 한인교회는 다음세대를 위한 새로운 전환을 결단해야 한다. 변화는 선택이 아니라 반드시 해야 하는 것이다. 하지만 이것은 어떤 논의나 말로만 그치는 것이 되어서는 안 되고 실제적이고 현실적인 방법들이 뒷받침되어야 한다. 어떻게든 교회는 이어져 갈 것이라는 안일한 자세로가 아니라 이민교회가 앞으로도 계속해서 하나님 나라를 확장하는 데 큰 역할을 할 수 있기 위해서 1세들은 자신들이 말한 것처럼 "희생"과 "헌신"의 세대로서 책임을 완수해야 한다.

이민 1세가 이만큼 고생하고 희생했으니 우리의 생각과 주장대로 밀고 나가는 것이 옳은 것이라고 고집한다면 다음세대를 위한 자리는 사라지게 될 것이다. 오히려 이제는 우리들의 미래를 위해 이곳에서 자란 2세들을 강요가 아닌 모범을 보여줌으로 그들을 세워 주고, 기도와 재정으로 후원하며, 그들이 가진 좋은 점들을 교회와 사회를 위해 최대한 활용할 수 있도록 도와주어야 한다. 그리고 2세들에게 부족한 점들도 있는 것이 보일 수 있지만 그 부족한 부분을 1세들만이 가진 장점들로 채워 줘야 한다.

문화 다원주의적 사회인 미국에서 다음세대에게 민족적인 문화정체성을 심어 주는 것은 그들을 미국 사람으로 만들려는 것이 아니라 한국계 미국인임을 인식하게 하는 점이 더 필요하다. 더불어 이중문화 속에서 어떻게 생존하는가에만 머무르는 것이 아니라, '하나님 나라의 정체성'을 갖게 하는 것이 무엇보다 우선시되어야 할 것이다.

단순히 문화인류학적인 정체성만이 아닌, 하나님 나라 시민으로서 정체성을 말한다. 성경은 기록하고 있다.

> 우리의 시민권은 하늘에 있는지라. 거기로부터 구원하는 자 곧 주 예수 그리스도를 기다리노니(빌 3:20).

바로 이것이 우리 성도에게 가장 중요한 정체성이 될 것이다.

그러므로 다문화적 세상에서 살고 있는 이민자들이지만 그리스도 안에서 살아가는 영적 지각이 필요한 시대를 살아감을 깨닫고, 문화정체성을 뛰어넘는 하나님 나라의 정체성과 사명을 가지고 살아갈 때 우리는 다음세대를 향한 소망과 기대를 바라보게 될 것이다.

제10장

코로나 시대의 직업윤리와 상생[1]

✞ 박 화 춘 박사

센트럴신학대학원 교육학 조교수

〈에피소드 1〉

연구원인 나의 아침 일상은 최근 대유행으로 인해 상당히 바뀌었다. 아침에 연구소로 출근하는 대신에 8시 50분 집 거실에 있는 데스크톱 앞에 앉는다. 컴퓨터를 켜고 어제 퇴근 시간에 맞추어 작성한 재택근무 일일복무일지를 부서장에게 이메일로 보낸다. 그리고 전자결재 시스템에 로그인한 후 결재해야 할 문서와 이메일을 점검하는 것으로 오늘의 업무를 시작한다.

10시에는 줌(Zoom)을 통하여 연구진 화상회의가 있다. 올해 말까지 완료해야 할 과제인데, 현재 구체적인 연구 방법과 연구진 간 분담이 불확실하여 화상회의를 통하여 이를 확정해야 한다. 어제 이메일로 각자의 주장을 받아서 정리해 두었으므로, 이를 화상에 띄우고 논의하면 훨씬 분명하게 연구진 각자의 의견을 파악하고 이해할 수 있을 것이다.

회의 중에도 센터원들이나 다른 부서장에게서 수시로 전화가 걸려 온다. 사무실의 전화를 내 휴대전화에 착신을 걸어 놨기 때문이다. 조금이라도 늦게 전화를 받거나 전화를 못 받아서 나중에 전화를 하면 부서장의 불편한 목소리가 느껴진다. 재

---

[1] 본 장은 2018년 대한민국 교육부와 한국연구재단의 지원을 받아 수행된 연구임(NRF-2018S1A5A8029526).

택근무 중에도 각종 화상회의는 물론 자료를 찾고 보고서를 작성하는 것으로 바쁜데, 마치 안방에서 쉬다가 전화를 못 받거나 안 받은 것으로 여기는 것 같다.

점심은 근처 식당에 전화로 주문을 하면 15분 내로 스쿠터를 탄 배달원이 현관문 앞까지 배달해 준다. 도시락은 가격대별로, 음식의 종류별로 종이, 플라스틱 용기 등에 포장이 되어 배달되므로 따로 설거지를 하지 않아도 된다.

내일은 협력업체와 줌(Zoom)을 통하여 업무 협의를 할 계획이다. 과거에는 보통 직접 협력업체를 방문하기 위해 해당 건물 로비에서 복잡한 절차를 거친 후 업체 사무실에서 회의에 참가하곤 하였는데, 한결 편안한 분위기에서 의견을 주고받을 수 있어 편리한 것이 사실이다. 특히, 회의를 위해 자료를 여러 벌 복사해 가져가야 해서 종이 낭비가 심하였으나, 화상회의는 그런 점에서도 시간과 비용을 줄이는 장점이 있다. 그러나 대면회의가 갖는 공식 혹은 비공식적인 소통에는 못 미치는 것도 사실이다.

2019년 말 중국에서 시작된 코로나19(COVID-19, 이하 코로나19)는 2020년에 전 세계로 확산되었다. 이에 세계는 경제·사회·교육·문화 등 모든 분야에서 코로나19 대유행 위기를 맞았다. 코로나19는 발현하는 증상이 광범위하고 치명적일 뿐만 아니라, 감염자의 비감염자에 대한 전파가 매우 쉬우면서 변이도 자주 일어나는 위험한 전염병이다. 전파는 감염자의 호흡기 침방울(비말)에 포함된 바이러스가 공기 중에 비산하여 주로 사람 사이에 발생한다.

대부분 경우에는 감염자가 기침, 재채기, 말하기, 노래 등을 할 때 2미터 이내 밀접 접촉한 다른 사람에게서 전파되어 발생한다. 또 의료기관의 에어로졸 생성 시술(기관지 내시경 검사, 객담 유도, 기관 삽관, 심폐소생술, 개방된 객담 흡입)이나 밀폐된 공간에서 장시간 호흡기 비말을 만드는 환경 등 특정 환경에서 제한적으로 공기 전파가 발생하는 것으로 알려졌다.[2]

---

2 코로나19 바이러스는 발열(37.5℃ 이상), 호흡 곤란, 기침, 근육통, 오한, 인후통, 두통, 후각, 미각의 손실 등의 증상을 보이며, 중증인 경우 사망에 이르기도 한다. 그 외에도

그리고 감염된 사람과의 직접 접촉(악수 등) 또는 매개체(바이러스에 오염된 물품이나 표면)를 만진 후에 손을 씻지 않은 채 본인의 코, 눈, 입 등을 만지면 코로나19바이러스에 전염될 수 있다. 아울러 환기가 제대로 안 된 노래방, 커피숍, 주점, 식당, 실내 운동시설 등에서 감염자와 같이 있거나 감염자가 떠난 후 그 밀폐 공간을 방문하면 전염될 수도 있다.

이처럼 코로나19는 그 증상의 치명성과 사람 간 확산성이 높아 일반적인 사회적 활동이 곤란하여 전 세계적인 봉쇄를 가져오게 되었다. 이로 인하여 2020년과 2021년의 2년 동안뿐만아니라 2022년에도 코로나19 대유행이 가져온 직업 세계 및 직장생활의 상황이 이전과는 다른 현상으로 전개되고 있다.

이러한 직무 여건과 방식의 변화는 재직자의 직업윤리에도 여러 측면에서 변화를 요구하고 있다. 이에 따라 이 장에서는 기존 직업윤리의 내용과 변화된 상황에 따른 직업윤리를 검토하고, 관련된 시사점을 제안하고자 한다.

1. 소프트 스킬과 직업윤리

〈에피소드 2〉는 코로나19 대유행이 현실화되기 전 2019년 5월, 연구직에 종사하는 한 직업인의 일상을 묘사하고 있다.

피로, 어지러움, 가래, 식욕 감소, 소화기 증상(오심, 구토, 설사 등), 콧물이나 코 막힘, 객혈, 결막염 등이 다양하게 나타날 수 있다. 코로나19가 발생한 이후 델타 변이, 오미크론 변이 등 변이 바이러스가 발생하여 코로나19는 빨리 종식되지 않았다. 보건복지부 (n.d.). 코로나바이러스감염증-19(COVID 19), http://ncov.mohw.go.kr/.

<에피소드 2>

한 주를 시작하는 월요일. 오늘은 부서장 회의, 센터 회의, 연구진 회의 등 회의로 일정이 가득 찬 날이다. 부서장 회의에는 기관장을 비롯하여 보직자 35명이 대회의실에 모여 연구원 전체의 지난 주 업무 추진 현황을 검토한다. 아울러 이번 주에 추진할 업무 내용을 점검하고, 논의가 필요한 사안에 대해서는 의견을 수렴한다. 점심은 센터원 6명과 함께 인근 식당에서 하는데, 이미 센터원 중 한 명이 지난 주에 예약을 해 놓았다. 센터 회의는 오후 2시부터 이루어지는데, 모든 센터원이 모여 오전에 진행된 부서장 회의 결과를 전달하면서 의견을 수렴하기도 한다.

이와 함께 센터 과제 추진과 관련하여 지난 주 진행사항을 검토하고, 향후 추진 일정 및 기타 필요한 의사결정을 한다. 오후 4시부터는 과제 연구진 4명과 연구 추진 결과를 공유하고, 향후 진행 방향 등을 협의한다. 연구원들의 국내외 출장이 많은 편이지만, 월요일에는 비교적 출근하는 직원이 많아 여러 회의가 월요일에 집중되는 경향이 있다.

내일 오전은 용역업체와 연구 결과를 디자인으로 구현하는 부분과 관련하여 협의를 진행할 예정이다. 현재 해외 출장으로 참여가 곤란한 공동연구원 1명을 제외한 공동연구원 3명과 용역업체 책임자와 실무진 3명이 모여 기존 작업 결과를 검토하고, 추가적인 요구사항을 전달할 계획이다. 전화를 통한 업무 협의보다 대면 협의의 효율성이 확실히 높다.

내일 오후에는 정부기관에 가서 수탁과제 추진 결과를 보고하고, 곧 있을 행사 추진과 관련한 협의를 진행할 예정이다. 행사에 국장이 참여할 계획이어서 정부부처 담당 사무관과 주무관의 관심이 높은 편이다. 수요일에는 오랜 만에 자료를 보고 원고를 쓰는 등 연구에 집중할까 했는데, 공동연구원으로 참여한 다른 과제에서 워크숍을 가자고 한다.

이처럼 코로나19 대유행 이전에는 온라인보다는 대면 접촉을 우선하여 협의하고, 이를 바탕으로 업무를 추진하는 것이 일반적이었다. 다양한 업무를 수행하면서 직업인이 지켜야 할 직업윤리는 직업 세계의 지속적인 담론이다. 직업윤리는 회사 또는 기관의 생산성을 높이고 개인의 경제 상태를 개선하는 데 기여하는 것으로 알려져 있어 그 중요성이 크다.[3]

직업윤리는 기본적으로 직업인이 직무를 수행하는 과정에서 마땅히 갖추고 지켜야 할 의식, 태도, 행동 등으로, 다양한 요인으로 구성되어 있으며, 직업인의 행동으로 나타난다.

〈표 10.1〉 직업윤리의 하위 영역 및 정의[4]

하위 영역	정의
열심히 일하는 수고 (Hard work)	열심히 일하고 일을 잘하는 것이 미덕이라는 신념. 열심히 일하면 성공하고 자신의 목표를 달성할 수 있다는 믿음. 열심히 일하면 더 나은 사람이 된다는 믿음
진취성 또는 발전을 위한 노력 (Initiative or upward striving)	현재 상태에 만족하지 않고 자신과 직장의 꾸준한 발전을 위한 노력. 자발적이고 적극적인 태도로 주어진 일 이상으로 일하는 태도. 더 높은 수준의 직위 또는 직장에 도달하고 삶의 수준을 높이기 위한 분투
꾸준함 (Perseverance or continuity)	개방된 태도로 다른 사람들로부터 조언을 경청하며, 꾸준히 배우고 학습의 기회를 찾는 노력
일에 대한 자부심과 의미 (Pride in work, meaningfulness & centrality of work)	일 자체는 가치 있는 것이라고 믿는 것. 일을 잘함으로써 얻는 만족감 또는 즐거움
신뢰성(Reliability)	감독자의 관리와 상관없이 자신에게 주어진 일을 독립적으로 완성하는 태도. 주어진 규율과 규칙을 지키는 태도. 근무시간 등 약속을 잘 지키는 것

---

3 박화춘·박천수, "교사와 일반 취업자의 세대별, 성별 직업윤리 비교", 「열린교육연구」 28/3 (2020), 243-58. doi: 10.18230/tjye.2020.28.3.1; idem., "취업자의 직업윤리 현황과 과제: 성, 고용 지위, 교육수준, 취업여부, 경제상태를 중심으로", 「성인계속교육연구」, 11/2 (2020), 47-65. doi: 10.20512/kjace.2020.6.30.4; 박천수·박화춘, "직업의식과 직업윤리가 갑을 인식과 소득에 미치는 영향", 「직업능력개발연구」 24/1 (2021), 1-28.

4 H. Park and R. B. Hill, "The Employability Skills Assessment: Measuring Work Ethic for Research and Learning," *Career and Technical Education Research*. 41/3 (2016): 175-92. doi:10.5328/cter41.3.175; idem., "Psychometric Properties of the Korean Employability Skills Assessment and Korean Work Ethic," *Career and Technical Education Research*. 43/1 (2018): 19-40. doi:10.5328/cter43.1.19. 한상근 외, 『한국인의 직업의식 및 직업윤리』, (세종: 한국직업능력개발원, 2018), 37-38을 재인용.

하위 영역	정의
여가활동에 대한 인식 (The role of leisure or balance)	직장에서 일하는 시간 외에 여가활동을 하는 것에 대한 인식과 태도. 즉, 여가활동이 필요하다고 인식하는지에 대한 태도. 여가활동을 포함한 개인 삶의 질도 중요하다고 여기고 직업생활과의 균형에 대한 태도
종교적, 윤리적 신념 (Religious and Moral Beliefs)	다른 사람들을 공정하고 바른 태도로 대하는 것이 바람직하다고 여기는 믿음과 태도. 즉, 자신이 대우받고자 하는 대로 다른 사람들을 대하고자 하는 태도이며, 이러한 태도가 옳다고 여기는 신념. 자신에게 속하지 않은 것을 가지거나 취하는 것은 바람직하지 않다고 여기는 신념
금욕주의 또는 보상 기대를 늦춤 (Asceticism or delay of gratification)	물질과 보상에 대하여 욕심을 내지 않는 태도. 부를 축적하되 지혜롭게 재투자를 하는 태도. 경제적으로 물건을 살 수 있을 때까지 기다리는 태도
대인관계 기술 (Interpersonal skills or team work)	직장생활을 영위하는 데 있어서 관련된 사람들과 원만한 관계를 맺는 태도와 행위. 팀워크 수행 능력, 상사를 대하는 태도, 동료를 대하는 태도, 고객을 대하는 태도 등을 포함
효율성 또는 시간 절약 (Efficiency or not wasting time or materials)	시간이나 물질을 낭비하지 않고 일을 효율적으로 완수하는 것을 의미함. 실수를 줄이고 직무의 질과 정확성을 높여 시간, 물질, 경제적 손실을 줄이고 생산성을 높이는 것을 의미함

학자들이 연구한 직업윤리의 세부적인 구성요인은 표 1과 같이 다양하다. 초기의 일반 직업인의 직업윤리를 구성하는 하위 영역(예. 금욕주의 또는 보상 기대를 늦춤)은, 프로테스탄트 윤리를 근거로 하여 종교적 특색이 강하게 나타났다. 이는 미국과 같은 서양에서 1900년대 초반에서 중반까지는 직업윤리에 관한 연구를 시작할 때 프로테스탄트 종교적 신념에서 시작했기 때문이다.[5]

1900년대 후반부터는 직업윤리에 관한 연구가 세계 여러 나라에서 진행되었고, 일부 연구 결과는 다양한 종교가 직업윤리에 대한 가르침을 어느 정도 포함하고 있어, 직업윤리는 더 이상 특정 종교의 윤리에 국한하지 않는다는 것을 나타냈다. 근래에는 직업윤리를 '사회적 책임'이라는 관점으

---

[5] 박화춘·문승대, "한국인의 직업윤리의 현황: 학력, 직업유형, 고용형태별 비교 분석", 「진로교육연구」 31/1 (2018), 175-202. http://www.dbpia.co.kr/Journal/ArticleDetail/NODE07408579; M. J. Mann, T. D. Taber, and K. J. Haywood, "Work Ethic Revisited: Identifying and Operationalizing New Dimensions of Work Ethic a Century after Weber," *Journal of Business Disciplines* 11/1 (2013): 65-101.

로 변화하여 자신에게 주어진 일을 책임감을 가지고 우수하게 수행하고, 결과에 대한 사회적 책임을 지는 것으로 해석되고 있다.

많은 직장에서 흔히 '전문적인 지식과 기술로 직장을 얻고, 소프트 스킬(soft skills)이 부족해서 직장에서 해고된다'고 말한다.[6] 이 말은 직업을 얻기 위해 개인이 하드 스킬(hard skills)을 준비하는 것만큼 직장생활을 유지하기 위한 적절한 소프트 스킬을 발달시키는 것이 중요하다는 것을 의미한다.

취업을 위하여는 우선 해당 분야의 전문적인 지식과 기술이 필요하다. 특정 직업 분야에서 요구되는 학위, 관련 전문 기술, 각종 자격증의 보유 등 통상적인 의미의 '스펙'(SPEC)은 하드 스킬이라고 할 수 있다. 하드 스킬은 학위, 성적표, 점수(score), 자격증 증서(certificate), 허가증(license) 등으로 증명할 수 있어, 기업 인사 담당자 등 평가자가 객관적인 지표로 활용하기 쉽다. 이러한 하드 스킬은 학교를 포함한 정규 교육, 각종 프로그램 이수 및 훈련, 시험 응시 등을 통해 준비할 수 있는 영역이다.

이에 비하여 소프트 스킬은 개인이 보유하고 있는 고유한 속성, 성격, 의사소통역량, 친화성, 직업윤리 등으로 드러난다. 보다 구체적으로 리더십, 시간 관리 능력, 커뮤니케이션 능력, 문제 해결 능력 등이 여기에 해당한다. 특히, 직업윤리도 중요한 소프트 스킬 중 한 영역이다. 소프트 스킬의 특징은 직무 수행에서 꼭 필요하지만, 하드 스킬처럼 정량적 평가나 측정이 어렵다는 점에 있다. 또한, 선천적으로 보유하거나 삶의 경험을 통해 오랜 시간에 걸쳐 발달하고 습득이 가능하다. 이로 인해 쉽게 확보하거나 개발이 어렵다.

최근 수십 년 사이에 이러한 개인의 직업에 대한 태도를 측정할 수 있는 직업윤리 측정 도구가 수십 종이 개발되어 개인, 학교, 기업 등에서 사용되고 있다. 직업윤리는 직업에 대한 개인의 의식과 가치와 밀접한 관련이 있다. 직업을 소명(calling)으로 여기는 관점은 직업은 신(God)이 직업인 개인

---

6 한상근 외, 『한국인의 직업의식 및 직업윤리』; 박화춘, "중요한 직업윤리 세 가지 구성요소: 신뢰성, 진취성, 대인관계 기술", 「월간에이치알디」 382 (2022), 124-25를 재인용.

에게 준 것으로, 소명 의식을 가지고 관련된 직무를 성스럽게 받아들이고 수행해야 하는 것으로 여긴다.[7]

개인의 직업윤리를 형성하는 또 다른 요소인 신뢰성은 감독자의 관리 여부와 상관없이 자신에게 주어진 일을 자발적이고 독립적으로 성실하게 완성하는 태도를 말한다.[8] 여기에는 업무와 관련되어 주어진 규율이나 규칙을 지키는 태도 혹은 출퇴근이나 근무시간의 준수 등 약속을 잘 지키는 것을 포함한다.

한편, 여가활동 혹은 휴식에 대한 인식은 시대 변화에 따라 부정적인 시각에서 긍정적인 관점으로 변화하였다. 이 외에도 성실성, 근면함, 진취성, 신뢰성, 신념 등 여러 항목이 직업윤리의 핵심으로 제시되기도 한다.[9]

이처럼 직업윤리는 다양한 측면에서 접근이 이루어졌는데, 이는 업무 추진에서 직업윤리가 갖는 중요성이 크기 때문이다.

2. 환경과 직업 세계 변화에 따른 직업윤리

1) 직업과 산업의 변화

코로나19로 인한 대유행은 〈에피소드 1〉에서 보는 바와 같이 일하는 방식을 변화시키고 직업윤리에 대한 관점도 바꾸게 하고 있다. 예를 들어, 관

---

7   R. P. Stevens, *Work Matters: Lessons from Scripture* (Grand Rapids: Eerdmans, 2012).
8   박화춘, "직업윤리 측정 축소형 도구 타당화", 「현장수업연구」 1/2 (2020), 191-217; doi. org/10.22768/JFLS.2020.1.2.191; 박화춘·문승태. "한국인의 직업윤리의 현황"; 박화춘·박천수, "교사와 일반 취업자의 세대별, 성별 직업윤리 비교"; idem., "취업자의 직업윤리 현황과 과제"; H. Park and R. B. Hill, "Development and Validation of a Short Form of the Occupational Work Ethic Inventory," *Journal of Career and Technical Education*, 32/1 (2018): 9-28. doi:10.21061/jcte.v32i1.1588.
9   박화춘, "직업윤리 측정 축소형 도구 타당화", 191-217; 박화춘·문승태. "한국인의 직업윤리의 현황"; 박화춘·박천수, "교사와 일반 취업자의 세대별, 성별 직업윤리 비교"; idem., "취업자의 직업윤리 현황과 과제".

리자는 과거 대면 위주로 업무를 지시하고 확인하였으나, 대유행 상황에 재택근무 직원이 증가하여 온라인 중심으로 업무지시를 하며 업무 결과를 확인하고, 문서 결재도 해야 한다. 이에 따라 이메일을 주기적으로 체크하고, 시간에 따라 화상회의에 참여하며, 전자결재 시스템의 확인에 이전보다 유의해야 한다.

특히, 재택근무와 사무실 근무가 교대로 이루어지고 있으므로 부서원의 업무를 배정할 때 직원별 근무 장소에 유의해야 한다. 아울러 재택근무가 출퇴근 부담이 없어 직원이 선호하는 방식이므로 재택근무 기회가 부서 직원 사이에 고르게 배분될 수 있도록 근무를 배정할 필요도 있다. 또한, 재택근무자의 적절한 통신 유지와 업무 진행에도 유의해야 한다.

실무자는 재택근무에서 필수적인 통신 기능의 확보와 화상회의 시스템을 적절하게 구비하고 있어야 한다. 사전에 관련 시스템과 프로그램을 준비하고, 적절한 작동 여부를 파악하고 연습도 진행하여 실제 활용에서 문제가 발생하지 않도록 유의한다. 아울러 근무지 변화에 따른 효율적인 업무를 고려하여 업무를 추진한다. 재택으로 근무하는 경우에는 제한된 여건을 고려하여 보고서 작성 등 업무 결과를 정리하는 데 시간을 할애한다.

이에 비하여 사무실 근무에서는 향후 추진할 업무에 대해 부서장이나 다른 부서와 협의를 한다. 특히, 공동으로 진행하는 업무가 있는 경우 자신이 맡은 분야가 늦어져 다른 직원에게 피해가 가지 않도록 유의한다.

아울러 코로나19로 기업의 경영 여건이 변화하면 일자리가 없어질 수도 있으므로 산업이나 직업의 변화에도 관심을 가져야 한다. 최근 서비스업 가운데 음식서비스업(도시락 판매), 배달업(플랫폼 노동자), 실내인테리어업, 국제화상회의 지원업, VR(virtual reality)/AR(augmented reality)업 등의 수요가 증가하고 있다.

특히, 4차 산업 관련 전자 컴퓨터업, 디지털 & 그린 전환 관련 산업의 수요가 늘어나고, 이와 관련된 직업의 수요도 늘어날 것으로 예상된다. 이에 비하여 재택근무와 화상회의가 늘어나 대인 서비스업인 여행업, 숙박업,

음식점업, 스포츠업, 오락장 운영업, 사무실 임대업, 운송업 등은 수요가 감소하고 있다.

2) 변화하는 직업과 직업윤리

2021년 5월에 개최한 세계경제포럼에서 2030년과 향후 지속적으로 부상하고 변화할 10가지 직업의 목록이 발표되었다. 2030년 이후에도 지속적으로 부상할 직업을 탐색하는 것은 어떠한 직업윤리가 요구될지를 예측할 수 있도록 도와줄 것이다. 재택근무 컨설턴트(Working from Home Facilitator)부터 인간-기계 협업관리자에게 이르기까지 일반적으로 요구되는 직업윤리와 특정 산업분야에서 더 요구되는 직업윤리를 예측할 수 있을 것이다.

〈표 10.2〉 2030년 이후 부상할 미래 유망 직업[10]

직업명	직무 개요와 필요한 직업윤리
재택근무 컨설턴트 (Work from Home Facilitator)	2020년 이전에는 5퍼센트 미만의 기업이 원격근무 관련 정책을 갖고 있는 것으로 추정. 대유행 이후 모든 기업에서 원격근무가 표준 근무 방식으로 도입될 것임. 기업은 재택근무 생산성을 최적화하기 위해 컨설팅 수요가 증대할 것으로 예상됨. 원격으로 고객의 수요에 대응하는 진철한 태도. 디지털 규칙 준수, 네트워크 비즈니스십, 원격근무자와의 원활한 의사소통 능력 등
피트니스 카운슬러 (Fitness Commitment Counsellor)	대유행으로 인한 폐쇄 기간 동안 운동 부족으로 몸무게가 늘어난 상황을 해결하기 위한 운동 방안을 제시함. 애플 시계와 핏비트(FitBit) 대시 보드와 같은 디지털 웨어러블과 함께 적절한 운동으로 체력 유지를 위한 운동을 제안함. 고객과의 원격 상담을 위한 의사소통 능력, 대면 시 친절함. 신뢰성, 시간 및 일정관리 능력 등
스마트 홈 디자인 매니저 (Smart Home Design Manager)	대유행으로 집에 머무르는 시간이 길어지고 있어, 집은 삶의 공간이자 업무 공간이 됨. 이에 따라 집에 통신을 위한 라우터가 필요하고, 외부 소음이 차단되는 방음 시설 등이 요구됨. 이러한 스마트 홈 디자이너를 양성하고 관리하는 직종임. 원격의사소통 능력. 고객의 수요에 대응하는 능력, 다양성 존중 등

---

10   World Economic Forum (n.d.). "Top 10 Jobs of the Future – For 2030 and Beyond": https://www.weforum.org/agenda/2021/05/jobs-of-the-future-year-2030/.

직업명	직무 개요와 필요한 직업윤리
XR 카운슬러 (XR Immersion Counsellor)	XR 카운슬러는 테크니컬 아티스트 및 소프트웨어 엔지니어링, 교육 인력과 협력하여 최고의 가상현실(VR)과 증강현실(AR) 제품 출시를 지원. 직원 교육 및 협업을 위한 AR 및 VR 클래스를 통해 직원의 생산성을 빠르게 향상 시킴. 신뢰성, 팀워크 능력, 원격 의사소통 능력, 성실성, 창의성 등
작업장 건축가 (Workplace Environment Architect)	대유행 이후 전염병 예방을 위한 작업 공간 재배치 등 작업장 환경 개선의 필요성이 커짐. 직원 복지 강화와 효율적이고 건강한 작업 환경을 구축할 수요 증대가 예상됨. 인간-환경의 상호 존중의 가치관, 직원의 수요를 경청하는 태도
알고리즘 바이어스 감사(자) (Algorithm Bias Auditor)	일과 여가를 위한 모든 일상이 디지털 기업의 알고리즘에 의하여 영향을 받고 있는 실정임. 이에 따라 미국과 유럽 공동체 등에서 알고리즘의 공정성에 대한 감시와 관리 필요성이 증가하고 있음. 정보기술 정직성, 규정과 규율을 지키는 태도
데이터 탐정 (Data Detective)	데이터 과학자를 위한 일자리는 가장 빠르게 성장하는 분야임. 데이터 과학은 여전히 수요가 많은 기술로, 기업에게 빅 데이터가 가진 의미를 해석해 주는 직업임. 디지털 규칙 준수, 데이터 관리의 정직성, 고객의 수요를 경청하는 태도. 원격 및 대면 의사소통 능력. 친화력 등
사이버 재난 예보가 (Cyber Calamity Forecaster)	2020년 큰 재앙은 대유행과 함께 랜섬웨어 익스플로잇을 유포하는 등 대중과 기업을 향한 악의적인 대규모 사이버 공격이었음. 이와 같은 현상을 예측, 경고하고 대응할 수 있도록 준비하는 직무를 수행함. 인터넷 보안을 지키는 책임감 및 정직성, 네트워크 친화성, 정직성, 위기에 대응하는 민첩함 등
조수 건축가 (Tidewater Architect)	기후 변화와 해수면 상승이라는 문제에 직면하여 항만과 도시를 보호하는 건축물을 시공함. 21세기 가장 큰 토목 공학 프로젝트가 될 것으로 예측되며, 각국이 준비하고 있음. 생태계의 가치를 존중하는 의식과 태도, 규정을 준수하는 정직함과 창의성 등
인간-기계 협업 관리자 (Human-Machine Teaming Manager)	직장에서 로봇의 끊임없는 증가와 활용의 확대가 계속되고 있음. 사람과 로봇의 교차점에서 원활한 협업을 유도하고, 발생되는 문제를 해결함. 디지털 규칙 및 규정을 준수하는 정직성 등. 정보 및 기술 보완을 지키는 정직성

직업의 세계가 변화하여도 기본적인 직업윤리 요인인, 정직성, 신뢰성, 의사소통능력, 창의성, 진취성 등은 여전히 요구되는 직업윤리라고 할 수 있다.[11] 특히, 디지털 전환 시대에 맞는 디지털 리터러시의 바람직한 사용

---

11 Park and Hill, "Development and Validation," 9-28.

과 디지털 규칙 준수가 중요한 직업윤리이다.

또한, 팀원 간, 협력기관 간, 고객 대응 등 네크워크 비즈니스십이 강조된다. 온라인을 포함한 국가 간의 교류가 갈수록 증가함에 따라 다양성을 존중하는 태도도 필요하다.

재택근무 및 원격근무가 증가함에 따라 신뢰성의 가치도 그 어느 때보다 높아질 것이다. 녹색 성장, 지구 환경 변화에 따른 보호 등 생태계의 가치를 존중하는 의식, 태도와 행동을 옮기는 실천도 강조될 것이다. 온라인 회의, 디지털 관련 업무, 정보 기술관련 업무의 증가로 인터넷 보안과 데이터 보완 등 정직함과 해당 규칙과 규정을 준수하는 것이 중요시 될 것이다.

3. 코로나 시대에 요구되는 직업윤리를 위한 제언[12]

위에서 언급한 분야의 직업이 향후에 지속적으로 발달하고 새로운 일자리가 창출될 것이다. 직장인으로서 보편적으로 갖추어야 할 직업윤리가 있으나, 특히 코로나 시대에 더욱 요구되는 직업윤리 구성요인을 본 장에서 살펴보고자 한다.

1) 코로나 시대와 직업인

(1) 기후 위기와 생태계의 가치를 존중하는 기업과 직업인

코로나19가 가져온 변화 중 하나는 사람들의 물리적 이동을 어느 정도 줄였다는 것이다. 특히, 여행과 관광이 급속히 줄어들었다. 이로 인하여 일부 인기 있었던 관광지의 환경이 쓰레기와 오염에서 어느 정도 회복되었다는 소식을 전하기도 하였다. 그러나 21세기에 접어들어 기후 변화는 심화

---

[12] 박화춘의 "고용을 유지하고 삶의 가치를 높이는 직업윤리와 직무수행태도," 114-17의 내용을 재구성함.

되어 현대의 인류는 기후 위기에 처하게 되었다.

코로나 시대에도 기후 위기를 대응하는 일에 직업인은 책임을 지고 참여해야 한다. 자신이 하는 직무가 지구의 기후 위기를 가속화하는지 감소시키는지 의식을 가지고 판단해야 한다. 기후 위기는 국가와 기업 차원에서 탄소 중립, 생태계 보존, 에너지 전환 등을 주도하고 직업인 개개인이 참여하여 함께 대응해야 한다.

(2) 사회적 책임을 지는 기업과 직업인[13]

직업 활동을 통해서 한 개인이 삶을 영위하고 자아를 실현할 수 있다. 많은 기업이나 회사가 사회적 책임을 지기 위해 경영의 비전과 목표를 변경하고 실천하고 있다. 개개인의 직업인도 이에 맞추어 자신의 직무에 따라 사회적 책임을 질 수 있어야 한다.

20세기 중반까지는 기업의 생산성을 높여 이익을 최대로 가져오는 매출이 우선시되었고, 20세기 후반에는 고객의 평판을 반영하여 사회적으로 존경을 받는 기업이 좋은 기업의 이미지를 받았다. 반면 21세기에는 공동체에 이익을 가져오는 기업이 필요하게 되었다. 우리가 살고 있는 현시대는 4차 산업혁명, 디지털 전환, 기후 위기로 요약할 수 있다. 생산과 소비는 결국 같은 사회 구성원에서 순환적으로 발생하기 때문에 기업은 자신의 이익만을 생각할 것이 아니라 공공의 이익을 함께 고려하는 사회적 가치를 실현(Create shared values)해야 한다.

이에 맞춰 윤리적 경영이 필요하며 직원의 직업윤리도 그 가치를 함께 실현하는 방향으로 개발되어야 한다.

---

13 Ibid., 114-17.

4. 배려, 포용, 돌봄, 다양성, 형평성의 실천[14]

코로나19 대유행으로 변화된 직장 분위기와 일의 행태는 우울증이나 정신적 피로감과 소외감을 증가시키고 있다. 대유행으로 인하여 사회적 거리두기는 사람 간의 배려와 관심도 멀어질 수 있다. 이러한 어려운 시기일수록 주변의 동료 직장인, 실직자, 비정규직, 사회의 소외계층에게 더 관심을 가져야 한다. 성 평등, 학교 밖 청소년, 난민, 이주민, 노약자들을 더욱 포용하고 배려해야 한다.

특히, 선진국이나 선진국에 진입하는 국가일수록 이주 노동자들이 증가한다. 이는 직장에 다양한 배경을 가진 동료들과 함께 일한다는 것을 의미한다. 인종, 국적, 성, 연령에 관계없이 동료의 다양성을 인정하고 동등하게 기회와 분배를 하는 형평성의 가치가 개인의 직장인 단계에서부터 실천되어야 한다.

5. 취약계층과 양극화 극복

디지털 전환에 따른 기술 변화는 또 다른 양극화와 불평등을 초래하고 있다. 디지털 전환의 접근성은 새로운 취약계층을 만들어 낸다. 즉, 온라인 수업, 재택근무, 배달 주문의 증가는 이러한 일을 수행하기 힘든 계층에게는 새로운 사회적 장벽이 된다. 비대면 시대에 테크놀로지의 접근성은 또 다른 두려움과 소외감을 초래할 수 있다.

테크놀로지의 발전이 새로운 직업 세계를 열어 주는 밝은 측면도 있으나, 코로나19로 인해 새로운 업무처리 방식의 수요 증가로 인하여 더 많은 두려움과 불안을 자아내기도 한다.

14　Ibid.

1) 투명하고 공정한 분배를 추구하는 기업과 직업인

직장인뿐만 아니라 기업경영인은 윤리적 경영을 실천해야 한다. 특히, 급부상하고 있는 플랫폼노동자 등의 사회보장을 확보하여 불평등을 최소화할 수 있도록 노력해야 한다. 기업뿐만 아니라 개개인의 직업인도 자신의 직무와 결과에 대하여 직장과 동료 직업인 그리고 속한 공동체에 투명하게 공유할 수 있어야 한다. 자신이 맡은 직무를 공정하고 정당한 방법으로 수행되었는지를 점검하고 필요 시 공개할 수 있어야 한다.

또한, 직업인으로서 얻은 이익을 공정하게 신고할 수 있어야 한다. 또한, 자신에게 주어진 업무를 책임지고 수행하고 성과에 대한 공정한 보고를 할 수 있어야 한다. 다른 동료의 성과를 방해하거나 저해하는 행위 등은 신뢰의 가치를 떨어뜨릴 수 있다.

2) 코로나 시대에 다양한 직무 형태와 소프트 스킬[15]

(1) 재택근무

재택근무는 원격근무와 구별된다. 재택근무는 눈사태, 태풍, 코로나19 대유행과 같은 천재지변으로 인하여 직장에 있는 사무실로 출근하지 못하고 집에서 업무를 수행하는 것이다. 코로나19 대유행으로 인하여 사회적 거리 두기 단계별로 재택근무가 증가하고 있는 이때, 재택근무를 효율적으로 하기 위한 스킬이 필요하다. 재택근무에도 자신만의 반복되는 규칙을 만드는 것이 좋다.

① 재택근무를 하는 날에도 평소와 같은 시간에 일어나서 하루를 시작한다. 직장으로 출근할 때와 비슷한 일상의 규칙을 따른다. 예를 들어,

---

15 박화춘·로저 힐의 『교사의 직업윤리: 훈련프로그램』(세종: 한국직업능력연구원, 2021) 78-82의 내용을 재구성함.

샤워, 간단한 식사, 커피를 준비한다.
② 일할 수 있는 복장으로 환복 한다. 특히, 집에서 업무를 추진한다고 하여 잠옷을 그대로 입고 있지 말아야 한다.
③ 집에서도 직무에 집중할 수 있는 특정 공간(책상과 의자)을 마련하여 근무 시간에는 직무에 집중할 수 있도록 한다.
④ TV, SNS를 할 수 있는 기기, 간식 등 업무에 방해가 될 만한 것은 직무 공간에서 멀리하고 가능한 한 보이지 않도록 한다.
⑤ 그날 해야 할 직무의 목록과 성취할 목표를 작성하고, 직장 동료와 수시로 연락하며, 근무 시간을 성실하게 지킨다.
⑥ 일정한 간격을 두고 휴식 시간을 갖는다. 휴식 시간에는 스트레칭을 하거나 간단한 음료를 마시며 몸과 마음을 풀어 준다. 특히, 점심 시간은 직무 공간에서 벗어나 편안하게 식사한다.
⑦ 하루의 직무를 마치면 직무일지를 작성하여 상사에게 보고한다. 퇴근 시간을 지켜 퇴근 후에는 여가활동, 사교모임 등으로 자신에게 충분한 최대한의 보상을 해 준다.

(2) 화상회의 예절

각 나라마다 다소 차이가 있으나, 코로나19 대확산이 발생하기 전에도 각종 회의, 세미나, 수업, 워크숍 등에서 화상을 통한 활동은 종종 있었다. 그러나 대유행이 발생한 이후로 화상회의가 급증하였다. 코로나 시대가 종식되어도 화상회의는 지속적으로 유지될 것으로 전망된다. 대면으로 직접 만나 진행되는 회의에서 갖추어야 할 예절이 있듯이 온라인으로 이루어지는 화상회의에서도 지켜야 할 예절들이 있다.

① 조용한 장소: 가족이나 애완동물 등의 방해를 받지 않을 곳을 선정
② 적절한 배경이나 가상 배경 선택
③ 밝은 조명

④ 데스크톱이나 랩탑(노트북 컴퓨터)을 사용: 핸드폰 사용은 지양
⑤ 오디오로만 참석할 경우에는 양질의 헤드셋 준비
⑥ 화상회의 시작 전 테크놀로지(인터넷 연결 상태, 카메라, 마이크 및 스피커) 상태 점검
⑦ 스피커(발표자) 중심 화면 사용 권장

이 밖에도 효과적이고 생산적인 회의가 될 수 있도록 마음가짐과 태도가 필요하다. 옷차림도 신경을 써야 하는데, 카메라를 켜는 회의일 경우 직장에서 회의할 때 착용하는 옷차림으로 참석하는 것이 바람직하다.

화상회의에서도 대면회의와 마찬가지로 예절 바른 행위를 해야 한다. 음식을 먹거나, 애완동물을 만지거나, 책상을 정리하거나, 핸드폰으로 문자를 주고받는 등의 행위를 하지 않도록 주의한다. 또 회의가 끝날 때까지 자리에 앉아서 참여하는 것이 바람직하다.

회의에는 3~5분 정도 일찍 입장하고, 화상회의에 참석하는 모든 참석자가 회의에서 소외되지 않도록 한다. 또 회의록 작성자를 지정하여 회의록을 작성하도록 한다. 회의 마지막 부분에서는 중요한 회의 후 할 일 등 공지사항을 전달한다.

(3) 개최자의 예절

회의를 개최하는 호스트로서 갖추어야 할 첫 번째 예절은 사전 준비이다. 회의 어젠다(agenda)를 작성하여 회의 전에 회의 참석 예정자들과 공유한다. 어젠다에는 회의 주관자, 일시, 장소와 목적을 명시한다. 핵심 목표에는 회의를 개최하는 이유와 회의를 통해 달성하고자 하는 것을 명시한다. 그리고 회의 참석자가 사전에 준비해야 할 사항을 명시한다. 어젠다는 시간의 순서대로 활동과 담당자 및 지정 시간을 명시한다. 회의 시간이 가까워 오면 리마인더를 보낸다.

(4) 참석자의 예절

회의 개최자가 보낸 어젠다를 자세히 검토하고, 관련 서류 및 자료를 사전에 준비한다. 회의에는 정해진 시간보다 5분 내외 일찍 입장하여 대기한다. 마이크와 화면을 사전에 점검하여 이상 없음을 확인한다. 화면이 너무 어둡거나 밝지 않도록 조정하고, 화상회의 시간이 제한되어 있으므로 참석인원을 고려하여 발언 시간을 조정하도록 한다.

3) 공용 사무실에서의 예절

코로나19 대유행의 지속으로 사무실에서 근무할 때 새로운 예절이 생겨났다. 여러 명이 근무 공간을 공유할 경우에는 마스크를 착용한다. 악수와 같은 인사는 하지 않으며, 대신에 꼭 필요할 경우 팔꿈치를 맞대는 인사로 대신한다. 접근하기 쉬운 곳에 손소독제를 비치하여 방문객과 직원이 수시로 사용할 수 있도록 하며, 사무 공간은 정기적으로 소독을 한다. 사무 공간은 일정한 거리를 유지하고, 경계에는 투명 가림막 등을 설치한다. 또 회의 등에서 사용하는 마이크에는 일회용 커버를 덮어서 사용할 수 있도록 한다.

한 공간에서 일하는 동료와는 번갈아 가면서 재택근무를 한다. 회의실에는 투명 칸막이가 설치되고, 곳곳에 손소독제를 비치한다. 한 가지 활동을 하고 나면 손을 매우 꼼꼼하게 씻는다. 책상, 사무집기, 문고리 등은 수시로 소독한다. 점심은 도시락으로 개인 공간에서 먹는다. 단체회식이나 고객 접대는 독서 또는 공연을 위한 문화상품권이나 고객이 원하는 상품을 구매할 수 있는 시장상품권 등으로 대체한다. 엘리베이터 안에서는 가능한 한 말을 하지 않는다.

이와 같이 위생과 청결을 유지하는 것은 직장생활의 기본이 되었고, 직장에서 같이 일하는 동료에 대한 예절이고 배려이다.

4) 고용주들이 찾는 다섯 가지 기술

코로나 시대에도 고용주들은 여전히 강한 직업윤리를 가진 사람을 직원으로 채용하고자 한다.[16] 고용주들이 신입 직원에게서 가장 많이 기대하는 기술을 요약하면 다음과 같다.

(1) 비판적 사고와 문제 해결 능력(Critical thinking and problem solving)

비판적 사고력은 거의 모든 직업에서 요구하는 능력이다. 비판적 사고력이란 어느 형태로든 증거 자료를 분석하고, 가설을 설정하고 테스트하며, 관찰하고 결론을 도출할 수 있는 능력을 가리킨다. 비판적 사고력은 단순한 기술보다는 문제 해결을 하는 과정에서 형성되는 하나의 습관이라고 할 수 있다. 비판적 사고력은 학교교육에서 배울 수도 있지만, 학습한 내용을 현실에서 적용함으로써 매일의 삶 속에서 습관으로 만들 수 있다.

고용주들은 비판적 사고력을 직원을 채용할 때 가장 중요한 자질로 고려하는 반면, 실제 취업자들은 해당 능력을 잘 갖추고 있지 않다고 한다. 비판적 사고력을 발달시키기 위해서는 적극적인 학습 태도가 필요하다. 협동이 요구되는 교육 및 훈련 프로그램, 인턴십, 실습·실험, 현장 경험 등을 통하여 향후 직업 세계에서 일어날 수 있는 상황을 미리 경험해 볼 수 있으므로 이러한 프로그램은 비판적 사고력을 발달시킬 수 있다. 또한, 학교 수업에서는 토론, 팀 프로젝트를 포함한 프로젝트 기반 수업 등을 통해 비판적 사고력을 배양할 수 있다.

(2) 팀워크와 협동(Teamwork and collaboration)

팀워크는 건설 현장, 마케팅, 병원, 공연 예술의 분야에 이르기까지 거의 모든 직업 환경에서 다양한 형태로 이루어지고 있다. 직장 동료와 효율적

---

16 Park and Hill, "Development and Validation," 9-28.

상호교류와 원만한 협동은 조직이나 회사가 성장하고 발전하는 데 필수적이다. 팀워크와 협동을 통해 직장은 화합을 도모하고, 생산성을 높이고, 시너지 효과를 창출하고, 새로운 학습의 기회를 제공할 수 있다.

팀워크의 기본은 팀 구성원 각자가 자신이 맡은 일에 대해서는 전문성이 갖추어 있다는 것을 의미한다. 즉, 한 가지 프로젝트를 위해 구성된 팀원은 담당 분야에서는 전문가로서 스스로 맡은 업무를 완수할 수 있어야 한다. 다른 구성원과 협력은 필요하나, 업무 추진을 위해서 다른 구성원에게 배워서 일하는 것을 의미하지는 않는다.

(3) 전문성과 강한 직업윤리(Professionalism and strong work ethic)

직업이나 직종에 관계없이 모든 고용주가 공통적으로 원하는 것은 직원이 강한 직업윤리를 가지고 전문성을 갖추는 것이다. 그러나 실제로 학교 졸업생이나 취업을 준비하는 구직자의 대부분은 준비가 잘 되어 있지 않다. 따라서 매일의 활동과 스케줄에서 직업윤리와 전문성을 발달시키는 연습이 필요하다. 모임이나 회의에 지각하지 않기, 주어진 업무를 기한 내에 완료하기, 정해진 규정과 규칙을 지키기, 적합한 복장으로 업무에 임하기, 밝은 표정으로 대화하기 등은 일상생활 속에서 발달시킬 수 있을 것이다. 이러한 전문성과 직업윤리는 직장생활에서 승진, 새로운 직장으로의 이직 및 긍정적인 성과물로 이어질 수 있다.

(4) 구두 및 서면 의사소통 능력(Oral and written communication skills)

우수한 의사소통 능력은 직장에서 업무를 수행하는 데 필수적이다. 코로나19가 종식된다고 할지라도 향후에는 여전히 비대면의 회의나 모임이 지속될 것으로 예상된다. 대면모임과 회의가 감소하면서 구두 발표력도 함께 떨어질 수 있다. 그러나 구두 발표력은 화상회의 등에서 꾸준히 필요한 능력이다. 구두 의사소통은 내용을 짧고, 분명하고, 정확하게 전달하는 것이 핵심이다. 대화를 창출하고, 자신의 아이디어와 개념을 잘 전달해야 한다.

좋은 구두 발표자가 되기 위해서는 좋은 청취자가 되어야 한다. 청중의 새로운 아이디어, 질문, 다양한 피드백을 주의 깊게 들을 수 있어야 한다. 상대방의 구두 표현을 잘 들었을 때 적절하게 대응하고 자신의 답을 제시할 수 있다.

서면으로 의사소통을 잘 하는 것도 테크놀러지가 발달한 현시대에서 매우 중요하다. 특히, 코로나19 시대에는 재택이 증가하고 화상채팅, 이메일 교환 등 비대면 형태의 대화가 꾸준히 증가하고 있다. 또한, 직장 내의 업무 제안서(계획서) 및 보고서를 비롯하여 직장에서는 정확한 문법, 철자법, 형식을 갖추어 작성해야 하는 전자문서를 포함한 문서들이 매우 많다.

요즘은 테크놀러지가 발달하고 SNS 등이 발달하면서 가까운 지인 사이에서 약식 및 비문 형태의 문자를 주고받는 일이 빈번하다. 이러한 행태는 자칫 서면 또는 작문 실력을 저하시킬 수 있다. 우수한 의사소통 기술은 직장에서 좋은 동료 및 훌륭한 리더가 되는 사다리 역할을 할 수 있다.

(5) 리더십(Leadership)

많은 고용주(약 68퍼센트)가 리더십을 갖춘 직원을 채용하고자 한다. 그러나 실제로 대학을 졸업한 후 취업을 하는 구직자 중 적절한 리더십을 갖춘 경우는 33퍼센트에 불과하다.[17] 위에서 나열한 비판적 사고와 문제해결 능력, 팀워크와 협동, 전문성과 강한 직업윤리, 의사소통 능력을 골고루 갖추었을 때 훌륭한 리더가 될 수 있다.

리더십은 타고날 수도 있지만 교육, 훈련, 경험을 통하여 개발할 수 있다. 공부하고, 적용해 보고, 스스로를 단련해 가는 과정에서 리더십은 발달된다. 리더십을 개발하기 위해서는 먼저 자기 자신에 대하여 잘 알아야 한다. 자신의 적성, 흥미, 능력, 잘할 수 있는 일과 못하는 일을 구분하는 능력, 일과 업무에 대한 자신의 메타 인지 및 효능감의 정도를 잘 알고 자신에 대

17　World Economic Forum, n. d.

하여 배우는 것이 우선이다.

다음으로 직장 동료와 타인(고객 등)에 대한 열린 태도이다. 다양한 배경과 능력을 가진 동료 또는 타인과 열린 자세로 소통하고 공감할 수 있어야 한다.

훌륭한 리더는 자신의 리더십을 꾸준히 성찰하고 발전시킨다. 직무 시간 외 별도의 시간을 내어 현재의 일뿐만 아니라 향후 비전을 관리할 수 있어야 한다. 또한, 리더는 겸손해야 한다. 리더는 팔로워(따르는 자, 추종자)가 있을 때 그 존재의 의미가 있다. 추종자들은 리더를 세우기도 하고, 리더를 끌어내리기도 한다. 그런 추종자들은 신뢰할 수 있는 여러 가지 자질과 함께 겸손함을 요구한다.

5) 멀지만 가깝게 살아가는 시민의식

(1) 코로나 시대의 크리스천과 직업윤리

하나님께서 천지를 창조하시고 아담과 하와를 통하여 죄가 인류에게 들어온 이래 천재지변은 늘 인류와 함께 공존해 왔다. 하나님께서 성경을 통해서 말씀해 주시듯이 때로는 지진으로, 때로는 홍수로, 때로는 역병 등 다양한 방법으로 인류의 삶을 직·간접적으로 간섭해 오셨다. 우리는 지금 세계를 휩쓴 코로나19라는 바이러스에 의해 많은 고통을 겪고 있다. 망대가 무너져서 깔려 죽은 사람이 살아남은 자와 비교하여 딱히 죄가 더 없어서가 아니라고 말씀하셨다(눅 13:4).

이 시대에 크리스천으로서 우리는 어떻게 대처하고, 신앙을 바탕으로 예수님의 사랑을 가족, 이웃, 지역사회 공동체, 국가, 세계를 위해서 어떻게 실천할 것인가를 고민하고 기도해야 할 때이다. 코로나 시대에는 더욱더 인류가 공존하는 것에 협력해야 한다. 현시대에는 바이러스 발생과 전염이 어느 한 나라에 국한되지 않고 인종, 지역, 국가와 관계없이 전 세계로 빠르게 연결되는 시대이다. 비단 바이러스 발생과 전염과 같은 질병을 대처하고 치료하는 것에만 인류의 협력이 필요한 것이 아니다.

이 시대는 지구의 기후 위기로 인해 생태계가 파괴되고 온난화 현상이 가속화되고 있다. 이제 우리는 인류를 지구 생태계의 일부분으로서 바라보고 지구를 보호하고 지키며 사는 생태계의 가치를 실천해야 한다. 인류에게 닥쳐오는 질병과 기후 위기 극복과 생태계 보존은 지구상의 인류가 함께 협력해야 한다.

(2) 어려운 이웃을 돌아보라(막 12:31; 마 18:3, 19:21)

코로나19로 인해서 취약계층은 더 어려움을 겪고 있다. 이러한 시대에 예수님의 말씀을 실천하는 자세가 필요하다. 예수님은 어린아이와 가난한 자, 낮은 자들과 함께하셨다. 병든 자들의 친구이셨고, 그들의 아픔을 같이하셨다. 굶주린 자들에게 먹을 것을 나누어 주셨고, 심지어 자신의 몸을 인류를 위해서 내어 주셨다. 코로나 시대에 어려운 이웃과 함께하는 리더십이 더욱 필요할 때이다. 예수님은 네 이웃을 자신의 몸과 같이 사랑하라고 하셨다(막12:31).

예수님께 영생을 묻는 부자 청년이 있었다. 이 청년은 하나님의 말씀을 잘 지키며 살았다. 도적질하지 않았고, 거짓말도 하지 않았다. 간음이나 살인을 하지도 않았으며, 부모를 공경했다. 하지만 예수님이 원하시는 것은 그것만이 아니었다. 그가 가진 소유를 이웃과 함께 나눌 것을 요구하셨다(마 19:21). 이 청년은 고민하였다. 결국은 실천하지 못하고 돌아서고 말았다.

반면에 사도 바울은 그리스도의 사랑을 실천한 사람이다. 자비량하여 복음을 전하였으며, 브리스가와 아굴라 역시 바울을 돕는 일에 물심양면으로 최선을 다했다. 프로테스탄트의 윤리 중 금욕주의나 물질과 보상에 대하여 욕심을 내지 않는 태도와 부를 축적하되 지혜롭게 재투자를 하는 태도는 코로나 시대에도 여전히 요구되는 직업윤리이다. 크리스천은 코로나로 인해서 고통을 당하는 취약계층을 돌보는 자세가 필요하다.

(3) 양극화 극복하기(룻기)

코로나19가 부유층과 저소득층의 양극화를 심화시켰다. 기근을 피해 자신의 고향을 등지고 타 지방으로 떠났던 사람들이 있었다. 엘리멜렉과 나오미 부부이다. 이들 부부는 두 아들과 함께 새로운 희망을 찾아서 모압 땅으로 갔다. 하지만 그들을 기다리고 있는 것은 더 큰 시련이었다. 집안의 가장인 엘리멜렉이 알 수 없는 병으로 세상을 떠나고, 설상가상으로 건장했던 두 아들마저 죽고 만다. 남겨진 아내와 두 자부는 더 이상 희망을 가질 수 없게 되었다.

나오미가 선택할 수 있는 것은 고향인 베들레헴으로 돌아가는 것뿐이었다. 베들레헴에 있던 사람들은 그들을 박대하지 않았다. 그뿐만 아니라 그들이 가난을 극복하고 일어설 수 있도록 도와주었다. 나오미는 주변 사람들의 도움으로 어려움을 극복할 수 있었고, 나아가 그 가정을 다시 일으켜 세우는 계기가 되었다.

"기쁨은 나누면 배가 되고, 고통은 나누면 반으로 준다"고 한다. 양극화를 극복하기 위해서는 가진 자가 베풀어야 한다. 그들이 일어설 수 있도록 도와야 한다. 사랑과 돌봄으로 함께 잘사는 사회를 만드는 것은 기독교의 기본 정신이다.

(4) 믿음의 형제 자매들과 함께 일하라

고대 그리스 철학자 아리스토텔레스(Aristotle)는 "인간은 사회적인 동물"(social animal)이라고 하였다. 인간은 상호 유기적인 관계를 통해서 함께 존재한다. 수렵 시대에서 농경 사회에 이르기까지 사람은 어울려 살며 도움을 주고받았다. 지혜와 손재주를 이용해서 도구를 사용하는 시대에는 협력이 더욱 필요했었다. 분업화된 산업사회에서는 독자적인 삶은 상상할 수 없다. 협동은 하나님의 근본원리이다.

사람이 혼자 사는 것(독처)을 좋지 않게 보시고 그를 위해서 돕는 사람을 만들어 주셨다(창 2:18). 예수님은 제자들과 함께 어울려 지내셨다. 군중과 함께 하시며 그들의 문제를 해결해 주셨다. 열두 제자를 부르시고 둘씩 보내시며 일하게 하셨다(막 6:7).

코로나 대유행은 인간의 협동적인 삶을 제한했다. 뉴노멀 시대(new normal)에는 축적해 온 멀티미디어와 인공지능의 활용으로 인해서 개별화가 지속될 것으로 보인다. 코로나 대유행으로 인간의 접촉이 제한된 시기이지만 대면에서 얻어지는 친밀감과 협력의 정신을 잃지 않아야 한다. 사회 안에서 함께 존재하는 어울림과 협력의 인간사회를 만들어 가도록 함께 노력해야 한다.

(5) 이웃을 내 몸과 같이 소중히 생각하자

현대는 물질 만능주의 시대라고 한다. 그러나 사람의 가치가 물질의 많고 적음에 있지 않다(눅 12:15). 물질보다는 사람이 우선되어야 한다. 일의 성과가 부가가치의 창출이라는 인식 때문에 일을 잘하는 사람을 대우한다. 일을 잘하고 성과를 높이기 위해 자칫 인간의 존엄성을 소홀히할 수 있다.

그러나 모든 사람이 같을 수는 없다. 사람마다 재능과 능력이 다르다. 사람의 몸에는 여러 지체가 있다. 지체 중에 눈이 중요하다 하여 모든 지체가 눈의 역할만 할 수 없다. 귀는 귀의 역할, 손은 손의 역할, 발은 발의 역할 등 각 지체가 각자의 맡은 역할을 통해서 온전한 몸이 된다(고전 12:12-20). 몸 중에서 더럽게 여기는 발가락이 없다면 걸음을 걸을 수 없다.

이와 같이 사회가 온전하기 위해서는 각기 다른 재능을 가진 사람이 각각의 일의 현장에 필요하다. 받은 달란트는 달라도 주시는 상급은 같다. 하나님이 중요하게 보시는 것은 최선을 다했느냐는 것이다(마 25:15-29). 속담에 "사람 위에 사람 없고, 사람 밑에 사람 없다"는 말이 있다. 일보다는 사람을 소중히 여겨야 한다.

가난한 사람이라고 그를 무시하거나 학대하는 것은 그를 지으신 하나님을 학대하는 것이요, 궁핍한 사람을 불쌍히 여기는 것은 하나님을 존경하는 것이다(잠 14:31). "6년을 섬기게 하되 7년째에는 자유하게 하라"(출 21:2)

는 말씀을 통해 알 수 있듯이 종의 제도가 있었던 시기에도 하나님은 사람을 소중히 여기라고 말씀하고 계신다.

일 중심보다 일을 처리해 가는 사람을 더 중시하는 태도가 필요하다. 일에 떠밀려 사는 현대인은 좀 더 워라밸(Work-Life Balance)을 고려해야 할 때이다. 특별히 고용주들은 인간을 생산품을 제작하는 기계처럼 대하지 말고 사랑과 존경으로 대해야 한다.

끝으로 크리스천은 일을 바라볼 때 하나님의 섭리에서 바라보아야 할 것이다. 인간은 평생동안 일을 하면서 살아야 한다. 일을 통하여 보수를 받든지 받지 않든지 또는 일의 형태가 육체적 노동이든 정신적 활동이든 또는 두 가지 형태를 모두 취하든지 간에 의도적으로 에너지를 소비하는 활동인 일을 할 때는 여가, 휴식, 안식과 구별하여 인류에게 유익을 가져오도록 해야 한다. 선한 일을 하되 하나님의 관점에서 바라보고 이해하며 일을 해야 한다.[18]

우리는 다양한 장소에서 다양한 형태로 일을 하여 우리에게 유익을 주는 수많은 일하는 사람에게 고마움과 감사를 표현해야 한다. 취약한 이방인과 여행자에게 안전하고 편하게 쉴 곳을 제공하는 숙박업, 먹을 것을 제공하는 음식업, 춥지 않고 안전하게 우리의 몸을 보호하도록 옷을 만들어주는 의류업 등 우리의 기본적인 의식주를 해결해 주는 일부터 시작하여 교통, 통신, 필요한 물품을 제공하는 사람들과 고아와 노약자를 돌보는 자원봉사자에 이르기까지 선한 일을 하는 손을 아름답게 보아야 한다.

그리고 우리는 그들에게 공평하고 정의롭게 보상해야 한다. 폴 스티븐스(Paul Stevens)와 앨빈 웅(Alvin Ung)이 주장하였듯이 크리스천은 일하러 갈 때 즐거움, 친절함, 배려, 자기 통제력, 상냥함, 신뢰, 선한 양심, 인내심, 평화, 동료애를 가져가야 한다. 즉, 영혼을 가져가야 한다.[19]

---

18 R. P. Stevens, *Work Matters: Lessons from Scripture* (Grand Rapids: Eerdmans, 2012).

19 R. P. Stevens and A. Ung, *Taking Your Soul to Work: Overcoming the Nine Deadly Sins of the Workplace* (Grands Rapid: Eerdmans, 2010); 박화춘, "중요한 직업윤리 세 가지 구성요소: 신뢰성, 진취성, 대인관계 기술," 『월간에이치알디』 382 (2022), 124쪽 재인용.

Seeking the Essence of Christian Faith in Time of Change

Foreword

Pamela R. Durso
President

Central Seminary is proud of the fine work of nine of our faculty members who joined together to produce this excellent work, Seeking the Essence of Christian Faith in Time of Change. Produced in celebration of the 120th anniversary of Central and the 10th anniversary of our Korean Language Program in 2021, Seeking the Essence provides biblical, theological, ecclesial, and ethical framings for our response to COVID-19. The authors offer thoughtful reflections on the critical questions that were asked by the church and people of faith in the midst of a global pandemic and that continue to be asked now as the pandemic is waning: How do we think about God and how God works in our world? How do we define the essence of church? How do we preach the gospel in an increasingly virtual culture? How do we encounter "others?" How do we educate and train ministers? How do we nurture healthy marriages? How do we help our children in their own faith formation? How do we influence the faith of the next generation? How do we work and live?

As president of Central Seminary, I am thankful for the superb efforts of our faulty contributors to Seeking the Essence: Seung Ho Bang, Soonseung Hong, Daniel Park, HwaChoon Park, Hyun Soo Park, Jaewoong Jung, Samuel Park, Se Young Roh, and Soo Kim Sweeney. We are a blessed community at Central to have scholars who are thinking and writing about the hard realities of living faithfully in what we pray is a post-pandemic world.

About the Authors (by the order of chapters)

Se Young Roh

Dr. Roh is an associate professor (adjunct) of Old Testament in the Korean Programs at Central Seminary. He received his Ph.D. in Old Testament from Drew University. For 30 years, he served as a professor of Old Testament and the 18th president of Seoul Theological University.

Soo Kim Sweeney

Dr. Kim Sweeney is an assistant professor (adjunct) of Hebrew Bible in the Korean Programs at Central Seminary. She received her Ph.D. in Religion (Hebrew Bible and Jewish Studies) from Claremont School of Theology. She also teaches master's and doctoral students at George Fox University, Portland Seminary and the Claremont School of Theology.

Samuel Park

Dr. Park, Associate Professor of Practical Theology and Contextual Ministry Education, is the Director of the Korean Programs and Chair of the Christian Care and Counseling division at Central Seminary. Prior to the Central positions, he served as a pastoral counselor in Pastoral Counseling Center, Dallas, TX. His clinical experiences include chaplaincy at Jackson Health System, Miami, FL; pastoral counselor-in-training at Pastoral Care and Training Center, Fort Worth, TX; and postdoctoral residency at Pastoral Counseling Center, Dallas, TX. He also served as the Director of the FaHoLo Counseling Center for the Greater Dallas Korean community and beyond.

Jaewoong Jung

Dr. Jung is an assistant professor of Preaching in the Graduate School at Seoul Theological University. He received his Ph.D. in liturgical studies with an emphasis in homiletics from Garrett-Evangelical Theological Seminary.

Daniel Park

Dr. Park is an adjunct lecturer in the Preaching and Worship division of the Korean Programs at Central Seminary. He received his Doctor of Ministry from Dallas Baptist University. He served as a Senior Pastor of Newsong Church in Dallas, Texas. He serves as the Director of Education for the Korean American Southern Baptist Convention and Executive Board Director for the American Southern Baptist Convention in Texas.

Seung Ho Bang

Dr. Bang is an assistant professor (adjunct) of Hebrew Bible and Chair of the Old Testament division in the Korean Programs at Central Seminary. He received his Ph.D. in Hebrew Bible from the Department of Religion at Baylor University. He currently works as a biblical archaeologist and serves as a pastor at Hewitt Methodist Church and college/youth pastor at the Lord's Church in Waco, Texas.

Soonseung Hong

Dr. Hong is an adjunct lecturer in the Pastoral Ministry division in the Korean Programs at Central Seminary. He received his D.Min. from the Reformed Theological Seminary. He currently serves as the senior pastor at Oconee Community Church in Athens, Georgia.

Chris Hyun Soo Park

Dr. Park is an assistant professor (adjunct) of Christian Education in the Korean Programs at Central Seminary. He received his Ph.D. from Trinity International University. He currently serves at the same university as a Doctor of Ministry thesis advisor in the Korean Program and as the education pastor at Evergreen Community Church in Mt. Prospect, Illinois.

HwaChoon Park

Dr. Park is an assistant professor (adjunct) of Education in the Korean Programs at Central Seminary. She received her Ph.D. in vocational education from the University of Georgia. She is currently serving as an associate research fellow at the Korea Vocational Competency Research Institute under the Prime Minister's Office, developing policy research and educational content on career vocational education and training.

Abstracts

Chapter 1

Restoration of Holiness in the post-pandemic period

- By Se Young Roh

The epidemic, which the Old Testament speaks of, is usually expressed as the judgement of God due to avarice and sin of the Israelites. And the priestly theology of the Old Testament declares that the restoration of created order and salvation from God's judgement can be accomplished by holiness. This priestly idea leads us to think of that the pandemic in the 21st century is a crisis which comes back to all of us due to our avarice, impurity and corruption. On this point, Christians need to think of our unfaithfulness and sins toward God and neighbors. We the Christians, first of all, have to repent our sins and to confess that obedience of the commandment of God, which you should be holy, is the way of salvation.

Chapter 2

From the Abjection Labeling to the Scapegoat Making: Reading the Book of Job in the COVID 19 Era or the Matter of Others

- By Soo Kim Sweeney

How shall we understand and respond that the instinct anxiety or fear from the COVID-19 pandemic has grown to othering and even stigmatizing at the societal level? Recognizing a more intensified "Othering" phenomenon during and after the COVID-19 era as a serious social issue, this study seeks an answer from the mature

Christians' point of view. Reading the Book of Job from other characters' perspectives, such as God, Satan, and friends, is a starting point to know how the dangerous and evil practice of labeling Job abjection and making him a scapegoat might happen. This othering awareness reading enables us to discern that the book of Job bravely reveals both the absurdness of this scapegoating and Job's resistance against it. Julia Kristeva's abjection and René Girard's scapegoating mechanism theories are employed together with the literary and rhetorical interpretation of the book of Job. After seeing this resisting Job in 42:1-6, this study leads the readers to appreciate the open mind's attitude toward others from Christ and Emmanuel Levinas. Overall, this study aims to build a better theological environment to overcome violently selfish anxiety and move forward to embracing others even in overwhelming crises.

Chapter 3

The Church's Epoch Changes toward the Restoration of its Essence

- By Samuel Park

Looking at the situation in which church members cannot gather together and have to watch virtual live-stream worship services at home due to the coronavirus, one may wonder what the essence of the church is. Should we embrace the phenomenon as an acceptable form of worship for the future church, or should we reject it as a secular culture that destroys the essence of the church? On what basis can the church be called the "true church"? The author finds the nature of the church in the "one holy, catholic, and apostolic Church" proposed by the Council of Nicaea-Constantinople. Based on four signs of the church, the author lays out the biblical foundation for ministry in a time of change on the love of God and neighbor, the embodiment of fellowship of saints, and welcoming hospitality. Finally, the author argues that churches will see the present and future crises as opportunities to close the gap with the future, reach younger generations, focus on spiritual formation, and recognize the universal church.

Chapter 4

Prospects and Suggestions for Effective Digital Preaching in the Post-Corona Era

- By Jaewoong Jung

The emergence of the COVID-19 has had a profound impact on how churches conduct their ministries. In particular, non-face-to-face worship to prevent virus infection forced the delivery of sermons through online media. In response to this unprecedented situation, many churches have used various media as platforms for delivering sermons, but most have only used them as a method for one-way communication, that is, as a platform for sending sermons, similar to previous sermon delivery. However, new online media enable us to have two-way communication, enabling a new way of preaching, that is, media-integrated preaching. In other words, beyond simply using the media as a tool for sending sermons or as auxiliary materials for sermons, I propose to use the media as a component of the message and communication method of the sermon, integrating the media as a content of a sermon. To this end, the chapter examines the history of media that is used in sermons and discusses specific methods for the case. In particular, the chapter analyzes how the churches used media in their sermons since the 20th century and before and during the pandemic period. Based on this, the chapter proposes a media-integrated sermon for the post-corona era.

Chapter 5

Reproducing Disciples: The Plague (COVID-19) Turns into an Opportunity!

- By Daniel Park

All churches on earth must bear the Great Commission of Jesus (Matthew 28:19). COVID-19 has given us several limitations in our life, but we can use this occasion as a new opportunity to implement the Great Commission. For this, I introduce a concrete method that is firmly grounded in the Bible but yet a practical example of the training called "Reproducing Disciples" that Newsong Church in Dallas, Texas, USA, has been practicing. This chapter will help all churches living in the contemporary world to practice the Great Commission of Jesus in their own contexts.

Chapter 6

Is There Hope for Pastors? The Question that the Coronavirus Casts for Seminary Education for Future Ministries

- By Seung Ho Bang

The pandemic has forced the ministry and church to move away from the corporeal world into virtual space on the Internet. Similarly, rapidly developing AI and robots accelerate the advent of the future. At this time, the future of pastors depends on the education provided by the seminary. However, the current seminaries in both the U.S. and Korea do not provide adequate education and at best are merely dealing with current challenges. Seminaries should help future pastors to be ready for ministry in the future. Specifically, seminaries, while not compromising on traditional Christian values, should expand their course offerings for the future and collaborate with other fields of studies to nurture people who can work in various fields with Christian mindsets.

Chapter 7

The Pandemic and Recovery of Family Love

- By Soonseung Hong

In Chapter Seven, Dr. Soonseung Hong asks a question about what is the essence of a family and a couple while reviewing the problems like conflicts and divorces between couples during the COVID-19 pandemic. Dr. Hong emphasizes love as the principle that couples become one once again. Dr. Hong suggests that we can find the answer in the love of Jesus, who sacrificed himself for us, the sinners. Finally, Dr. Hong presents practical ways for recovering a happy family for couples in the pandemic of isolation and disconnection.

Chapter 8

The Ancient Israelite Household Apprenticeship Speaks of Children's Faith Formation at Home Today

- By Seung Ho Bang

While the pandemic forced us to close our social space, it increased our time spent at home. Accordingly, faith formation for children by parents became important. This trend is expected to continue even after the pandemic. However, Children's Christian faith formation at home is facing impasses due to a lack of parent initiation. Apprenticeship in ancient Israelite households during the 8th century B.C.E. suggests that parents 1) must first become disciples and 2) should be willing to use their resources for their children's faith formation, which 3) helps their children to willingly invest their resources for their faith formation; and 4) should understand that apprenticeship in their children's faith formation is not an obligation but is the way for them to become better and eventually perfect Christians.

Chapter 9

Cultural Identity of Korean-Americans and the Next Generation

- By Chris Hyun Soo Park

The Korean-American church is currently experiencing slowing down or declining church growth and aging members. In addition, they are facing even greater difficulties due to the unexpected obstacle of Covid-19. However, the current crisis of the Korean church does not stem from only these reasons, but from the failure of proper leadership replacement and the failure of the transmission of faith to the next generations. Communication between generations has been cut off, and there is a lack of understanding of the cultural identity of the generations, and the cultural isolation and conflict that arises from these causes disagreement and regression in the church. Therefore, this article proposes the cultural identity and its characteristics of each generation, the future-oriented direction of the Korean-American church for the next generation, its preparation, and practical plans for the healthy future of Korean-American churches after Covid-19.

Chapter 10

Work Ethic and Co-prosperity in the Era of the Coronavirus Pandemic

- By HwaChoon Park

In Chapter Ten, Dr. HwaChoon Park describes new working environments (e.g., working from home) in the pandemic era. Dr. Park reviews work ethic: dependability, initiative, and interpersonal skills as its important factors. Next, Dr. Park discusses what kinds of work ethic are needed in the pandemic era. Dr. Park points out the care of neighbors in need and social responsibilities for the climate crisis from Christian perspectives.